Velma

Wien, Januar 10

Elias Canettis eigene Sätze über die drei veröffentlichten Dramen bezeichnen deren Charakter genau. ›Hochzeit‹: »Die Sprache der Menschen in diesem Stück ist so, daß sie Verwirrung jeder Art ausdrückt, daß eine Figur nicht wirklich versteht, was die andere meint, jede nur sich selbst ausdrückt... Es ist so, wie wenn Menschen in fremden Sprachen zueinander sprechen würden – ohne sie zu kennen; nur glauben sie, daß sie die Sprache kennen, wodurch eine neue Dimension des Nichtverstehens entsteht.«
»›Komödie der Eitelkeit‹ ist im Jahre 1933 entstanden, unter dem Eindruck der Ereignisse in Deutschland ... Die Szenen sind wie in einer Spirale angeordnet, erst längere Szenen, in den Figuren und Ereignisse sich aneinander erklären, dann immer kürzere. Mehr und mehr bezieht sich alles auf das Feuer; erst aus der Ferne, dann näher und näher, bis eine Figur schließlich selbst zum Feuer wird, indem sie sich hineinstürzt. Der zweite Teil der Komödie, das Leben in einem spiegellosen Land, ergibt sich aus diesem Grundeinfall wie von selbst.«
›Die Befristeten‹: »Ist die Lebensdauer der Menschen vorherbestimmt oder ergibt sie sich erst aus dem Verlauf seines Lebens? Kommt einer mit einem bestimmten Quantum Leben zur Welt, sagen wir 60 Jahre, oder ist dieses Quantum lange unbestimmt, so daß derselbe Mensch, nach derselben Jugend, noch immer 70 oder bloß 40 werden könnte? Und wann wäre dann der Punkt erreicht, wo die Begrenzung klar ist? Wer das erstere glaubt, ist natürlich ein Fatalist; wer es nicht glaubt, schreibt dem Menschen ein erstaunliches Maß an Freiheit zu und räumt ihm einen Einfluß auf die Länge seines Lebens ein.«

*Elias Canetti* wurde am 25. Juli 1905 in Rustschuk/Bulgarien geboren. Übersiedlung der Familie nach Wien, Abitur in Frankfurt, Studium der Naturwissenschaften in Wien, Promotion zum Dr. phil. 1938 Emigration nach London. 1972 wurde Elias Canetti mit dem Georg-Büchner-Preis, 1975 mit dem Nelly-Sachs-Preis, 1977 mit dem Gottfried-Keller-Preis und 1981 mit dem Nobelpreis für Literatur ausgezeichnet. Er lebte abwechselnd in Zürich und London und starb am 14. August 1994 in Zürich.
Elias Canetti im Fischer Taschenbuch Verlag: siehe Anzeige am Schluß dieses Bandes.

# Elias Canetti
# Dramen

Hochzeit
Komödie der Eitelkeit
Die Befristeten

*1932*

*" The Wedding 1986 "*

*Braunschweig 1965*
*→ Skandal!*
*Wien, Akademietheater 1985*

Fischer
Taschenbuch
Verlag

42.–44. Tausend: August 1995

Ungekürzte Ausgabe
Veröffentlicht im Fischer Taschenbuch Verlag,
Frankfurt am Main, Januar 1978

Lizenzausgabe mit freundlicher Genehmigung des
Carl Hanser Verlags, München
© 1964, 1976, 1995 by Elias Canetti, Zürich
Satz: LibroSatz, Kriftel
Druck und Bindung: Clausen & Bosse, Leck
Printed in Germany
ISBN 3-596-27027-8

*Gedruckt auf chlor- und säurefreiem Papier*

*für Veza Canetti*

# Hochzeit

# PERSONEN

*Vorspiel*

DIE GILZ, Hausbesitzerin
TONI, ihre Enkelin
LORI, ein Papagei
THUT, Professor
LENI, seine Frau
DER SÄUGLING
ANITA, ein besseres Mädchen
PETER HELL, junger Herr mit Blumenstrauß
GRETCHEN, Geschäftsfrau
MAX, ein Mann
FRANZ JOSEF KOKOSCH, Hausbesorger
Seine sterbende FRAU
Seine blödsinnige Tochter PEPI

*Die Hochzeit*

OBERBAURAT SEGENREICH, Brautvater
JOHANNA, die Brautmutter
CHRISTA, die Braut
KARL, ihr Bruder im dritten Semester
MARIECHEN, das Jüngste, vierzehnjährig
DIREKTOR SCHÖN, ein Freund
HORCH, ein Idealist
WITWE ZART
DR. BOCK, Hausarzt, achtzigjährig
GALL, Apotheker
MONIKA GALL, seine Frau
ROSIG, Sargfabrikant
ANITA
PEPI KOKOSCH
TONI GILZ
MICHEL, der Bräutigam

# VORSPIEL
## in fünf Bildern

## 1. Bild

Die Gilz, *Hausbesitzerin, ihre Enkelin* Toni, Lori, *ein Papagei.*

*Eine freundlich gebückte, weißhaarige Frau sitzt an einem altdeutschen Tisch und strickt. Ihre Stube hat Butzenscheiben. Eine Katze spielt mit dem Wollknäuel. Ein Papagei faucht. Herein läuft lustig ein junges Mädchen, blondgezopft, blauäugig, mit zärtlichen, weiblichen, etwas vollen Bewegungen.*

Toni: Großmutterle! Großmutterle!

Die Gilz: Bist du es, Kind?

Toni: Ja, i bins, I bin so glaufn. Auf der Stiegen steht ein Mann, der ist ganz bsoffen. Er hat mich küssen wollen.

Die Gilz: Aber, aber, Kind!

Toni: I kann doch nix dafür! Dem sein Mund hat nach Wein gschmeckt. I bin eh gleich furtglaufn.

Die Gilz: Jetzen hast du dich doch net küssen lassen, Kind?

Toni: Die Pussi spielt wieder mit der Wolln! Willst du wohl! Ksch! Ksch!

Die Gilz: Laß die Katz in Ruh!

Toni: Geh i mag di net!

Die Gilz: Was hast du nur alleweil mit der Katz?

Toni: Zache Viecherln sans'. Siebn Leben habens'. Wie's fallt, immer fallts auf d' Füß. Was s' mit der Wolln hat! Alleweil die Wolln. Stricken kanns' do net. Jetzt bist scho alt, Pussi!

Die Gilz: Laß die Katz in Ruh!

Toni: Jetzen gibts kane Pussi net, Pussi! Jetzen schaut a jeder glei weg. Wird einem ja übel, wann mr nur hinschaut! – Großmutterle, wie fühlst dich heuten?

Die Gilz: Besser.

Toni: Besser?

Die Gilz: Vül besser.

Toni: Ja, aber Großmutterle, gestern hast gsagt, du fühlst dich so schlecht. Sterbensübel is dir. Und die Kreuzschmerzen was d' ghabt hast. Du machst es nimmer lang hast gsagt. Keine Luft kriegst alleweil net und das böse Herz. Ein Herz mueß mr haben hast gsagt, ohne ein gesundes Herz kommt ein Mensch net weit und der Doktor meint auch.

Die Gilz: Heut is besser.

Toni: Großmutterle, weißt noch, gestern mit die gschwollenen Füß, nicht aufstehn hast können!

Die Gilz: Heut kann i.

Toni: Großmutterle, i glaub, du lüegst. Weil gehn kannst ja do net.

Die Gilz: I kann scho.

Toni: Geh zeig!

Die Gilz: I wüll net.

Toni: Sigst es, so redst alleweil daher!

Die Gilz: In mein Haus kann i redn wiar i wüll.

Papagei: Haus. Haus. Haus.

Toni: Jö, die Lore! Fangst schon wieder an, Rabenvieh!

Papagei: Haus. Haus. Haus.

Toni: Großmutterle, die deinige Hausbesorgerin unten, die stirbt a schon. Grad hab i einigschaut. Die schaut aus, sag i dr, zum Wegschaun, an Totenschädel is schener.

Die Gilz: Die is scho alt.

Toni: Die liegt jetzen schon eine ganze Wochen im Sterben und bringt's net zusamm. Der Hausbesorger, was ihr Mann is, betet und schreit, so verzweifelt ist dir der Mensch.

Die Gilz: Kein Wort bringt die nicht mehr heraus. Die is scho gar alt.

Toni: Was glaubst, wie alt ist sie, Großmutterle?

Die Gilz: Die muß scho sein: bald 75!

Toni: Da bist du do jünger, Großmutterle?

Die Gilz: I bin 73. Kannst ausrechnen. Die ist gleich zwölf Jahr älter.

Toni: Zwei Jahr willst sagen.

Die Gilz: Zwölf. 75 und 73, das macht 12.

Toni: Zwei macht des. Du kannst ja net rechnen, Großmutterle.

Die Gilz: I scho. Du net. Des macht zwölf!

Toni: Na, zwei.

Die Gilz: Zwölf! Zwölf!

TONI: I wer do net lüegn, weil du's bist, Großmutterle.

DIE GILZ: Den Rechenlehrer mecht ich kennen, den was du ghabt hast.

TONI: Weißt was, mir fragen wem andern! Den Professor vom Gymnasium der was nebenan wohnt.

DIE GILZ: Na.

TONI: Sigst es!

DIE GILZ: In mein Haus kann i rechnen, wiar i wüll.

PAPAGEI: Haus. Haus. Haus.

TONI: Großmutterle, herst was? Na, du herst ja nimmer nix.

DIE GILZ: I her scho.

TONI: Des glaub i dr net. Geh sag, was herst denn jetzen?

DIE GILZ: An Dunner her i.

TONI: In Dezember an Dunner! In Dezember an Dunner! Ja, Großmutterle, du bist scho ganz taub. Des is do d' Musi von der Hochzeit im ersten Stock. Die Christa Segenreich hat heut ihre Hochzeit.

DIE GILZ: Hochzeit gibts kane. I her an Dunner.

TONI: I mecht aa so a Musi, wann i heiraten tu. Die haben glei sechs Musikanten auf einmal.

DIE GILZ: Is net wahr!

TONI: Herst?

DIE GILZ: An Dunner her i.

TONI: Jetzen bist du schon ganz taub.

DIE GILZ: In mein Haus kann i hern was i wüll.

PAPAGEI: Haus. Haus. Haus.

TONI: Weißt, schad is scho, Großmutterle, daß du des nimmer erleben wirst, wann i heiraten tu. Dafür krieg ich des Haus, gell, Großmutterle, und mein Mann was sein wird und ich, mir gedenken denn alleweil dein.

DIE GILZ: Was hast gsagt, Kind?

TONI: Gell, das Haus, des krieg i, Großmutterle?

DIE GILZ: I kann di gar net verstehn. I her nix.

TONI *(lauter)*: Wannsd' amal nimmer da bist, das Haus!

PAPAGEI: Haus. Haus. Haus.

DIE GILZ: Die Lore schreit grad so. Ich versteh nix.

TONI: Das Haus, sag i, das Haus!

PAPAGEI: Haus. Haus. Haus.

TONI: Jetzt hörst scho auf, tepperter Papagei, gscheckerter!

DIE GILZ: Was hast alleweil mit dem Lorle, so lieb is'.

TONI: Net schmecken kann ichs, das Luder, wanns d' nimmer da bist, ich erwürgs! Verstehst mi net, das Haus! Das Haus!

PAPAGEI: Haus. Haus. Haus.

TONI: I kumm do alleweil auf Besuch. I schau alleweil nach dir. Die Resl, die kommt nie! Da mecht i doch das Haus zum wenigsten, das d' mir das Haus laßt. Die Resl die brauchts net, das Haus! Die Resl die hat scho an Mann!

PAPAGEI: Haus. Haus. Haus.

TONI: Verstehst no net? *(weinend)* Das Haus! Haus! Haus!

PAPAGEI: Haus. Haus. Haus.

TONI: Jeden Tag is dieselbe G'schicht mit dem Papagei, Haus! Haus! Haus!

PAPAGEI: Haus! Haus! Haus! *(Beide immer lauter, sie überschreien sich, das Mädchen läuft schluchzend weg)*

DIE GILZ *(hat während des Lärms zu stricken aufgehört, die eine Hand ans Ohr gelegt und ihre Enkelin mit der verständnislosesten Miene von der Welt angeblickt. Kaum ist das Mädchen weg, verstummt der Papagei. Die Alte hebt sich, schleicht mühselig zum Käfig und steckt einen Finger in den Schnabel des Vogels):* I leb alleweil no.


# 2. Bild

*Professor* THUT, *dreißigjährig, seine gleichaltrige Frau* LENI, *ein gemeinsamer Säugling.*

*Ein Schlafzimmer. Vor dem kleinen weißen Gitterbett ihres Kindes stehen beide Eltern, sie flüstern laut und geschäftig. Der Professor versucht sich zu beugen, es gelingt ihm nicht recht. Er ist ziemlich groß und für seine Jugend steif. Seine kleine Frau beugt sich unaufhörlich und fährt unaufhörlich zurück. Sie hat etwas vom Kind an sich, das sie behütet; doch ist sie sehr wach.*


LENI: Bitte, bitte!

THUT: Soll ich dir das erklären, Magdalena?

LENI: Bitte, bitte.

THUT: Du hörst mich bis zu Ende an!

LENI: Ja. Mein kleiner Schelm!

THUT: Verhalte dich ruhig. Du weckst ihn auf.

LENI: Ich ihn aufwecken? Ich mein Süßes aus dem Schlaf wecken?

THUT: Du hörst mich also an, Magdalena? Vorerst eine Frage: Was denkst du dir, wenn du ihn siehst?

LENI: Im Schlaf?

THUT: Ganz recht, im Schlafe, so wie er jetzt vor dir liegt. Was also denkst du dir?

LENI: Ich denke eigentlich immer dasselbe.

THUT: Und das wäre?

LENI: Daß er dir furchtbar ähnlich sieht.

THUT: Dieser Meinung bin auch ich. Er hat zum Beispiel meine Augen.

LENI: Wie er schläft!

THUT: Weck ihn nicht auf! Du bist heute wieder zerstreut, Magdalena.

LENI: Hast du schon so eine kleine Hand gesehen?

THUT: Nein. Du hast recht. Aber um fortzufahren: er hat meine Augen.

LENI: Ja.

THUT: Wenn ich ihn sehe, denke ich an mich, wie ich war, vor dreißig Jahren.

LENI: Du erinnerst dich noch?

THUT: Ich glaube mich an einiges zu erinnern. Ich wüßte manchen, der mein Gedächtnis notwendig hätte.

LENI: Du bist so gescheit. Meinst du mich?

THUT: Vielleicht meine ich dich. Wir sprachen von unserem Kinde.

LENI: Ja, er muß Minister werden.

THUT: Eine Frage: hältst du das für so notwendig? Das Buch der Geschichte weiß von Attentaten zu erzählen.

LENI: Dann Hausbesitzer.

THUT: Du kommst immer von unserem Thema ab, Magdalena. Wenn ich ihn sehe, sagte ich eingangs, denke ich an mich, wie ich war, vor dreißig Jahren.

LENI: Spaßig.

THUT: Wer oder was ist spaßhaft?

LENI: Aber das Kind natürlich.

THUT: Ich hoffe, du hörst mir zu. Da das Kind mir so ähnlich sieht, müssen wir etwas für das Kind tun. Du kannst sterben. Ich kann strenggenommen auch sterben. Das Kind darf nicht mit leeren Händen dastehen.

LENI: Warum sollen wir sterben?

THUT: Unterbrich mich nicht, Magdalena! Das Kind darf nicht mit leeren Händen dastehen. Dies zu verhindern eröffnen sich *meiner* bescheidenen Meinung nach zwei Perspektiven. Römisch Eins: eine Versicherung, Römisch Zwei: ein Haus. Ich persönlich neige zu Römisch Zwei. Was Römisch Eins betrifft, so ist es männiglich bekannt, daß eine Versicherungsgesellschaft zusammenbrechen kann. Für Römisch Zwei hingegen spricht der Umstand, daß ein Haus auf festem Grunde steht. Ein Haus ist wie das Ehrenwort des Mannes: Unverbrüchlich. Es ist vielleicht auch dir bekannt, daß die Engländer ihr Heim als ihr Schloß zu bezeichnen pflegen. Ich frage: was verstehen sie unter ihrem Heim? Die richtige Antwort lautet: Unter Heim verstehen sie ihr eigenes Haus.

LENI: Sei mir nicht böse, daß ich dich unterbreche. Aber welches Haus meinst du eigentlich?

THUT: Denk einmal nach! Strenge dein kleines Hirn ein wenig an! Ich wäre bereit zu wetten, daß du es nicht errätst.

LENI: Wart mal, nein. Ich weiß wirklich nicht.

THUT: Ich meine *dieses*.

LENI: Dieses?

THUT: Dies Haus und kein anderes.

LENI: Dieses Haus willst du kaufen? Von unserem Sparbuch? Spaßig. So viel haben wir längst nicht.

THUT: Du nennst mich zwar gescheit, aber strenggenommen mangelt es dir an Achtung für mich. Allerdings bin ich Gymnasialprofessor und mit Geschäften pflege ich mich nicht abzugeben. Aber wenn es um das Wohl meines Kindes geht, zwinge ich mich, gegen meine Natur zu handeln. Du bist so gut wie ich tagtäglich Zeuge des Streites nebenan. Die alte Gilz gibt ihr Haus nicht her. Du hörst es. Du siehst ihre Enkelin Toni treppauf treppab erbschleichen. Kein Ausdruck ist für das unanständige Vorgehen dieser Blutsverwandten zu stark. Aber an dein Kind denkst du nicht.

LENI: Du bist eben viel gescheiter als ich.

THUT: Das glaube ich beinahe auch. Hier im Hause nimmt jedermann an, daß eine der beiden Enkelinnen das Haus erbt. Wir zwei sind die einzigen, die den Streit nicht nur hören, sondern ihn auch verstehen. Vielleicht wird es dir jetzt langsam klar, warum ich unser Schlafzimmer hierher verlegt habe, wo uns kein Laut von nebenan entgeht. Dies trotzdem mir die

Nachtruhe meines Kindes über alles ans Herz gewachsen ist. Wir zwei wissen, daß die alte Gilz ihr Haus lieber einem Wildfremden schenken wird, bevor sie es den beiden Erbschleicherinnen hinterläßt. Auch zittert sie mit Recht für das Schicksals ihres Papageis. Mit Recht, denn das Eine darf ich kühnlich behaupten: in dem Augenblick, da die alte Gilz dahingeschieden ist, wird ihre erbschleicherische Enkelin Toni den unglücklichen Papagei ermorden, ich wiederhole: *ermorden!*

LENI: Ich versteh dich nicht. Was hat der Papagei mit dem Haus zu tun?

THUT: Unterbrich mich nicht, laß deinen Mann ausreden und du wirst alles erfahren. Ich werde noch heute abend zur alten Gilz hinübergehen und ihr einen diesbezüglichen Leibrentenvertrag vorschlagen. Sie überschreibt ganz einfach das Haus auf den Namen unseres Kindes. Die Mietzinse erhält sie, so lange sie lebt, anstandslos ausbezahlt. Außerdem verpflichten wir uns, dem Papagei die beste Fürsorge und Pflege angedeihen zu lassen, bis zu seinem Dahinscheiden.

LENI: Glaubst du, daß sie darauf eingehen wird?

THUT: Ich *glaube* nicht, Magdalena, ich *weiß* es. Sie fängt damit – gestatte mit dieses Gleichnis – zwei Fliegen auf einen Schlag. Einerseits rächt sie sich an ihren erbschleicherischen Enkelinnen, andererseits versorgt sie den Papagei.

LENI: Wir müssen sehr nett zu ihr sein.

THUT: Wir *waren* immer sehr gütig zu ihr. Du hast vergessen, daß ich vor einem Monat selbst ans Telefon ging, um den Arzt herbeizurufen.

LENI: Wie sie zuletzt den großen Anfall hatte.

THUT: Es war fünf Minuten vor neun, unser Einziger schlief längst.

LENI: Ich war gar nicht entzückt.

THUT: Ich selbst war es nicht.

LENI: Du denkst an alles.

THUT: Ich muß an alles denken, das heißt in diesem Fall an die Zukunft unseres Kindes. Jetzt eine Frage: Wieviel Jahre gibst du der alten Gilz?

LENI: Der? Wenn sie Glück hat, lebt sie noch ein halbes Jahr.

THUT: Ganz recht. Ich schließe mich deiner Schätzung vollinhaltlich an.

LENI: Du darfst ihr das nicht sagen. Sag ihr, daß sie noch ein Dutzend Jahre vor sich hat.

THUT: Ich würde es vorziehen nicht zu lügen. Lügen sind mir verhaßt. Aber leider will sie es selber so haben.

LENI: Gehst du heute wirklich hinüber?

THUT: Was bezweckst du mit dieser Frage?

LENI: Nichts. Ich meine nur.

THUT: Du meinst, daß mir der Mut zum entscheidenden Schritt fehlt.

LENI: Das nicht, ich dachte nur, weil du seit . . .

THUT: Sprich dich nur aus! Seit . . .

LENI: Seit einem Monat sagst du jeden Abend . . .

THUT: Jeden Abend . . .

LENI: Du weißt doch.

THUT: Jeden Abend . . .

LENI: Daß du mit der alten Gilz sprechen wirst.

THUT: Ganz recht. Und warum tue ich es seit einem Monat nicht? Warum wohl?

LENI: Doch nicht, weil es unrecht ist? Für unser Kind ist nichts unrecht.

THUT: Etwas Unrechtes könnte ich gar nicht tun. Du solltest mich in dieser Hinsicht kennen. Aber ich lasse mir von dir den Zeitpunkt nicht vorschreiben. Ich glaube an den freien Willen des Menschen zu tun und zu lassen, was er tun und lassen will. Du weißt, ich bin nicht fromm. Es ist nicht meine Art, jeden Sonntag den Herrn Pfarrer in der Kirche mit meinem Besuch zu beehren. Aber ich habe gewisse Grundsätze. Zu diesen gehört es, daß ich eine wahre Moral für wichtiger halte, als jede Frömmelei. Damit hätte ich meine Hinneigung zum freien Willen hinreichend ausgiebig gekennzeichnet.

LENI: Ach was, du hast Angst.

THUT: Jetzt eine Frage: wovor?

LENI: Du hast Angst vor der alten Gilz. Seit einem Monat versprichst du mir jeden Abend, daß du mit ihr über das Haus sprechen wirst. Aber du gehst ja nie! Du gehst ja nie!

THUT: Ich werde gehen. Aber wenn mein freier Wille es will.

LENI: Du wirst gehen? Ja, bis sie tot ist, wirst du gehen, bis sie tot ist, jeden Augenblick kann sie sterben. Du hast kein Herz. Dein Kind soll wohl ein schäbiger Beamter werden wie du, ein Mittelschulprofessor und dreißig Jahre auf dem Katheder sitzen. Jetzt wo wir doch einmal das Glück haben! Ach warum hab ich dich geheiratet? Warum hab ich dich nur geheiratet?

THUT: Erstens: schrei nicht: Du weckst das Kind auf. Zweitens: hättest du dir das früher überlegen müssen.

*In diesem Augenblick hört man den Papagei von nebenan »Haus, Haus, Haus« krächzen. Der Säugling erwacht und fängt laut zu schreien an.*

## 3. Bild

ANITA, *ein besseres Mädchen*, PETER HELL, *junger Herr mit Blumenstrauß.*

*Anitas Jungmädchenzimmer. Sie steht vor dem Spiegel und beendet ihre Toilette. Während sie sich schminkt, tritt Peter Hell mit einem lächerlich großen Blumenstrauß über die Schwelle. Sie bemerkt ihn im Spiegel, dreht sich aber nicht um.*

ANITA: Jetzt kommst du?

PETER: Wo sind deine Eltern? Mißversteh mich bitte nicht.

ANITA: Niemand zu Hause. Ich bin eingeladen.

PETER: Es war schon lange mein Wunsch, dir zu sagen, wie sehr ich dich liebe. Leider habe ich keine geläufige Zunge. Dafür biete ich dir einen Teil meiner Person, der besser geraten ist. *(Er überreicht ihr die Blumen)* Ich lege meine Hand auf diesen Teil. Große Worte gehen mir so schwer über die Lippen. Aber glaube mir, ich meine mein Herz. Du verstehst mich ja. Du bist der einzige Mensch, der mich versteht. Ich habe das Gefühl, daß du mich immer verstehen wirst. Auch ich verstehe dich. Wenn man jemand seit drei Jahren bewundert, darf man sagen, daß man ihn versteht.

ANITA: Was hast du nur heut? Du bist sonst so verläßlich.

PETER: Siehst du, und ich will, daß du dich für ewig auf mich verlassen kannst. Ich habe ein Bedürfnis, mich heute zu erklären. Man muß sich einmal aussprechen. Sei mir nicht böse, Anita, aber ich bin gekommen, um deine Hand anzuhalten. Verstehst du mich? Verstehst du mich ganz?

ANITA: Warum nicht?

PETER: Ich habs gewußt. Du – du – du. Ich verehre dich, glaube mir, ich verehre deine Keuschheit. Glaubst du mir? Du bist das einzige Mädchen unter deinen Freundinnen. Mißverstehst du mich? Du mißverstehst mich nicht, Anita. Ich mag mich doch nicht beschmutzen. Meine Kinder sollen meine Kinder sein. Ich arbeite, ich arbeite gern, aber ich will wissen, wofür ich arbeite. Ich muß dran glauben können, daß ich für mein eigenes Blut arbeite, Reinlichkeit, mehr Reinlichkeit, und der Welt wäre geholfen. Zwar habe ich Glück gehabt. Ich darf nicht ungerecht sein. Die erste Frau, auf die ich stieß, warst du. Das Glück wollte es, daß ich an dir ein Mädchen fand, ein reines Mädchen, Anita.

ANITA: Das ist eben mein Naturell.

PETER: Ja, ja, aber warum ist es dein Naturell? Es könnte auch gerade nicht dein Naturell sein. Darum liebe ich dich doch, weil Jungfrau dein Naturell ist. Was hätte ich zum Beispiel getan, wenn das Gegenteil dein Naturell gewesen wäre? Ich hätte mich noch heute umgebracht. Verstehst du mich? Du verstehst mich. Siehst du, ich danke Gott, daß du so auf die Welt gekommen bist. Stell dir zum Beispiel vor, ich bitte dich, stell dir folgendes vor, es ist nicht schwer, sich das vorzustellen, du mußt nur an deine Freundinnen denken, die ich, verzeih mir, für sehr unanständige Mädchen halte. Sei mir nicht böse. Stell dir also vor, du wärst auch so. Ich will das Wort im Zusammenhang mit dir nicht aussprechen, aber stell dir vor, du wärst so wie deine Freundinnen.

ANITA: Das kann ich mir gar nicht vorstellen.

PETER: Siehst du! Was hab ich gesagt. Du bist eben rein, Reinheit erwirbt man nicht. Mit Reinheit kommt man auf die Welt. Diese Reinheit hat mit Seife gar nichts zu tun.

ANITA: Ich hab auch Seife.

PETER: Entschuldige, du hast mich unterbrochen. Sei mir nicht böse. Heute nacht lag ich lange wach. Ich konnte keinen Schlaf finden. Da zauberte ich dein Bild vor meine Seele. Plötzlich, ich weiß gar nicht wie, warst du da, du selbst. Ich darf dich versichern, daß keine andere Frau zwischen dich und mich treten könnte. Als Erste, als Allererste, meine Allererste bist du ja, erschienst du und wir sprachen miteinander.

ANITA: Was denn?

PETER: Du sagtest: ich bin so glücklich. Da stand ich auf, schloß dich in meine Arme und sagte: ich bin noch viel glücklicher. Glaube mir. Du sagtest: ich verstehe dich. Ich küßte dich und hauchte dir ganz leise ins Ohr: »Mutter meiner Kinder.«

ANITA: Ich hab doch keine.

PETER: Entschuldige, du hast mich unterbrochen. Ich küßte dich und hauchte dir ganz leise ins Ohr: »Mutter meiner Kinder.« Da sah ich, wie du errötet bist. Soll ich dir die Wahrheit gestehen! Ich hatte dich auf die Probe gestellt. Ich wollte sehen, ob du errötest. Errötest du nicht, dachte ich mir, dann muß ich auf der Hut sein, dann muß ich dir mißtrauen, du verstehst mich, sei mir nicht böse, aber die Dummen werden nicht alle und zu den Dummen gehöre ich nun einmal nicht. Verstehst du jetzt den Sinn meiner Probe? Eigentlich war ich meiner Schlaflosigkeit dankbar, denn wäre ich gleich eingeschlafen, so hätte ich dich gar nicht herbeigewinkt und nie, nie, nie wärst du errötet.

ANITA: Was willst du noch?

PETER: Ich will dir danken. Ich bin heute hier, um dir dafür zu danken, daß du errötet bist. Du hast mir Vertrauen zu meiner Familie, zu meinen Kindern, zu meinen Erben gegeben. In dieser Zeit. Meine Kinder sind meine Erben. Mein Leben hat Sinn bekommen. Was tät ich ohne dich? Ich kann ohne dich nicht leben. Sage mir, ob du mich liebst?

ANITA: Ja, ja.

PETER: Wirst du mich immer lieben? Kannst du für dich bürgen? Auch du bist nur ein Mensch. Schließlich könnte man sich den Fall vorstellen, sei mir nicht böse, du verstehst mich ja, ich meine ja nur, gesetzt den Fall, es kommt der Tag und ein anderer Mann tritt in dein Leben. Ein gewisser Zauber, eine magische Ahnung, das geheime Etwas zieht dich zu ihm hin, mit unwiderstehlicher Gewalt. Gegen die Liebe vermag niemand anzukämpfen. Siehst du, das siehst du ja an uns selbst. Wir könnten uns gegen unsere Leidenschaft zur Wehr setzen, es wäre umsonst.

ANITA: Glaub ich gern.

PETER: Du glaubst mir? Wie ich dich verstehe! Du verstehst mich. Könnt ich dir doch beweisen, wie sehr ich dir vertraue. Weißt du, ich habe so eine Gelegenheit herbeigewünscht, wo ich dir so recht beweisen könnte, wie sehr ich dir um jeden Preis vertraue.

ANITA: Ich muß jetzt gehen. Ich bin oben eingeladen.

PETER: Ich wart hier auf dich. Mißversteh mich bitte nicht.

ANITA: Es wird lange dauern.

PETER: Ich warte doch. Erinnerst du dich? Erinnerst du dich?

ANITA: Geh lieber heim.

PETER: Hier bin ich dir näher, glaube mir, dir.

ANITA: Ich komm erst um vier.

PETER: Auf diesem Sofa warte ich. Du weißt dieses Sofa. Verstehst du mich ganz?

ANITA: Von mir aus wart hier.

PETER: Glaube mir.

ANITA: Ja, ja. *(Sie ist mit dem Schminken fertig und geht)*


# 4. Bild

GRETCHEN, *Geschäftsfrau*, MAX, *ein Mann*.


*Ein Salon. Zwei Geschäftspartner, eine Dame, ein Herr, sitzen einander in Klubsesseln gegenüber, rauchend, hartnäckig und nervös verhandelnd. Sie gibt nicht nach.*


GRETCHEN: Vergiß nicht mein Risiko!

MAX: Risiko? Ich seh kein Risiko.

GRETCHEN: Was, ich hab vielleicht kein Risiko?

MAX: Nein, das ist eine Redensart von dir. Du hast immer Redensarten.

GRETCHEN: Ich bin bereit, es schwarz auf weiß zu beweisen.

MAX: Diese Rechenkunststücke kenn ich. Das kann ich auch. Das ist noch lang kein Beweis.

GRETCHEN: Mehr als vorrechnen kann ich dir mein Risiko nicht.

MAX: Rechne, rechne!

GRETCHEN: Wenn du nicht hören willst.

MAX: Aber ja. Ich hör schon.

GRETCHEN: Bitte zähle zusammen. Dreißigtausend der Wagen, er ist mehr wert, ich schätze nur dreißigtausend. Was ich von Gresenfelders zu bekommen habe, hängt in der Luft, ich rechne *minimal* vierundzwanzigtausend, macht Summa summarum vierundfünfzigtausend. Die sechstausendsieben-hundert, über die wir schon gesprochen haben, laß ich einmal *ganz* beiseite, über die können wir uns später einigen. Das ist noch lange nicht alles. Ich riskiere, daß Onkel Berger vom Geschäft zurücktritt, schätzen wir, daß ich dadurch vierzigtausend verliere, macht zusammen die Kleinigkeit von vierundneunzigtausend, die sechstausendsiebenhundert wie gesagt, nicht mitgerechnet, rechne dazu die Zinsen von . . .

MAX: Ja, ja, schon gut. Was hab ich davon? Ich seh nicht ein, warum ich grad gleich.

GRETCHEN: Es muß nicht gleich sein. Du hast Kredit bei mir, Max.

MAX: Gut und gesetzt den Fall, ich überleg mir die Sache, kann ich dann noch zurücktreten?

GRETCHEN: Zurücktreten? Wieso zurücktreten? Das hab ich nicht gern.

MAX: Also du willst nur fix.

GRETCHEN: Fix.

MAX: Wenn ich wüßte, was die Gilz für das Haus verlangt.

GRETCHEN: Frag sie.

MAX: Ich werde mich hüten. Damit sie hinaufgeht.

GRETCHEN: Wozu braucht sie das Geld?

MAX: Das sag ich mir auch.

GRETCHEN: Sie braucht es für was. Das leuchtet mir enorm ein. Geh ihr an die Hand. Sag ihr, sie ist eine alte Person und allein, jedermann will sie übers Ohr hauen, du hast ein Herz für sie, weil du zwanzig Jahr im selben Haus wohnst. Hat sie dir erst ihre Geschichten alle gesagt, dann machst du mit ihr was du willst. Du zerquetschst sie in der bloßen Hand. Wie sieht sie aus?

MAX: Weiß ich? Ich weiß überhaupt nichts Sicheres. Das ist es eben.

GRETCHEN: Frag den Hausbesorger.

MAX: Liegt im Sterben.

GRETCHEN: Frag die Frau von ihm!

MAX: Jetzt weiß ich nicht. Liegt sie im Sterben oder liegt er im Sterben.

GRETCHEN: Du möchtest dich drücken. Beide werden nicht sterben. Frag den überlebenden Teil! Den mußt du gleich ausfragen!

MAX: Du bist nämlich schamlos, Gretchen.

GRETCHEN: Wieso?

MAX: Mit deinen Geschäften bist du schamlos. Wenn der Grund nicht so steigt, wie du sagst, deine Tollkühnheit ist schon schamlos, Gretchen.

GRETCHEN: Dann verlier eben ich. Vergiß nicht mein Risiko. Verlang ich vielleicht zu viel von dir, Max?

MAX: Das hängt davon ab.

GRETCHEN: Ich hab dir gesagt, warum der Grund hier effektiv steigen muß. Mein Vertrauen zu dir, siehst du selbst. Du könntest den Tip für dich allein einstecken.

MAX: Und ich hab dir gesagt, daß die Gilz im geheimen ihr Haus loswerden will, weiß ich wie lang schon, no seit sie alt ist. Hätt ich dir das sagen müssen?

GRETCHEN: Und ob du hättest? Wo hättest du von allein das Geld hergenommen?

MAX: Wieviel Prozent verlangst du?

GRETCHEN: Von dir fünf.

MAX: Das ist kulant.

GRETCHEN: Apart, natürlich.

MAX: Ich versteh schon.

GRETCHEN: Siehst du, und ich könnte bei dem Geldmangel dreimal soviel haben. Viermal soviel, ich sag dreimal soviel, damit du nicht glaubst, ich mach mich groß vor dir.

MAX: Nein, dreimal soviel.

GRETCHEN: Das sag ich ja.

MAX: Du hast gesagt dreimal soviel, um dich nicht groß zu machen. Wenn du dich nicht groß machen willst, sag zweimal soviel.

GRETCHEN: Schau, ich will dich nicht kränken.

MAX: Sag aber, Gretchen, fix, fünf Prozent?

GRETCHEN: Ja. Ich bleib dabei. Abgemacht?

MAX: Einen Moment.

GRETCHEN: Wir haben schon so viel Geschäfte miteinander gemacht.

MAX: Es wird doch nicht schiefgehen, Gretchen?

GRETCHEN: Wer redet von Schiefgehen?

MAX: Ich hab nur gar keine Lust.

GRETCHEN: Auf die Lust kommt es nicht an. Du wirst schon Lust kriegen.

MAX: Ich glaub nicht.

GRETCHEN: Ich muß dir was sagen, Max. Dir fehlt es an Initiative.

MAX: Bei dir vielleicht.

GRETCHEN: Nein, überhaupt, ich hör es von allen Seiten.

MAX: Ich weiß nicht.

GRETCHEN: Nimm dich zusammen!

MAX: Zusammennehmen! Zusammennehmen!

GRETCHEN: Courage, mein Lieber! Ein wenig Courage!

MAX: Du hast leicht reden.

GRETCHEN: Gehört denn so viel Courage dazu?

MAX: Ich weiß nicht.

GRETCHEN: Denk dir, es ist vorüber!

MAX: Ja wie soll ich?

GRETCHEN: Dann vergißt du deine Angst. Du bist doch ein Mann.

MAX: Also gut.

GRETCHEN: Ja?

MAX: Zieh dich aus!

GRETCHEN: In Ewigkeit Amen!


## 5. Bild


FRANZ JOSEF KOKOSCH, *Hausbesorger, seine sterbende* FRAU, *seine blödsinnige Tochter* PEPI.

*Ein sehr enges Kabinett, das als Küche und Schlafzimmer zugleich dient. Im wackligen Bett liegt eine Greisin. Sie trägt einen Totenschädel und röchelt. Spärliche weiße Haarsträhnen liegen leblos über den Kissen. Neben dem Bett, aber das Gesicht ihren Füßen zugewandt, sitzt der alte Hausbesorger Kokosch. Er trägt einen Franz-Josefs-Bart und betet laut aus der Bibel. Die erwachsene Tochter Pepi, ein dreißigjähriges Mädchen mit dickem, rotem, blödsinnigem Gesicht geht, unaufhörlich lachend, im Kabinett umher. Sie stößt an alle Gegenstände, auch an das Bett und an den Stuhl ihres Vaters. Sie verändert trotzdem keine Miene; ihr Gesicht bleibt zum Lachen verzogen.*

KOKOSCH: Aber die Philister griffen ihn und stachen ihm die Augen aus und führeten ihn hinab gen Gaza und banden ihn mit zwo ehernen Ketten und er mußte mahlen im Gefängnis.

Aber das Haar seines Hauptes fing an wieder zu wachsen, wo es geschoren war. Da aber der Philister Fürsten sich versammelten, ihrem Gott Dagon ein groß Opfer zu tun und sich zu freuen, sprachen sie: Unser Gott hat uns unseren Feind Simson in unsere Hände gegeben. Desselbengleichen, als ihn das Volk sah, lobten sie ihren Gott, denn sie sprachen: Unser Gott hat unseren Feind in unsere Hände gegeben, der unser Land verderbete und unser viel erschlug. Da nun ihr Herz guter Dinge war, sprachen sie:

ALTE: Du!

KOKOSCH: Laßt Simson holen, daß er vor uns spiele. Da holten sie Simson aus dem Gefängnis, und er spielte vor ihnen, und sie stellten ihn zwischen die Säulen. *(Man hört von oben eine Tanzmusik)* Simson aber sprach zu dem Knaben, der ihn bei der Hand leitete:

ALTE: Du, Mann!

KOKOSCH: Laß mich, daß ich die Säulen taste, auf welchen das Haus steht, daß ich mich daran lehne. Das Haus aber war voll Männer und Weiber.

ALTE: Du Mann! Ich muß . . .

KOKOSCH: Es waren auch der Philister Fürsten alle da und auf dem Dach bei dreitausend, Mann und Weib, die zusahen, wie Simson spielte. Simson aber rief den Herrn an und sprach:

ALTE: Du Mann! Ich muß dir was sagen.

KOKOSCH: Herr, Herr, gedenke mein und stärke mich doch, Gott, diesmal, daß ich für meine beiden Augen mich einmal räche an den Philistern!

ALTE: Ich muß noch was sagen. Du.

*Die Tanzmusik wird lauter.*

KOKOSCH: Und er faßte die zwei Mittelsäulen, auf welche das Haus gesetzt und darauf sich hielt.

ALTE: Ich muß . . .

KOKOSCH: Eine in seine rechte und die andere in seine linke Hand. *(Pepi stößt gegen den Vater. Die Bibel fällt zu Boden. Kokosch herrscht seine Tochter an)* Eine in seine rechte und die andere in seine linke Hand. Was lachst, wenn die Mutter stirbt, eine in seine rechte und die andere in seine linke Hand. Lach net, sag ich, eine in seine rechte und die andere. Da siehstu doch, die Mutter stirbt. Und die andere in seine linke

Hand. Jetzt herst auf mit dem Lachen sag ich, eine in seine rechte. Ich finds net.

ALTE: Mann, ich muß noch was sagen.

KOKOSCH: Und die andere in seine rechte und die andere in seine linke; umeschmeißen das kannst, zucheschmeißen, das kannst, finden kannst nix. Die andere in seine linke und die eine in seine rechte Hand. Wenn ich dich noch einmal lachen sehe, da stirbt die eigene Mutter.

ALTE: Mann. Ich muß . . . Ich sag.

KOKOSCH: Ich schmeiß dich auße. Der Herr hat uns gestraft mit einem ungeratenen Kind. Die andere in seine linke Hand. Jetzt hab ichs. Immer mit die Musik. Und sprach:

ALTE: Hör mich doch, Mann.

KOKOSCH: Und sprach: Meine Seele sterbe mit den Philistern! Und neigete sich kräftiglich. Da fiel das Haus auf die Fürsten und auf alles Volk, das drinnen war, daß der Toten mehr waren, die in seinem Tod starben, denn die bei seinem Leben starben. *(Die Tanzmusik tobt)* Pepi, jetzt gehstu hinauf zu Segenreich und sagst, ich laß die Herrschaften schen bitten. Ich laß schen bitten um die laute Musik. Von die Hochzeit was is mecht ich niemand beleidigen. Hast du gehert Pepi. Jetzt gehstu hinauf zu Segenreich und sagst ich laß die Herrschaften schen bitten, ich kann nicht beten bei die Musik! Die Mutter liegt im Sterben. Wenn sie nicht glauben, solln sie schauen kommen. Ich kann nicht beten bei die Musik! Hast du gehert Pepi.

*Die Tochter stößt sich zur Türe hinaus.*

ALTE: Du Mann, ich muß dir was sagen.

KOKOSCH: Da kamen seine Brüder hernieder.

ALTE *(wimmernd, laut wimmernd)*: Er laßt mich nicht reden. Er laßt mich nicht reden.

KOKOSCH: Und seines Vaters ganzes Haus und huben ihn auf und trugen ihn hinauf und begruben ihn.

# Die Hochzeit

*Von der Decke des länglichen Festraumes hängt ein ungeheurer Kron-
leuchter herab. Drei breite Fenster, in einer Reihe, gehen wohl auf die
Straße. Ein Tisch davor steht beinahe leergegessen und verlassen da.
Rechts und links öffnen sich Türen. Eine bald lärmende, bald anmutige
Musik flutet aus einem Nebenraum herüber. Die Hochzeitsgesellschaft,
in kleine Gruppen aufgelöst, befindet sich bereits wohl.*

*Brautvater* SEGENREICH, JOHANNA *die Brautmutter,* DIREKTOR
SCHÖN *ein Freund.*

SEGENREICH: Ich bin der Vater!

SCHÖN: Ist das auch wahr?

JOHANNA: Ich kann es beeiden! Er ist der Vater. Der glückliche
Vater.

SCHÖN: Das sagt jede.

JOHANNA: Vater, Vater, der Direktor Schön glaubts nicht.

SEGENREICH: Der Glaube macht selig. Ich bin der Vater. Ich
bleib der Vater und da können hundert Schwiegersöhne kom-
men. Ich sag, das ist mein Fleisch und Blut. Ich hab auch das
Haus gebaut. Jetzt soll mir einer die Vaterschaft abstreiten.
Am Polterabend bin ich erst recht der Vater. Wenn ich am
Polterabend nicht der Vater bin, wann bin ich dann sonst der
Vater? Ich war immer der Vater. Drei hab ich auf die Welt
gesetzt, ich Karl Christian Segenreich persönlich. Zwei Mä-
deln, einen Buben, sie sollen aufmarschieren! Christa! Christa!
Steh stramm, wenn der Vater dich aufruft! Christa! Christa!
Wirds bald!

JOHANNA: Laß sie gehn! An ihrem süßen Tag! Bleich schaut sie
aus, mein Käsepupperl! Wenn sie nur nicht so jung wär! Sie
wird ihn nicht verstehn. Hat sie ihn auch zum Fressen gern?
Er ist so schrecklich fein, wie kusselig er ausschaut. Mit den
Wuschelaugen und dem treuherzigen Haar. Ich hab ihn zu zu
gern. *(Segenreich geht auf die Suche)* Goldig find ich ihn, goldig
und süß, wie der Frack ihm steht, wie angegossen, und ge-

scheit ist er, er redet nicht leicht was, er verbrennt sich nicht den Mund, ich finde, er ist noch gescheiter wie mein Mann.

SCHÖN: Aber schön ist er nicht.

JOHANNA: Schön ist überflüssig. Sind Sie vielleicht schön, Schön?

SCHÖN: Dafür heiß ich so.

JOHANNA: Für den Namen kauf ich mir nichts. Was hab ich vom Namen?

SCHÖN: Jetzt gefällt Ihnen der Bräutigam besser wie ich.

JOHANNA: Geschieht Ihnen recht, warum tun Sie gar so mit der Zart? Ich kann die Zart nicht leiden. Zwei Jahre ist ihr Mann erst unter der Erd und sie amüsiert sich schon. *Einen* Freund hat sie und auf dem Polterabend meiner eigenen Tochter kommt sie her und kokettiert mit meinem Freund.

SCHÖN: Hab ich nur kokettiert gesagt?

JOHANNA: Also noch schöner! So gut bist du schon mit ihr. Schau sie dir an, das Stecken!

SCHÖN: Aber ich kenn sie doch aus dem ff. Eine Mimose!

JOHANNA: Mimose? Mimose? Damit jeder sie anrührt! Das kann ich auch. Schau sie dir an, das magere Stecken, ich würd mich ja schämen, so unter die Menschen zu gehen! Warum geht sie nicht als Mann verkleidet? Sie hat keinen Busen, sie hat keine Hüften, sie hat keine Waden, nichts hat sie, was zu einer Frau gehört. Ich hab alles. Bitte, du weißt es. Ich ruf dich zum Zeugen an! Hab ich alles, was zu einer Frau gehört, oder hab ich es nicht?

SCHÖN: Pst, dein Alter!

SEGENREICH: Sie kommen nicht. Marie! ruf ich. Sie hat keine Zeit. Karl! Er ist kein Junge mehr, sagt der Flegel, kein Bub, aber ein Bube ist er, was, Mutter, und wir sind der Vater und haben unseren großen Tag. Morgen gleich muß die Christa kleine Enkeln kriegen, für uns zwei, die Familie Segenreich blüht und das geht ewig so weiter. Alte, auf wieviel Enkel tippst du? Ich sag acht.

JOHANNA: Lieber neun.

SCHÖN: Nie hat sie genug.

SEGENREICH: Direktorchen, halts Maul. Von meiner Alten verstehst du nichts.

SCHÖN: Jetzt kenn ich euch zwölf Jahr.

SEGENREICH: Mit dem Kennen ist es nicht getan. Aufs Wetter da kennst du dich aus. Du spürst gleich den Wind, von wo er kommt. Das will ich dir zugeben.

SCHÖN: Ich hab eine Nase.

SEGENREICH: Das will ich dir zugeben. Die Wahrheit bestreit ich nicht. Ich hab eine Vorliebe für die Wahrheit und für die Klarheit noch von früher her, das war mein Beruf. Meine Häuser hab ich alle grad gebaut. Ich bitte sich in figura zu überzeugen. Das sind Mauern. Da nützt keinem seine Nase was, vor solchen Mauern scheißt der Wind in die Hosen, und was ein intelligenter Sturm ist, sagt gleich pardon. Ich bin so. Ich bleib so. Ich bin der Brautvater. Aber von Weibern verstehst du nichts, lieber Freund, das beweise ich dir, schwarz auf weiß, oder weiß auf schwarz, wie du lieber willst, ich bin nicht so genau mit den Farben.

SCHÖN: Wie willst du das beweisen?

JOHANNA: Ich hab bei dem Schön immer das Gefühl, man erfährt einmal etwas recht Dreckiges über ihn, so etwas ekelhaft Dreckiges, ich kann gar nicht kosten wie dreckig, so eine uneheliche Liebschaft oder so.

SEGENREICH: Bei meiner Alten rappelts ~~~~ crazy

SCHÖN: Du lieber Gott, die lange Dienstzeit . . .

SEGENREICH: Und das hohe Alter und die kolossale Figur.

JOHANNA: So. Ich denke, du hast das gern.

SEGENREICH: Das ist schon mehr als orientalisch. Du und die Witwe Zart, ihr könnt beide einpacken. Ihr seid nichts. Ein richtiger Mann spuckt euch nicht an.

JOHANNA: Sie helfen mir nicht, Schön?

SCHÖN: Wie dürfte ich es wagen? Sonst glaubt der Herr Gemahl, ich hab bei Ihnen Erfahrung. Er wird schon wissen, warum er so redet. Jetzt seid ihr doch verheiratet – ich weiß nicht einmal –

BEIDE: Siebenundzwanzig Jahre.

SCHÖN: Doch so viel. Meine Reverenz euch beiden, Herrschaften, ich haltete das nicht aus.

SEGENREICH: Was du schon aushaltst! Du verstehst nichts von den Weibern. Und jetzt kommt der Beweis. Ich halt das nicht länger aus, der drückt mich, wenn ich sagen soll. Ich frage dich, Schön!

SCHÖN: No?

SEGENREICH: Auf Ehr und Gewissen!

SCHÖN: Auf Ehr und Gewissen? Gut, gut, was willst du denn?

SEGENREICH: Auf Ehr und Gewissen. Schau in dein Herz hinein! Tief schau hinein, ganz tief, zu allertiefst im Keller, wo es stockdunkel ist!

SCHÖN: Ja gut, hör auf, ich sags schon, was willst du, red doch, du machst mich nervös.

SEGENREICH: Hast du Kinder?

SCHÖN: Ja woher soll ich Kinder haben? Ich bin doch nicht verheiratet.

SEGENREICH *(lacht dröhnend):* So, Alte, jetzt siehst du selbst. Der weiß nicht einmal, daß es ehelose Kinder gibt! Er weiß es nicht! Er weiß nicht, wie man die Kinder macht! Er weiß es nicht, Mutter, ich ersticke! Klopf mir mal auf den Rücken, Schön, ich ersticke, du weißt es nicht, ich ersticke, lieber Junge, ich ersticke, du weißt es nicht!

SCHÖN *(klopfend):* Wo weiß ich es?


JOHANNA, MICHEL *der Bräutigam.*


JOHANNA: Wirst du auch immer lieb zu ihr sein, Junge?

MICHEL: Aber Mutter!

JOHANNA: Du meinst, das versteht sich von selbst. Du hast recht, mein Junge.

MICHEL: Aber Mutter!

JOHANNA: Weißt du auch, wie man ein junges Mädchen behandelt, mein Junge. Da muß man sehr sehr vorsichtig sein. Ich fürchte, ich fürchte, du bist nicht reif genug dazu. Du darfst meinem Kind nicht weh tun, Michel, tu ihr nicht weh, sie ist meine Älteste, ich hab sie empfangen, ich hab sie geboren, ich will sie nicht umsonst empfangen haben. Kennst du dich aus?

MICHEL: Aber Mutter!

JOHANNA: Du bist so ein reizender Junge mit deinen Wuschelaugen und dem treuherzigen Haar. Als Schwiegersohn hab ich dich zum Fressen gern. Weißt du überhaupt, wem du die Christa verdankst?

MICHEL: Dir Mutter.

JOHANNA: Du reizender Kerl du, mir, deiner Schwiegermama mit dem jungen Herzen und den blühenden Formen. Formen hab ich, das mußt du doch zugeben, gell ich hab Formen?

MICHEL: Aber Mutter!

JOHANNA: Die Christa findet dich dumm, der Vater findet dich grün, da hab ich gesagt, er gefällt mir. Er gefällt mir entzückend und basta. Ich bin die Herrin im Haus. Hast du das schon gewußt? Mein kleiner Kater, ganz wuschelige Augen macht er und die treuherzigen Haar! Du mußt aber wirklich aufpassen mit dem Kind. Weißt du auch genau, wie du's machen mußt? Komm, ich erklär dirs! Da gibt es viel zu erklären! *Johanna zieht Michel zu einer Türe links hinaus.*

*Bei dieser Türe steht* HORCH, *ein Idealist, im Gespräch mit der* WITWE ZART.

ZART: Aber er hat an mich gedacht. Horch.

HORCH: Das ist noch das Wenigste, was er tun konnte. Er *mußte* an Sie denken. Halten Sie es überhaupt für möglich, daß er nicht an Sie gedacht hätte?

ZART: Das nicht, aber . . .

HORCH: Sie waren sechs Jahre lang seine Frau, Sie haben ihn gepflegt, Sie haben die Unsitten seines Alters ruhig auf sich genommen.

ZART: Er war so eifersüchtig.

HORCH: Sie haben ihm Ihre Jugend geopfert. Sie sind jetzt dreißig, oder bald dreißig. Wieviel erfolgreiche Jahre stehen Ihnen noch bevor? Zehn oder fünfzehn. Das ist nicht viel.

ZART: Wenn er es wüßte, er hätte im Grab keine Ruhe. Das muß ich immer denken. Er hat auch an mich gedacht.

HORCH: Um so besser! Wenn *er* an Sie gedacht hat, dieser alte, unheilbare Filz und Egoist, wie sehr müßten Sie selbst an sich denken! Aber Sie heißen Zart und sind wie eine Mimose. Nur erzittern Sie schon vor der Berührung.

ZART: Finden Sie mich wie eine Mimose?

HORCH: Ja, das finde ich. Eine, die besonders verschüchtert blüht. Eine seltene Mimose.

ZART: Alle sagen mir Mimose.

HORCH: Es verpflichtet so sehr, Sie in Ruhe zu lassen. Nein, *Sie* müssen die Männer packen. Männer sind nicht leicht zu packen. Klugheit gehört dazu und Initiative. Jeder Angriff geht von der Frau aus.

ZART: Sie raten mir, einen Freund zu nehmen?

HORCH: Ich wundere mich, daß Sie noch keinen haben. Sie sind
    seit zwei Jahren allein.
ZART: Vielleicht hab ich schon ein bißchen einen, Horch.
HORCH: Damit ändert sich natürlich alles. Das hab ich nicht
    gewußt.
ZART: Vielleicht haben Sie es doch gewußt.
HORCH: Geahnt. Ist er nett?
ZART: Sehr. Er ist gescheit. Man kann mit ihm über alles plau-
    dern. Er hat Ähnlichkeit mit Ihnen.
HORCH: So, plaudern. Sie sollten aus dem bißchen Ernst ma-
    chen.
ZART: Finden Sie? Finden Sie wirklich?
HORCH: Ja. Es wird mich freuen, wenn Sie einen Mann zum
    Freund wählen, der mit mir Ähnlichkeit hat.
ZART: Sie verstehen mich immer falsch, Horch. Sie sind ein
    Idealist.
HORCH: Und Sie eine Mimose, gnädige Frau. Solange wir uns
    ferne stehen, passen wir ausgezeichnet zusammen.


CHRISTA *die Braut,* DR. BOCK *Hausarzt, achtzigjährig.*


CHRISTA: Ich muß ja so lachen!
BOCK: Warum Kindchen?
CHRISTA: Unten ist die Leich und hier heirat ich!
BOCK: Die Leiche? Welche Leiche?
CHRISTA: Die Hausbesorgerin stirbt grad unter uns.
BOCK: Was, grad jetzt muß die sterben?
CHRISTA: Das ist doch das Komische? Ich find das rasend ko-
    misch.
BOCK: Komisch würd ich da nicht sagen.
CHRISTA: Was würdest du denn sagen, Onkel Bock? Du hast so
    gute Ausdrücke.
BOCK: Spanisch.
CHRISTA: Spanisch? Ausgerechnet Spanisch?
BOCK: Ja! Man weiß nicht, wozu die stirbt. Man weiß nicht,
    wozu du heiratest.
CHRISTA: Ich heirate, weil ich aus dem Haus heraus will. Ich
    kann meine Freunde nicht anständig empfangen. Du kennst
    meine Mutter.
BOCK: Mich vergißt du ganz?

CHRISTA: Aber wieso denn, Onkel Bock, du wirst mich in meiner neuen Wohnung besuchen.

BOCK: Geht nicht gut. Die Leute. Du wirst sehen. Ich hab Erfahrung.

CHRISTA: Was, alles geht. Du kommst zum Beispiel mit dem Rosig zu mir, dem Sargfabrikanten, du kennst ihn doch, drüben steht er.

BOCK: Ob ich ihn kenne! Seine Frau . . .

CHRISTA: Ich werde über Schmerzen klagen. Während der Rosig sich mit meinem Mann über die Geschäfte unterhält, benützt du die Gelegenheit und untersuchst mich, wie mir die Ehe bekommt und so weiter. Du bist doch unser alter Hausarzt, Onkelchen. Du gehörst dazu. Ich hab dich noch lieber als den Schön. Am liebsten möcht ich den Horch dazu, aber der ist so schwer.

BOCK: Den Horch willst du? Ich werde dir helfen. Dem kann man alles einreden. Greif ihn nur ruhig an, aber sag ihm, daß er ein Idealist ist, im selben Moment. Er läßt alles mit sich machen. Nur reden darf man nichts drüber. Geredet wird über Ideale. Er ist eben gebildet, er ist der einzige gebildete Mensch, den ich in meinem Leben kennengelernt habe, das will was heißen.

*Die Musik, die zu Beginn dieser Szene zart und leise gespielt hat, ist ganz verstummt.*

CHRISTA: Ich bin rasend neugierig auf ihn. Die Monika und die Zart scharwenzeln immer um ihn herum.

*Man hört den Säugling von oben schreien.*

BOCK: Dein Baby schreit schon.

CHRISTA: Danke, Onkel Bock.

BOCK: Oder hat die Kleine schon eins, deine Schwester?

CHRISTA: Aber das ist doch das Ekel von Thuts oben.

BOCK: Ich weiß. Ich war gestern dort. Das Kind geht todsicher ein.

CHRISTA: Hoffentlich. Es schreit Tag und Nacht so. Ich zieh ja aus. Aber meine arme Mutter findet keinen Schlaf.

BOCK: Das ist es ja grad. Das Kind hat zu wenig Schlaf. Ich sag der Frau vom Professor, Leni heißt sie, nichts wert ist sie, er nennt sie Magdalena, wenn sie wenigstens die Haar von der Magdalena hätt, dann wär sie zu etwas gut, ich sag der Magdalena, daß *die* büßt, ist keine Kunst, wenn ich ein Weib bin und so ausschau, büß ich auch, so was wird nur von einem Professor geheiratet, ich sag ihr, verlegen Sie das Schlafzimmer wieder zurück, wo es früher war, das Häuflein Elend schläft zu wenig, da ist nämlich nebenan so ein Papagei.

CHRISTA: Ja, der alten Gilz ihr Papagei.

BOCK: Ein total verrückter Papagei, immer wenn ich komm, schreit er durch die Wand: Haus, Haus, Haus. Man möcht glauben, er meint altes Haus und mich, stimmt aber nicht, die büßende Magdalena sagt, er schreit in der Nacht zwei Dutzendmal, er weckt ihr Einziges aus seinem einzigen Schlaf. Verlegen Sie das Schlafzimmer, sag ich, mein Mann erlaubts nicht, sagt sie. Vergiften Sie ihn, sag ich. Da wird diese Kröte grün wie der Papagei, das Gesicht hättst du sehn sollen, so erschrocken ist sie, den Finger hat sie an den Mund gelegt, umgeschaut hat sie sich, ob niemand sie hört, eine flehende Schnauze hat sie gemacht und pst, pst, die bildet sich vielleicht ein, sie soll ihren Mann vergiften. Die bildet sich wohl ein, ich will sie, so alt bin ich noch lange nicht, da hab ich schon andere, was man sich gefallen lassen muß, wenn man so jung ist und auf seine alten Tage noch Visiten macht!

CHRISTA: Jetzt weiß ich wenigstens, warum das Ekel immer schreit. Ich wirtschaft mir kein Kind ein, verstanden, Onkel Bock!

BOCK: Auf mich kannst du dich verlassen. Meine Hand ist so sicher wie das Geschrei vom Papagei.

CHRISTA: Das Vieh ist rasend komisch, wirklich, vor Jahren, wie die alte Gilz noch ausgegangen ist, hat sie ihn immer mitgenommen, da ist er ihr auf der Schulter gehockt. Alle vier Schritte bleibt sie stehen, fährt mit dem Finger durch seinen Schnabel, zieht ihn heraus und wartet, bis er schreit. Was schreit er? Haus, Haus, Haus, natürlich. Jetzt schreit er von selbst. Sie hat ihn gut erzogen. Die liebt ihr Haus, das kannst du dir nicht vorstellen. No und jetzt muß sie's doch der Enkelin hinterlassen.

BOCK: Was für eine Enkelin?

*Man hört von unten lautes Beten.*

CHRISTA: Sie hat zwei. Die Toni besucht sie immer, die will das Haus für sich allein. Sie glaubt, sie wird die Alte beschwatzen, wenn sie Abend für Abend kommt. Die andere, die Resl, die kommt eigens nie. Die glaubt wieder, sie kriegt das Haus für sich allein, weil sie die Alte nicht zu beschwatzen versucht. Jetzt bin ich selber neugierig, wers kriegt. Was glaubst du?

BOCK: Ich gäbs der jüngeren. Was ist denn das? Hör ich schlecht? Ich hör immer beten. Ich hör wirklich beten.

CHRISTA: Das ist doch der Hausbesorger unten. Der betet seit einer Woche am Bett seiner Alten. Er ist abergläubisch. Er glaubt, so lang er betet, bleibt sie am Leben.

BOCK: Heiser muß der sein.

CHRISTA: Drum schreit er ja so.

BOCK: Ich möcht wissen, wozu die stirbt.

CHRISTA: Kannst sie ja kurieren gehn!

BOCK: Ich werd mich hüten. Damit mir die ganze Stimmung zum Teufel geht. Heut hab ich ein großes Programm.

CHRISTA: Er hat ja einen Arzt von der Krankenkasse. Aber den läßt er nicht kommen. Gestern besuch ich auf einen Sprung die Alte, sie schaut rasend komisch aus, wie ein Totenschädel, der was reden möchte, sie will was sagen, aber er läßt sie nie reden. Er hat sie schon zu Lebzeiten nie reden lassen, warum grad jetzt, wenn sie schon halb tot ist. Alle jüngeren Leute im Haus schaun sich das an. Das ist jetzt der neueste Rendezvousplatz dort. Wir sekkieren den Kokosch und sagen ihm: Sie müssen unbedingt den Arzt kommen lassen. Sie handeln unverantwortlich, wir werden Sie anzeigen! Da wird er wütend und zum Schluß platzt er jedesmal heraus: »Beten kommt billiger, die Herrschaften, beten kommt billiger!« Dabei verhaspelt er sich, vor lauter Angst, er könnte zu beten aufhören, und die Alte stirbt ihm vor der Nase weg. Er hat sie nämlich rasend gern.

BOCK: Blödsinn. Warum läßt er sie nicht sterben?

CHRISTA: Na erlaub du mir! Bei den Begräbniskosten! Sie kommt ihm doch billiger als ein Begräbnis. Das zieht er so lang wie möglich hinaus.

BOCK: Der ist noch geiziger als ich. Meiner Seel.

CHRISTA: Nein, wirklich, Onkel Bock, der ist noch viel geiziger als du. Seine Tochter, die Pepi, ist blödsinnig. Sie hätt' wo was lernen sollen, in einer Idiotenanstalt, da hätt sie vielleicht auch reden gelernt, aber da hätt er eine Kleinigkeit dazuzahlen müssen, einen Regiebeitrag, eine pure Bagatelle, auch für einen Hausbesorger. Was tut der gute Mann? Er läßt sie nichts lernen. Sie soll lieber heiraten, das sagt er, schon seit Jahren.

Warum ist sie so dumm und fängt sich keinen Mann? Dabei hat sie schon jeder im Haus gehabt. Sie hat ein Glück bei Männern, unglaublich, sie kriegt eben keine Kinder und kann nichts ausplaudern. Da wären die Männer ja dumm, wenn sie nicht. Weißt du, ich hab sie schon oft beneidet, wenn sie auch nur die Tochter vom Hausbesorger ist.

BOCK: Ist sie denn so gut?

CHRISTA: Ich find mich besser.

BOCK: Du findest! Du findest! Jede findet sich selbst am besten.

CHRISTA: Du hast mich ja auch ganz gut gefunden.

BOCK: Aber wann? Aber wann? Du warst damals zwölf. Das vergißt du.

CHRISTA: Und jetzt bin ich einundzwanzig. Die Hausbesorger-Pepi ist zweiunddreißig.

BOCK: Auf das Alter kommt es nicht an. Die Alte stirbt grad, sagst du. Man sollte doch schauen, was die Alte hat.

CHRISTA: Geh doch! Geh! Du kannst ja gleich im Sterbezimmer.

BOCK: Ich geh später. Ich muß erst nach der Anita schaun.

CHRISTA: Ich hab sie für dich eingeladen.

BOCK: Kann ich gleich unterm Tisch durchkriechen und so?

CHRISTA: Aber natürlich! Du kannst ruhig. Sie ist meine Freundin.

*Am großen Tisch sitzen unruhig nebeneinander* KARL *und* ANITA.

KARL: Im dritten Semester. Und das Schönste ist, man nimmt mich nicht ernst.

ANITA: In welchem Semester?

KARL: Im dritten.

ANITA: No ja.

KARL: Ich bin also zwanzig.

ANITA: Gewesen.

KARL: Vor sieben Tagen.

ANITA: Unglaublich.

KARL: Warum sagen Sie jetzt unglaublich?

ANITA: Wie bitte.

KARL: Warum sagen Sie unglaublich? Seh ich nicht so aus?

ANITA: Aber ja.

KARL: Sie hören mir gar nicht zu.

ANITA: Wie bitte.

KARL: Warum schauen Sie immer weg?

ANITA: Ich muß.

KARL: Ich hab einen Hauptspaß vorbereitet. Das Licht wird auf einmal ausgelöscht werden. Dann küß ich Sie! Hören Sie!

ANITA: Ja warum?

KARL: Was warum?

ANITA: Das Licht wird ausgelöscht werden, sagen Sie.

KARL: Ja, ja.

ANITA: Damit ich einen Kuß krieg?

KARL: Ja. Reden Sie nicht so laut. Sonst hört es ein anderer und paßt auch drauf.

ANITA: Ja, und?

KARL: Es ist Ihnen doch lieber, ich küsse Sie?

ANITA *(kreischend):* Er erlaubt sich Freiheiten! Er erlaubt sich Freiheiten!

KARL *(springt auf):* Aber wer denn? Das ist nicht wahr. Ich habe nichts getan! *(Drüben taucht der alte Bock auf)* Ach so, der alte Bock!

MONIKA *die Frau des Apothekers Gall,* HORCH.

MONIKA: Sie sind ein Idealist, Horch.

HORCH: Ich bin stolz darauf, gnädige Frau.

MONIKA: Mir gefällt gerade das an Ihnen. Aber Sie werden schwerlich eine Frau finden, die Ihren Idealismus begreift.

HORCH: Sie sagen doch, daß er Ihnen gefällt.

MONIKA: Ich dürfte auch die einzige sein. Ich habe viel mitgemacht im Leben. Ich bin keine gewöhnliche Frau. Drum versteh ich Sie.

HORCH: Es ist Ihnen doch eigentlich nie schlechtgegangen.

MONIKA: Pekuniär nicht. Aber darauf kommt es nicht an.

HORCH: Ich glaube, es kommt gerade darauf an.

MONIKA: Im Gegenteil. Das sollte man einem Idealisten nicht erst beweisen müssen.

HORCH: Ihre gute Meinung von mir behindert mich in meiner Diskussionsfreiheit.

MONIKA: Sie dürfen sich dieses Hindernis gefallen lassen.

HORCH: Ja warum denn?

MONIKA: Weil Sie gescheit genug sind, um auch mit weniger Freiheit zu kämpfen.

HORCH: Sie überschätzen mich. Aber bitte.

MONIKA: Sehen Sie sich doch meinen Mann an. Dort steht er. Er spricht gerade mit dem Hausherrn.

HORCH: Ich finde ihn komisch. Wenn er wenigstens kein Apotheker wäre. Er ist der magerste Mensch, der mir je untergekommen ist. Apotheker sehen gewöhnlich beruhigend gesund aus. Wahrscheinlich hat er die Schwindsucht.

MONIKA: Gut geraten. Er hat sie seit Jahren. Aber er stirbt nicht, er wird nie sterben. Er kann nicht sterben. Ich sterbe bestimmt früher.

HORCH: Aber gnädige Frau! Er ist um zwanzig Jahre älter.

MONIKA: Das hat wenig zu sagen. Auf die Körperzähigkeit kommt es an. Wenn er diese Krankheit überlebt hat, wird er auch mich überleben.

HORCH: Vielleicht ist er gar nicht krank. Vielleicht überanstrengt er sich zu sehr.

MONIKA: Im Gegenteil. Wir haben nichts miteinander zu schaffen.

HORCH: Ihr Ernst, gnädige Frau?

MONIKA: Mein vollster Ernst.

HORCH: Man möchte das Gegenteil glauben. Ich habe einige Menschenkenntnis. Aber ich gestehe, daß sie hier versagt hat.

MONIKA: Sie haben also mein eheliches Glück stark überschätzt. Ich habe ein Recht darauf zu tun, was ich will. Das leuchtet Ihnen ein?

HORCH: Ja. Es frägt sich nur, was Sie wollen.

MONIKA: Wissen Sie nicht, wie das bei einer Frau ist.

HORCH: Ich höre es gern von Ihnen.

MONIKA: Das ist so bei einer Frau: eine Frau wünscht sich einen Mann, der groß, stark, und vor allem möglichst potent ist.

HORCH: Sie sind sehr klug, gnädige Frau. Suchen Sie nur! Sie werden auch auf solche Männer stoßen.

MONIKA: Finden Sie wirklich? Sie sind ein großer Idealist, Horch, ein sehr großer Idealist!


CHRISTA, ANITA.


ANITA: Wo ist der schöne Max?

CHRISTA: Ich hab ihn eingeladen.

ANITA: Wo ist er?

CHRISTA: Nicht gekommen.

ANITA: Ist er in seiner Wohnung drüben? Ich geh ihn holen.

CHRISTA: Er hat absagen lassen. Er hat eine entscheidende Besprechung.

ANITA: Mit wem denn?

CHRISTA: Mit dieser Gretchen. Sie hat viel Geld.

ANITA: Ist sie tüchtig?

CHRISTA: Rasend tüchtig. Sie kriegt ihn bestimmt herum. Ich fürcht noch heute.

ANITA: Kunststück. Mit so viel Geld hätt ich ihn schon längst.

CHRISTA: Glaubst du?

ANITA: Ach was, ich hab mich verlobt.

CHRISTA: Gratuliere, wann?

ANITA: Vor zwanzig Minuten.

CHRISTA: Mit wem denn?

ANITA: No mit dem Peter Hell.

CHRISTA: Mit dem Esel. Hast du nicht nötig gehabt.

ANITA: Ist mir noch lieber als dein Michel.

CHRISTA: Mein Michel ist überhaupt niemand. Aber du hättest doch den Karl nehmen können.

ANITA: Der ist mir zu grün.

CHRISTA: Du mußt ihn erziehen.

ANITA: Weißt du, er redet vom Küssen!

CHRISTA: Zu wenig Männer haben wir heut da.

ANITA: Find ich auch.

CHRISTA: Warum hast du den Peter nicht mitgenommen.

ANITA: Frag lieber nicht.

CHRISTA: Wegen meiner Mutter?

ANITA: Wegen deiner Schwester auch.

CHRISTA: Du irrst, die haben sich beide auf meinen Mann kapriziert.

*Apotheker* GALL, *Sargfabrikant* ROSIG.

GALL: Wo hast du deine Alte heut?

ROSIG: Zu Haus gelassen. Eingesperrt. Soll nur schlafen, die alte Sau.

GALL: Meine ist drüben.

ROSIG: Bei dem Bürschchen? Gratuliere! So was läßt du dir gefallen!

GALL: Der macht sie glücklich.

ROSIG: Was die immer gescheit daherredet, deine. Wenns meine wär, ein paar auf den Hintern und's Maul gehalten, verstanden?

GALL: Sonst gibt sie Ruh.

ROSIG: Du mußt sie gar nicht? Überhaupt nicht? Du mußt nicht müssen?

GALL: Sie verzichtet drauf.

ROSIG: Großartig, Mensch! Das wär eine Sau für mich! Meine ist ein Luder. Ausgeludert hat sie, aber ein Luder ist sie. Die hat noch mal mit Sechzig nicht genug. Nicht genug, drauf geh ich dir jede Wette ein, wie ein weißgewaschener Neger wett ich. Jetzt ist sie vierundfünfzig, wenn ich mal drei Wochen nicht bei ihr war, heult sie wie ein Regenbogen. Heul nicht, alte Sau, sag ich, tempi passati, es geht nicht, was willst du noch? Jetzt hab ich dich 23 Jahre, fleißig und treu, was willst du noch? Ich kann doch nicht auf dir herumstehen wie ein alter Droschkenkutscher. Heut hat sie wieder angefangen. Es sind erst neunzehn Tage her und sie hat schon wieder angefangen. Sagt mir die alte Sau ins Gesicht: ich lieb sie nicht, *ich* lieb sie nicht. So, sag ich ihr, das sind die neuesten Nachrichten. Du bekommst am Morgen, wenn ich weggeh: 1 Kuß, macht in 19 Tagen 19 Kuß, am Abend nach dem Essen 1 Klaps auf den Hintern, macht in 19 Tagen 19 Klaps auf den Hintern, macht Summa Summarum 19 Kuß 19 Klaps auf den Hintern, das andere ist meine Sache, und wer mehr will, kriegt überhaupt nischt, das ist Bolschewismus, sie reißt einem das Letzte herunter, wo du sie anfaßt, ist sie ein Brei. Pfui Teufel. Zur Strafe hab ich sie heut zu Haus eingesperrt.

GALL: Kch! Nichts für mich.

ROSIG: Deine ist großartig.

GALL: Es geht.

ROSIG: Erlaub schon mal, keine fünfunddreißig. Keine fünfunddreißig und du mußt nicht müssen. Die imponiert mir. Wie ist sie so?

GALL: Ich weiß nicht mehr.

ROSIG: Fest ist sie.

GALL: Zwick sie, dann weißt du's

ROSIG: Du laß mich mal drauf auf deine.

GALL: Ja.

ROSIG: Du läßt mich, das ist ein Vorschlag, der hat sich gewaschen.

GALL: Aber heut noch.

ROSIG: Hurra, hurra, hurra, die wischen wir dem Jungen weg.

GALL: Versuchs.

ROSIG: Haben sie sich?

GALL: Heut kennengelernt. *(Der alte Bock tritt dazu)*

BOCK: Kein Wunder, wenn er sie nie.

ROSIG: Da kommt der Horcher an der Wand.

BOCK: Was hört er? Dem seine eigene Schand! *(auf Gall zeigend)*

GALL: Es ist nicht jeder ein Bock. Es kann nicht jeder ein Bock
sein. Es muß auch anständige Männer geben.

BOCK: Ich bin lieber unanständig.

ROSIG: Ihr schießt zu weit, meine Herren. Der bockigste Mann
ist der anständigste Mann. Der Same des Mannes soll all's
fließen, das haben schon die ollen Griechen gesagt.

BOCK: Sprießen. Da hab ich viel zu tun.

GALL: Drauf steht Gefängnis.

ROSIG: Tutmemschos, meine Herren, sprießen! Sprießen oder
fließen oder schießen. Ich mach mich an die Arbeit.

GALL: Bitte, bitte!

ROSIG: Wohlauf Kameraden, aufs Pferd, aufs Pferd! *(rollt ab)*

BOCK: Kann er was?

GALL: Mehr als wir.

BOCK: Wir? Wir? Das möcht ich mir ausbitten.

GALL: Du bist ja schon neunundsiebzig.

BOCK: Ich bin alt, aber ich bin noch jung.

GALL: Das ist leicht sagen.

BOCK: Jünger wie du fühl ich mich einmal bestimmt, aber schon
sehr bestimmt.

GALL: Wenn du so sicher bist.

BOCK: Das ist eine Beleidigung. Ich werde es beweisen!

GALL: Dann kannst du dein Glück versuchen.

BOCK: Sofort. Ja bei wem?

GALL: Bei meiner Frau.

BOCK: Soll ich? Wenn ich einmal aufgepulvert bin, ist mit mir
nicht zu spassen. Ich hab einen Sturm der Jugend in mir.
Meine Patientinnen sind begeistert. Ich brauch keinen Alkohol. Ich fühl mich wie ein Vierziger. Ich verführ deine Frau!
Ich verführ deine Frau!

GALL: Ja, aber wann, wann?

BOCK: Heut noch! Heut noch!

GALL: Gleich.

BOCK: Heut. Hier. An dieser Stelle. Einen Moment bitte. *(Ein furchtbarer Hustenanfall schüttelt den Rest seines Körpers)*

SEGENREICH, ROSIG.

SEGENREICH: Wie oft waren wir die Woche besoffen, Rosig?

ROSIG: Einmal im ganzen. Das ist ein runtergewaschenes Leben. Ich muß meine Alte verscharren.

SEGENREICH: Du redest auch von nichts anderem als von deiner Alten. Heut ist ein Tag für die Jungen. Heut darfst du mich nicht beleidigen. Saufen mußt du. Das mußt du. Und wenn du erst total besoffen bist, dann darfst du heim zu deiner Alten. Vorher erlaub ich es nicht. Ich will dir was sagen. Saufen mußt du, weil du mich nicht beleidigen darfst. Und warum darfst du mich nicht beleidigen? Darum darfst du mich nicht beleidigen, weil ich dieses Haus gebaut habe. Ich bin der Brautvater. Sauf auf das Wohl der Braut, Prost die Braut, Hoch die Braut, Heil die Braut, ein dreifach donnerndes! Die Braut meine Tochter, *ich* bin der Vater. Die drei hab' *ich* auf die Welt gesetzt. Was, die sind gut geraten! Die soll mir einer nachmachen! Fabrikat Segenreich. Vor Nachahmungen wird gewarnt. Gesetzlich geschützt, Patent angemeldet. Das geht ewig so weiter. Ich hab eine Herzensliebe, eine große Herzensliebe für meine Kinder. Am Tage der Hochzeit wird die Tochter volljährig.

ROSIG: Aber du redest ja daher wie ein rot gestrichener Lattenpfahl. Dein Mädel ist schon längst volljährig. Der Alkohol schwabbelt in dir wie besoffen herum. Du hast dich heut rotgewaschen. Wie siehst du aus? Du siehst aus wie ein türkischer Brautvater, weil sie dir einen Ölgötzen angestrichen haben. Ich hab keine Zeit, ich habs scharf auf die Monika Gall.

SEGENREICH: Ja, troll dich, mach dir einen Sarg und leg dich mit ihr hinein und laß dich mit ihr begraben. Deine Alte, die laß daheim. Von mir aus mach was du willst. Aber saufen mußt du, saufen, verstanden! Ich bin der Brautvater!

ROSIG: Du verstehst mich nicht, Bruder. Du weißt nicht, was es heißt: ein Mann sein.

SEGENREICH: Ich weiß es.

ROSIG: Du weißt es nicht.

SEGENREICH: Ich weiß es.

ROSIG: Du weißt es nicht.

SEGENREICH: Und wer hat das Haus gebaut?

ROSIG: Du!

SEGENREICH: Und wer ist der Brautvater?

ROSIG: Du!

SEGENREICH: Du gibst das zu, Herzensbruder, Rosensarg, Sarg-rose.

ROSIG: Das geb ich zu und meinen Segen dazu.

SEGENREICH: Dann bist du geschlagen. Du hast dich selbst geschlagen. Ich hab dieses Haus gebaut, also bin ich ein Mann.

ROSIG: Aber keiner so wie ich.

SEGENREICH: Was willst du jetzt damit sagen?

ROSIG: Paß lieber auf deine Sau auf.

SEGENREICH: Herzensrose, Tugendrose, du bist doch ein blöder Kerl. Siebenundzwanzig Jahre bin ich mit ihr verheiratet und es ist nichts vorgekommen. Rein gar nichts. Jetzt soll ich zum Aufpassen anfangen? Das Vertrauen steckt in mir und der Glaube steckt in mir, denn der Glaube macht selig. So bin ich. So bleib ich. Die Welt geht unter, bevor mir meine Alte untreu wird.

ROSIG: Von mir aus. Also ich hab sie ja noch nie. Dafür hab ichs jetzt scharf auf die Gall.

SEGENREICH: Troll dich, Geschlagener! In den Sarg mit euch beiden! Ich brauch keine Gall. Ich hab meine Kinder. Die gehn für mich durchs Feuer. Christa! Marie! Karl! Stramm-gestanden, wenn der Vater ruft! Christa! Marie! Karl!

CHRISTA *(von draußen):* Was will der alte Esel?

MARIE *(von drinnen):* Gib doch Ruh.

KARL: Und das Schönste ist, daß man mich nicht einmal ernst nimmt.


ROSIG, MONIKA, BOCK.


MONIKA: Sie bedrängen mich hart, meine Herren!

ROSIG: Der Herr Gemahl hat nichts dagegen. Nichts dagegen.

BOCK: Das will ich nicht sagen. Es hängt ab.

MONIKA: Mein Mann hat mir nichts zu befehlen. Ich bin volljährig.

BOCK: Man zweifelt Ihre Volljährigkeit an, Kindchen.

ROSIG: Haben Sie keinen Urgroßvater mehr? Da ist einer.

MONIKA: Ich schätze alte Herren, ihrer Erfahrung wegen.

ROSIG: Ich bin nicht mehr so jung. Ich bin nicht mehr so jung.

BOCK: Er ist im ganzen 55. Ich bin um 24 Jahr älter.

MONIKA: Sie haben sich beide gut erhalten.

BOCK: Gegen den Herrn Gemahl gehalten, ja.

ROSIG: Sehen Sie, er beleidigt unseren Freund Gall, das lassen
wir uns nicht gefallen.

MONIKA: Meinen Mann nennen Sie Ihren Freund? Und Sie schämen sich gar nicht?

ROSIG: Er hat es erlaubt.

BOCK: Mich hat er hergehetzt.

MONIKA: Diese leere gehässige Stange nennen Sie Ihren Freund?
Ich hätte mehr von Ihnen erwartet, meine Herren!

BOCK: Ich vertrage mich nie mit ihm. Er ist ein Egoist.

ROSIG: So was Dummgewaschenes wie den Gall gibt es auf der
ganzen Welt nicht. Der gönnt niemand was.

MONIKA: Ich denke auch.

ROSIG: Der Mann versteht Sie gar nicht. So eine feste Frau wie
Sie.

BOCK: Er ist eben zu alt.

MONIKA: Das glauben Sie nur. Er sieht alt aus, aber er stirbt nie.

BOCK: Der stirbt noch vor mir, das sag *ich* Ihnen. Ich bin Arzt.

ROSIG: Ich liefere Ihnen gratis den Sarg.

MONIKA: Danke, danke, meine Herren. Im Versprechen sind Sie
groß.

ROSIG: Sie übernehmen die Apotheke und führen sie für unseren
verstorbenen Freund Gall weiter.

BOCK: Wir drei haben nämlich in Kompagnie gearbeitet. Erst
sind die Leute zum Gall gegangen. Der hat ihnen in der Apotheke ein Pulver gegeben, daß sie anständig krank werden
und sie zu mir geschickt, wenns nicht hilft, dann hab ich sie
um neue Pulver wieder zu ihm geschickt, da sind sie immer
kränker geworden, *ich* hab verdient, *er* hat verdient, und wenn
mit den Leuten schon gar nichts mehr anzufangen war, da
sind sie eben gestorben und der Rosig hat ihnen einen Sarg
drüber machen können. So gut wie Sie glauben, geht nämlich

die Sargfabrik vom Rosig noch lange nicht. Ich hab ihm immer Leichen schicken müssen.

ROSIG: Das ist eine weißgewaschene Lüge von ihm. Glauben Sie ihm nichts. Der hat mir in meiner ganzen Praxis Summa summarum fünfhundert Leichen geschickt, davon wär ich nicht geworden, was ich jetzt bin, davon wär ich nicht fett geworden, davon wär ich am Bettelstab verhungert, davon wär ich verdurstet, nicht bloß verhungert. Ich hab ganz andere Lieferanten und Beziehungen. Da hat mir der Gall schon viel mehr vermittelt. Aber er muß mit seinen 79 Jahren noch schwadronieren und blagieren, ich brauch ihn nicht!

BOCK: Sagen Sie selbst, wem Sie glauben, Kindchen. Ich find das unanständig, auf Leichen zu spekulieren.

ROSIG: Das ist eine wildgewachsene Gemeinheit! Der Urgroßvater hier spekuliert auf Schweinereien. Er macht den Frauen Kinder, dann kommen sie zu ihm, er kratzt sie aus, er kratzt seine eigenen Kinder aus den Weibern heraus und läßt sich dafür bezahlen. Er spekuliert auf seine eigenen Kinder.

MONIKA: Ja kriegt er denn noch Kinder?

ROSIG: Der? Der bringt im Tag so viel Kinder fertig, als er Patientinnen im Wartezimmer hat. Der heißt nicht umsonst Bock.

BOCK: Weiß ich, ob es gerade meine Kinder sind?

MONIKA: Und Sie sind wirklich schon neunundsiebzig?

BOCK: Neunundsiebzigeinhalb. Dafür hat *er* als Leichenwäscher begonnen. Acht Jahre lang war der Rosig Leichenwäscher.

ROSIG: Das ist eine Lüge! Leichenwäscher war ich nie!

BOCK: Ich schwöre, ich kann es beeiden, ich lege jeden Eid drauf ab: der Rosig war acht Jahre lang Leichenwäscher.

ROSIG: Das interessiert sie nicht! Kusch!

MONIKA: Glauben Sie denn, meine Herren, daß ich die Apotheke führen könnte?

ROSIG: So gut wie der Gall können Sie das auch.

BOCK: Sie stellen einen Magister hinein, wir helfen Ihnen.

MONIKA: Mein Mann ist zwar noch nicht viel über fünfzig, aber ein ungewöhnlicher Schwächling. Vielleicht stirbt er doch plötzlich an einem Herzschlag.

BOCK: Das wär nicht schlecht. Bei der reichhaltigen Apotheke.

ROSIG: Lassen Sie sich von uns beraten.

BOCK: Wenn ihm schlecht werden sollte, lassen Sie mich gleich holen. Ich kenne seine Konstitution. Ich sehe das auf den ersten Blick, welche Krankheit ihn umgebracht hat.

ROSIG: Sie kommen sonst in einen schlechtgewaschenen Verdacht.


MARIECHEN, MICHEL.


MARIECHEN: Michel, du bist mein Schwager, gell?

MICHEL: Ja, Schwester.

MARIECHEN: Warum sagst du mir Schwester?

MICHEL: Du bist Christas Schwester.

MARIECHEN: Das macht doch nichts. Bist du böse mit mir, weil ich die Schwester von Christa bin?

MICHEL: Aber Mariechen!

MARIECHEN: Ich glaube, du bist doch böse. Du sollst nicht böse sein. Du, weißt du, wenn die Christa nicht meine Schwester wär, würden wir uns gar nicht kennen.

MICHEL: Jetzt kennen wir uns.

MARIECHEN: Das wär doch komisch, gell? Da hätten wir uns eben kennengelernt wie auf einem Ball und du sagst mir »Sie, gnädiges Fräulein, darf ich Sie nach Hause begleiten?« Und ich sage, »ja, gleich, hängen Sie sich ein, mein Herr. Aber küssen dürfen Sie mich nur wos dunkel ist, sonst sieht uns jemand.« *[take my arm]*

MICHEL: Aber Schwester!

MARIECHEN: Was ist dabei? Du darfst mich küssen, weil wir jetzt verwandt sind. Verwandte müssen sich küssen. Sonst sind sie bös aufeinander. Ich sag der Christa nichts.

MICHEL: Sagen? Was?

MARIECHEN: Daß du die Mutter geküßt hast. Ich sag ihr nichts. Du warst drüben im Schlafzimmer. Du bist auf die Mutter gefallen, ich bin euch nachgegangen. Ich habs gesehn. Ich sag der Christa nichts. Aber du mußt mir einen langen, festen Kuß geben. Nein, drei, nein, zehn, gleich jetzt, dann sag ich der Christa nichts. Du, warum hat dich die Mutter so an den Haaren gezogen? Ich will dich auch an den Haaren ziehen. Ich hab gesehen, wie sie dich gebissen hat. Ich will dich auch beißen. Du, warum sagst du nichts!

MICHEL: Ich bin so müde. Du redest lauter dummes Zeug.

MARIECHEN: Hat sie dir weh getan? Sie hat dir weh getan, gell!

Sie tut allen Leuten weh, nur Papa nicht. Den läßt sie in Ruhe, weil sie ihn nicht leiden kann. Jetzt mußt du mich küssen! Du gehst ja weg. Ich sags der Christa!

MICHEL: Ich darf dich nicht küssen. Wenn deine Mutter das sieht.

MARIECHEN: Aber *sie* darf dich schon küssen, du bist gemein!

MICHEL: Die Christa ruft mich.

MARIECHEN: Du hörst ja falsch. Bleib da, Michel!

MICHEL: Die Christa ruft mich.

MARIECHEN: Siehst du, so bist du, du lügst. Wenn du's wissen willst, die Christa steht im Vorzimmer beim Herrn Horch, der so gescheit redet. Ich bin ihnen nachgegangen. Ich hab alles gehört. Er wird sie in der neuen Wohnung besuchen, wenn du nicht zu Haus bist. Sie sind ein großer Idealist, hat sie ihm gesagt, und er hat gesagt: ja, das bin ich. Dann haben sie sich zu küssen angefangen und ich bin rasch reingelaufen, ob du schon aus dem Badezimmer heraus bist. Die Christa kommt nicht, sie hat zum Herrn Horch gesagt: Sie küssen zu rasch, küssen Sie langsamer, großer Idealist, sie kommt bestimmt nicht, ich weiß es doch. Du hast ja Angst vor der Mutter. Komm hinter den Vorhang! Da sieht uns die Mutter nicht! Du mußt kommen! Du mußt mich küssen! Komm rasch!

MICHEL: Nein. Nein.

*Sie zieht ihn hinter den Vorhang. Nach wenigen Augenblicken drückt er sich verlegen heraus.*

MARIECHEN *(rennt ihm nach, in höchstem Zorn)*: Das waren erst vier! Das waren erst vier! Du bist ein Schwindler! *(Sie ballt die kleinen Fäuste und läuft weinend von einem zum andern. Manche umgeht sie, auf manche stößt sie, nach und nach erregt sie die Aufmerksamkeit aller)*: Onkel Bock! Onkel Bock!

BOCK: No was fehlt dem Kindchen? Was fehlt dem Kindchen?

MONIKA *(ärgerlich)*: Die Kleine will was.

ROSIG: Sie hat sich natürlich angestoßen. Jetzt heult sie wie ein Platzregen. Ich kann das auch nicht leiden, anstoßen. Ganz bleichgewaschen wird man vor Schreck. *Mariechen läuft heulend weiter.*

KARL: Die plärrt schon wieder, die dumme Göre.

ANITA: Was sagen Sie, Karl?

KARL: Meine Schwester plärrt wieder. Sie schauen immer in die falsche Richtung.

ANITA: Was macht der Herr Bock so lange?

KARL: *Doktor* Bock. Man studiert lang genug für den Titel. Ich bin jetzt im dritten Semester.

MARIECHEN *(lauter):* Ich sags meinem Vater! So ein frecher Mensch!

SCHÖN: Laß den Vater schön in Ruh, du kriegst wieder Zuckerln von mir, was willst du vom Vater, die Mutter is eh drin. Geh sei gscheit. Das interessiert den Vater ja garnet. Meinst ich hab deiner Mutter was tan? Nix hab ich ihr tan. *(Zur Witwe Zart)* So ist das Kind, verträgt nicht, daß man ihre Mutter anrührt, auch nur so mit der Hand!

ZART: Nett. Sie weiß, was sich gehört.

SCHÖN: Aber was sie mich gekostet hat die vielen Jahre! Zuckerln, Puppen, Schokolade, da kann man zahlen, damit sie schweigt.

Zart: Diese Ausgaben könntest du dir sparen.

SCHÖN: Werd ich auch.

*Mariechen steckt sich ein Taschentuch in den Mund und heult herzzerreißend. Die Türe zum Vorzimmer öffnet sich. Horch tritt ein, sieht sich mißtrauisch um und nestelt an seiner Krawatte. Er sucht den Ursprung der lauten Töne, findet ihn in Mariechen, geht, voller Freude, sofort eine Beschäftigung zu finden, rasch auf die Kleine zu und will sie trösten.*

HORCH: Warum weinen wir denn, großes Mädchen?

MARIECHEN: Ich sags dem Papa! So ein frecher Mensch!

HORCH: Wer war das, der freche Mensch? Paß auf, den werden wir gleich haben! Dem werden wirs zeigen! Du mußt mir nur sagen, wer das war.

MARIECHEN *(mit plötzlich veränderter Stimme, ganz ruhig und trocken):* Wenn Sie mich noch einmal duzen, kriegen Sie eine Ohrfeige!

HORCH: Ei, ei, ich wollte Sie doch nicht beleidigen, kleines Fräulein, ich wollte Ihnen doch nur helfen.

MARIECHEN: Helfen Sie lieber der Christa küssen! Aber langsamer, Sie küssen zu rasch, großer Idealist!

CHRISTA *(ist inzwischen nachgekommen):* Du bist wohl beim Michel abgeblitzt? was? Vierzehn Jahre ist das Menscherl alt! Rasend komisch, nicht?

*Mariechen heult wieder los und nimmt Richtung auf ihren Vater.*

GALL *(steht ganz lang und allein in einer Ecke):* Laß das Weinen bleiben!

MARIECHEN: So, und der Michel darf mich beleidigen, der Michel!

GALL: Ich vertrag kein Weinen nicht.

SEGENREICH *(total betrunken):* Ich bin der Hausvater! Brautvater Hausvater. Warum lacht die Marie so! Ich bin so, ich bleib so! Lach nicht Marie, sag ich. Du verlierst eine treue Schwester!

MARIECHEN: Papa! Papa!

SEGENREICH: No lach nur, lach nur, is besser als weinen.

MARIECHEN: Aber ich weine doch, Papa.

SEGENREICH: Weinen, das gibts nicht. Heut darf mich niemand beleidigen. Wer an meinem großen Tag weint, der beleidigt mich. Marie, du beleidigst deinen Vater auf seine alten Tage. Mein ehrlicher Name! Das geht so in Ewigkeit weiter. Acht Enkerln sind ihr nicht genug! Sie will gleich neun. Denn das Haus habe ich gebaut, Marie, du bringst mir drei ganze En- kerl auf die Welt, ich jag dich zum Teufel sonst, ich enterbe dich, ich will drei ganze Enkerln von dir!

MARIECHEN: Papa, Papa, der Michel hat mich geküßt, der Michel will mich immer küssen, der Michel gibt keine Ruh, ich laß mich vom Michel nicht küssen!

SEGENREICH: Was hat der, was! Ist der auch schon besoffen?! Das Bürscherl verträgt nichts. Der ist gleich besoffen. Das grüne Bürscherl. No komm.

*Segenreich nimmt Marie zärtlich in die Arme, tätschelt sie, führt sie ritterlich an den Tisch, setzt ihr Bäckereien vor, und scheint, seit er sich mit seinem Kind beschäftigt, weniger betrunken. Aus der einzigen bisher nicht geöffneten Türe (sie führt zum Badezimmer), watschelt Johanna heraus. Sie bemerkt den Vater mit seinem Kind.*

JOHANNA *(streng):* Was hat sie schon wieder?

SEGENREICH: Nichts. Nichts. Ist wieder gut. Das Mäuschen! Jetzt gibts was fürs Mäuschen. Einen Hauptspaß, einen Bärenspaß, einen Riesenbärenspaß!

Meine Herrschaften, ich erlaube mir, ein Donnerwetter in Sie hineinzurufen! Wir separieren uns zu sehr. Wir sind jeder für sich und wir sollen alle zusammen sein, weil sich das so schickt auf meinem großen Tag.

*Infolge des früheren Geheuls sind alle Hochzeitsgäste ziemlich nah bei- einander. Die Musik spielt lauter. Alle nähern sich dem Tisch.*

ROSIG: Der hat sich heute den Mund nicht gewaschen! Dem kaufen wir morgen eine Zahnbürste.

GALL: Unterbrich nicht.

ROSIG: Reg dich nicht auf mit deiner verkrüppelten Galle. Dir sollte man mal die Galle sauberwaschen.

SEGENREICH: Also, meine Herrschaften, was schlagen Sie zur allgemeinen Belustigung des Volkes vor? Wer einen Vorschlag hat, der trete vor und rede!

*Klopfen an der Türe.*

CHRISTA: Was will der alte Esel?

*Es klopft lauter. Alle Köpfe drehen sich erstaunt nach der Tür. Herein tritt, übers ganze Gesicht grinsend, Pepi Kokosch.*

BOCK: Wer ist das?

MARIECHEN: Das ist die Pepi vom Hausbesorger, Onkel Bock.

BOCK: Ah! Ah!

CHRISTA: Du hast mehr Schwein als wir alle zusammen, Onkel Bock.

BOCK: Das war immer mein Charakter. Jetzt leb ich bald hundert Jahr.

SCHÖN: Das kann jeder sagen.

BOCK: Von mir aus nur achtzig. Du, Christa, sie ist wirklich gut. Die muß ich mir anschauen. Die Musik soll kuschen!

*Die Musik im Nebenzimmer verstummt.*

CHRISTA: Ich hab ja nicht gesagt, daß sie schlecht ist. Ich find mich eben besser.

BOCK: Das geht mich viel an, was du dich findest. *(winkt mit dem Zeigefinger)* Komm nur her, Kindchen!

*Pepi gibt unartikulierte Laute von sich und zeigt hinunter.*

ROSIG: Der Bock wäscht das Mädel mit seinen Fingern ab.

GALL: Der hat selbst dreckige Finger.

SCHÖN: Wenn der Bock ein Weib anfaßt, da lacht sie gleich.

ZART: Aber sie hat doch recht.

CHRISTA: Gegen magere Frauen hat er eine Antipathie.

MONIKA: Er gibt sich mit jeder ab. Er ist ja viel zu alt.

JOHANNA: Was will die Idiotin hier?

MARIECHEN *(läuft zu Pepi hin):* Meine Mutter sagt, du sollst weggehen! *(sie stößt sie)*

HORCH: Oberbaurat Segenreich, wir sollten doch fragen, was das arme Ding will.

JOHANNA: Das wissen wir selbst, lieber Horch, was sie will, sie hat es auf den süßen Michel abgesehen.

*Pepi stößt Marie zurück.*

SEGENREICH: Die hats auf meine Kinder abgesehn, das Luder! Meine Kinder gehören mir!

BOCK: So, setz dich schön auf meinen Schoß.

*Pepi setzt sich auf Bocks Schoß und zeigt immer nach unten. Sie versucht die Gebärden ihrer sterbenden Mutter nachzuahmen, grinst aber unaufhörlich.*

BOCK: Die bleibt jetzt da. Die bleibt jetzt da. Das hab ich gern, wenn eine immer lacht. So ists recht, Kindchen. Atata! Pupupu! Autsch! Etsch!

ROSIG: Die Musik soll sich nur schämen mit ihren zimperlichen Handschuhen, die spielen ja gar nicht!

GALL: Laß die Musik in Ruh.

SEGENREICH: Die Musik soll spielen! Die Musik soll spielen!

*Donnernder Tusch*

JOHANNA: Da darf mir niemand mehr in die Wohnung hinein.

CHRISTA: Das ganze Gesindel kommt uns noch her.

KARL: Die Pepi kann ja nichts reden.

ANITA: Das sagen Sie nur, damit man was glaubt.

KARL: Oh, ich habe ein Verhältnis mit ihr gehabt. Sie hat Temperament, die Kleine.

ANITA: Hat sie auf der Stiege mal einen Kuß gekriegt?

CHRISTA: Nicht einmal.

HORCH: Ich fürchte, Ihr Vater hat vergessen, was er eben noch vorhatte.

CHRISTA: Der hat in seinem Leben noch nie was vorgehabt.

HORCH: Sie verachten ihn, weil er Ihr Vater ist.

CHRISTA: Ich hoffe, er ist es nicht.

GALL: Das ist die Jugend von heute.

ROSIG: Du sollst lieber schweigen, wenn einer gar nicht in Frage kommt, soll er schweigen.

GALL: Kch. Setzt sich dem Bock auf den Schoß! Monika!

MONIKA: Du hast mir nichts zu befehlen. Ich bin um zwanzig Jahre jünger als du.

JOHANNA *(kreischend):* Ich hab einen süßen Vorschlag! Michel der Bräutigam kriegt von jeder Dame einen süßen Kuß!

SEGENREICH: Abgelehnt! In meinem Hause abgelehnt!

SCHÖN: Das hab ich gedacht. In seinem Haus erlaubt er so was nicht.

ZART: Du sagst mir nie mehr Mimose.

SCHÖN: Muß ich das sechsmal im Tag sagen? Jetzt weißt du schon was du bist.

MONIKA: Ich fürchte eine Enttäuschung.

ZART: Du bist ja immer enttäuscht, Monika.

MONIKA: Du nie.

SEGENREICH: Ich erwarte einen besseren Vorschlag. Ich bitte, die Vorschläge an mich zu richten, den glücklichen Vater dreier Kinder. Ich nehme alle Vorschläge freundlichst entgegen.

MARIECHEN: Ich muß gleich wieder weinen.

MICHEL: Aber ich hab dir doch nichts getan.

MARIECHEN: Du sei ganz ruhig, du frecher Mensch!

MICHEL: Ich möchte mich entschuldigen.

ANITA: Hören Sie doch auf mit Ihren Freiheiten, Sie . . .

BOCK: Was, Sie, wissen Sie, wer dieser Sie ist – der gefährlichste Frauenfreund des Jahrhunderts, Sie sollten es sich zur Ehre anrechnen, in die Memoiren eines solchen Casanova einzugehen, mit dem Vornamen mein ich, die Mutter erfährt nichts.

ANITA: Ich danke schön, Sie gefährlicher Mensch! Au!

KARL: Jagen Sie den alten Bock zum Teufel. Ja? Ja! Das Schönste ist, daß Sie mich nicht einmal ernst nehmen. Ich weiß nicht, warum die Geschichte mit dem Licht vorhin nicht funktioniert hat.

*Herein stürmt* TONI GILZ.

JOHANNA: Jetzt hab ich es aber satt! Wer läßt denn die Tür immer offen! Ich hab gesagt, daß niemand mehr in meine Wohnung darf. Hinaus! Hinaus!

SEGENREICH: Hinaus! Hinaus in die Ferne –

CHRISTA: Aber Mama, was fällt dir ein! Das ist doch die Toni Gilz, von der Hausbesitzerin die Enkelin, wir sind ihr doch noch die Miete schuldig.

JOHANNA: Man wird wohl die Hochzeit seines Kindes noch ungestört feiern dürfen. Gesindel hat hier nichts zu suchen! Hinaus!

CHRISTA: Mama, hörst du nicht? *(Packt sie am Arm und redet eindringlich auf sie ein.)*

JOHANNA: Pardon, mein Gott, der süße Schreck. Schneck. Ah, von der Frau Gilz die Enkelin. Das ist reizend von Ihnen, daß Sie an uns gedacht haben! Warum sind Sie nicht früher gekommen? Wie sie ausschaut mit ihren blonden Zöpfen, grad zum Küssen schaut sie aus. No, da hat die Großmutter eine Freud mit einer solchen Enkelin. Und wann geht es denn ans Heiraten?

TONI GILZ: I hab die Musik ghört und hab denkt, da kannst einischauen, wie's ausschaut. I hab do net gwußt, daß die blade Pepi vom Hausbesorger a da is, mit der sitz i do net zsamm, wer is der alte Herr, der mit dem Finger alleweil *so* macht?

CHRISTA: Das ist unser Hausarzt, Dr. Bock.

TONI GILZ: Der is scho alt wia mei Großmutter.

CHRISTA: Älter. Der ist schon bald achtzig.

TONI: Ja wirklich? Und der hat ka Frau?

CHRISTA: Ja, er sucht immer eine, aber er hat noch keine gefunden.

TONI: Na und die blade Pepi, was ihm aufn Schoß sitzt?

CHRISTA: Die ist nur zur Aushilfe da! Er winkt Ihnen immer.

TONI: Leicht möcht er mi heiraten. Einen alten reichen Mann hab ich mir schon lang gewünscht.

CHRISTA: Warum denn alt?

TONI: I bins von der Großmutter gwöhnt, das Alter. An Junger, das dauert mir zlang. Was glaubens', ob der no lang lebt?

CHRISTA: Da müssen Sie ihn selber fragen.

TONI *(geht zum alten Bock):* Ja was wollens' denn von mir, alter Herr? Sie haben mir eh schon auf der Stiegn früeher a Busserl geben.

BOCK: Jetzt krieg ich das zweite.

TONI: Is do ka Platz für mi.

BOCK: Ich hab zwei Knie. Da setz dich her.

TONI: Na. Mit der bladen Pepi sitz i mi net. Net weils blad is, aber weils vom Hausbesorger die Pepi is.

BOCK: Kindchen, du hast ja recht, aber ihre Mutter liegt im Sterben, da muß man ja heut lieb zu ihr sein. Geh setz dich.

TONI: Ah so, wegen Sterben? *(setzt sich)* Mei Großmutter stirbt a bald.

BOCK: Da kriegst du das Haus?

TONI: Des mein i. Sind Sie reich?

BOCK: No, wennsd' mir dein Haus dazugibst, schon!

TONI: Na, des ghalt i. Sie schaun so reich aus.

BOCK: Da hast di täuscht.

TONI: Na, mi täuscht des net.

BOCK: Warum glaubst denn, daß i so reich bin, Kinderl?

TONI: Weils aa so alt san.

BOCK: Weil ich so alt bin?

TONI: I waas net, aber bei die alten Leut, wanns sterben, is alleweil was zum Erben da.

BOCK: Also gut, da heiraten wir eben miteinander! Ich krieg dein Haus – so jetzt weiß ich – bei euch ist der verrückte Papagei?

TONI: Bei meiner Großmutter. Den derwürg ich wanns gestorben ist, glei wanns gestorben is, derwürg ich ihn, den Papagei!

BOCK: Bravo, die Kleine hat Temperament! So, laß dich nur ein bisserl untersuchen. Ich bin doch ein Doktor. Gut! Sehr gut!

CHRISTA: Das ist ja schon ekelhaft. Der hat nie genug, man müßte ihm das Glas aus der Hand schlagen. Ob er sich mit einer einzigen Frau abgibt! Sie sehen, mit keiner. Und das glauben Sie, ist mein Vater!

HORCH: Ich werde jetzt ein schönes Gesellschaftsspiel in Gang bringen. Zu Ihrer Unterhaltung. Oder haben Sie von der ganzen Gesellschaft genug? Ich könnte Ihnen das nachfühlen.

CHRISTA: Sie sind heute mein einziger Trost.

HORCH *(steht auf):* Ich hätte einen herrlichen Vorschlag. Hört mich an, Ihr Herrschaften! Unterhalten wir uns damit, was einer für den anderen täte. Stellen Sie sich vor, Ihr Liebstes wäre bedroht, der liebste Mensch, den Sie hier unter den Anwesenden haben. Wir sitzen da so harmlos und dumm beieinander, wie es sich lustigen Leuten geziemt, wir denken an nichts, wir wollen nichts, wir stecken ganz drin im Hochzeitsaugenblick, da plötzlich zündet ein Blitz durchs Dach, ein spitzer, hitziger, greller Blitz – nein, ein Blitz ist nicht tückisch genug, tückisch, tückischer wäre ein *Beben*, ja, ein Erdbeben. Die Gütigkeitsstraße da vor dem Haus klafft auf, als hätte ich mit einem haushohen Messer einen Spalt hineingerissen, – können Sie mir bitte sagen, wo die Gütigkeitsstraße ist? Die Gütigkeitsstraße ist weg, die gibt es nicht, wo sie war, da gibt es nur einen großen, gefräßigen Schlund, und wir, wir stürzen kunterdibunter, in zwei Sekunden, Gäste und Haus und Suff und Schmaus da mitten hinein und hinunter!

MONIKA:
CHRISTA: | Sie sind ein Idealist, Horch!
ZART:

SEGENREICH: Das Haus habe ich gebaut, das Haus stürzt nicht ein! So eine Gemeinheit! Und wenn alles stürzt, mein Haus stürzt nicht ein.

HORCH: Sie dürfen mir nicht gleich dreinreden, lieber Oberbaurat Segenreich, Sie müssen mich meinen Gedanken entwikkeln lassen.

SCHÖN: Laß ihn entwickeln! Lieber Freund, laß ihn entwickeln!

JOHANNA: Was sagt der goldige Michel dazu, was sagt er?

MARIECHEN: Mama, er will mich schon wieder küssen.

JOHANNA: Wirst du aufhören mit deinen Lügen, du ungezogener Fratz! *Dich* will er küssen!

MARIECHEN: Aber ja! Aber ja!

BOCK *(keuchend):* So herum, Kindchen, so mußt du dich setzen. Ich krieg dich ja gar nicht zu fassen.

TONI GILZ: Jö, Sö san scho müad. Ih bin Ihna vül zschwer. So alt sans' scho! Mir müssen heiraten! Mir heiraten!

BOCK: Morgen. Morgen. Temperament hat die Kleine. Beinah wie ich.

ROSIG: Dieser Horch hat eine schmutzige Phantasie. Dem müssen wir erst mal seine Phantasie sauber ...

GALL: Schweig. Die sollen sich alle verbrennen.

SEGENREICH: Der Mensch hat Ideen! Ideen hat der Mensch! Ich kann saufen, was ich will, ich krieg nie keine solchen Ideen!

SCHÖN: Schau, lieber Freund, übergibs ihm!

SEGENREICH: Also gut, weils zum Spaß ist. Ich erkläre mich feierlich einverstanden und übergebe mich – ah pardon – *(dröhnendes Gelächter)* übergebe das Präsidium dieser illustren Hochzeitsversammlung an unsern verehrten Freund Horch.

HORCH: Ich übernehme das Präsidium und bitte Sie, meine Herrschaften, alle um Ruhe. Ich habe Ihnen ein Geheimnis zu verraten. Seit wir hier beisammen sind, halt ich es zurück. Ich schmeck und hör und spür es bei jedem Wort. Ich kann es nicht mehr in mir behalten. Es ist zu groß, ich bin zu schwach, es wächst, ich wachse nicht, allein bin ich zu klein, ich fürchte mich, helfen Sie mir tragen!

BOCK: No, no.

HORCH: Hören Sie! Hören Sie! Doch erschrecken Sie nicht! In vierzehn Minuten geht die Welt unter. Sie werden zuerst ein leises Beben spüren. Sie glauben, ein schwerer Wagen auf der Straße rasselt vorüber. Der Lastwagen bleibt da vorm Hause stehen und rasselt und kann nicht vorüber. Sie lächeln und Sie blicken zum Kronleuchter auf, der schwingt hin und her, der schwingt hin und her, vom Dach rollen Fässer über die Stiegen herab, große plumpe Fässer, schwere plumpe Fässer . . .

BOCK: Heidelberger Fässer.

MONIKA: Ruhe, Sie Zyniker!

HORCH: Lachen Sie noch nicht, Sie lachen zu früh! Wenn krach der Kronleuchter über den Tisch herstürzt und die Splitter ins Fleisch Ihnen spritzen, wenn Sie taumeln und im Lärm alles Licht erstickt, wenn keiner dem andern bis ins Auge sieht, nicht ein Schimmer, nicht ein Schatten, draußen finster, drinnen finster, die Straße wie's Haus und das Haus wie Sie selbst und Sie greifen falsch und rufen falsch und schreien richtig – da wissen Sie, da wissen wir, woran wir sind und zittern vor der Erde wie die Erde vor uns und der Schrecken hat uns ganz in seiner engen Faust – halt! Wer hat da viel Zeit für sich, wer denkt lang an sich, wer weiß noch was von sich, wenn sein Liebstes dem Tod schon im Maule hängt? Wir sind doch Menschen, nicht wahr, das geben Sie mir zu, und da wir im Lügen mitten drin sind, da es sich angenehm lügt und lustig lügt auf einer segenreichen Hochzeit wie dieser, schenke ich Ihnen noch eine fette runde Lüge. Werden Sie mir wieder glauben?

ROSIG: Erledigt. Wir glauben. Kost ja nischt.

GALL: Du denkst immer an das Geld.

ROSIG: Das ist eine schmutziggewaschene Lüge von dir. Du bist wildgewachsen, weil ich an deine Frau denke, mit der schlaf ich gleich, wenn du tot bist, ich habs' ihr versprochen, ich brauch deine Erlaubnis nicht, wenn du frech wirst, wasch ich dich heute rot morgen tot.

HORCH: Ruhe! Nehmen Sie an, Sie hätten Ihren liebsten Menschen hier, unter uns, unter den Hochzeitsgästen. Fällt Ihnen diese Annahme zu schwer? Haben Sie ihn vielleicht zu Haus vergessen? Dann lassen Sie ihn dort, wo er begraben liegt, und wählen Sie sich einen hier! Und haben Sie gewählt, Sie haben noch kaum gewählt, da hören Sie den Wagen vorüberrasseln, der Leuchter oben schwingt, die Fässer rollen, die Decke bricht, der Boden bricht, Finsternis bricht ein. Und Sie, was werden Sie für Ihr Liebstes tun?

STIMMEN *(durcheinander):* Ich? Meinen Sie mich? Ich will zuerst. Ich hab gewählt. Bitte mich. Idealist. Ich weiß schon.

HORCH: Ruhe! Ich sehe mit Freude und großer Genugtuung, daß Sie sich alle zum Untergang drängen. Da hält keiner zurück. Da ist jeder dabei und jeder hält sein Liebstes im Sack parat. Treiben Sie damit ruhig großen Staat! Ich frage der Reihe nach, ich rufe jetzt auf. Wer ist dem Tod am nächsten? Bock!

BOCK: Ich hab die frischen Weiber gern.

HORCH: Am liebsten! Am liebsten!

BOCK: Heute die Gall.

HORCH: Wer frißt sich an Särgen frisch und rund? Rosig!

ROSIG: Ich möcht meine Alte zu Hause verscharren.

HORCH: Am liebsten! Am liebsten! Hier am liebsten!

ROSIG: Mir wässert der Mund nach der Monika Gall.

HORCH: Wer ist in Schwindsucht ehrlich ergraut? Gall.

GALL: Ich bin anständig. Es kann nicht jeder ein rosiger Bock sein!

HORCH: Von dir ist die Rede. Wen hast du am liebsten?

GALLI: Niemand.

HORCH: Gilt nicht.

GALL: Mich.

HORCH: Wer ist an eigenen Kindern reich?

SEGENREICH: Ich bin der Brautvater. Das Haus habe ich gebaut. Von allen dreien bin ich der Vater! Ich!

HORCH: Am liebsten? Am liebsten?

SEGENREICH: Christa, Karl und Marie. Punktum, das gilt!

HORCH: Die ehrwürdigste Dame hier . . .

JOHANNA: Bin ich nicht, bin ich nicht.

HORCH: Sie lieben?

JOHANNA: Meinen Schwiegersohn Michel zum Fressen gern.

HORCH: Wer trägt seinen Namen wie einen falschen Hut? Schön!

SCHÖN: Ich bin an die Dame des Hauses gewöhnt.

HORCH: An welche? Die alte, die junge, die jüngste?

SCHÖN: Die Alte. Ich muß. Was kann ich dafür?

HORCH: Welche Junge wird heut von zwei Alten begehrt? Monika Gall!

MONIKA: Ich liebe Horch. Ich hoffe auf Horch.

HORCH: Wer wuchert mit Worten, wer kennt uns genau? Horch! Ich frage mich und ich sage: Christa.

MONIKA: Schuft! —

ZART: So ein Schwätzer!

HORCH: An wen hat der Mann beim Tod sehr gedacht? Witwe Zart!

ZART: Jetzt bleib ich beim Schön.

HORCH: Wer hat die sterbende Mutter satt? Pepi Kokosch!

TONI GILZ: Die derf net mitspüln.

JOHANNA: Die Idiotin kann ja nicht reden.

CHRISTA: Aber die Ohren spitzt sie.

MARIECHEN *gibt Pepi einen Stoß.*

PEPI *gibt Bock einen schallenden Kuß. Sein Gebiß fällt zu Boden. Gelächter.*

HORCH: Man sagt mir, daß hier ein Bräutigam sitzt. Michel!

MICHEL: Aber Herr Horch!

HORCH: Am liebsten?

MICHEL: Ich weiß nicht.

HORCH: Du mußt wissen!

Michel: Ich kann nicht.

HORCH: Du kannst!

MICHEL *(leise):* Mariechen.

MARIECHEN: Mama, jetzt glaubst dus, er will mich immer küssen.

JOHANNA: Mariechen geht jetzt zu Bett. Kinder gehören ins Bett.

HORCH: Wer ist für *eines* Mannes Braut zu schön? Christa!

CHRISTA: Sie nicht! Am sichersten war noch der alte Bock.

HORCH: Über Freiheiten kreischt und jappt schon nach mehr? Anita!

ANITA *(kreischend):* Bock! Bock!

HORCH: Wen nimmt niemand im dritten Semester ernst? Karl!

KARL: Die Anita hat mir einen Kuß versprochen.

HORCH: Behalt ihn für dich. Am liebsten! Am liebsten!

KARL: Anita. Obwohl...

HORCH: Wer ist auf alte Leute versessen? Toni Gilz!

TONI: Mir gfallt halt der Bock! Jessas is der scho alt, der Bock!

HORCH: Wer soll zu Bett und will nicht allein? Marie!

MARIECHEN: Der Michel will mich. Ich will Onkel Bock.

HORCH: Halt! Ich höre den Wagen rasseln. Der Leuchter schwingt schon, die Fässer rollen. Hören Sie, sehen Sie, der Leuchter schwingt, die Fässer rollen und draußen rasselt der Wagen. Ich fürchte mich sehr, die Welt geht unter. Sie fürchten sich alle, Sie fürchten sich sehr, was werden Sie tun? Sie müssen etwas tun. Was tun Sie zuletzt, das Haus stürzt ein, was tun Sie zuletzt für Ihr Liebstes? Bock!

BOCK: Ich decke die Gall. Da stirbt sie bequem.

HORCH: Rosig!

ROSIG: Ich wasche den Bock von der Monika weg.

HORCH: Gall!

GALL: Ich bring meine Lungen in Sicherheit.

HORCH: Segenreich!

SEGENREICH: Ich leg mir die Christa über den Buckel, Karl pack ich links, Marie pack ich rechts.

HORCH: Johanna die Mutter!

JOHANNA: Ich rette den Michel rasch in mein Bett. Da ist er sicher.

HORCH: Schön!

SCHÖN: Ich zeig der Johanna den Weg aus dem Haus!

HORCH: Monika Gall!

MONIKA: Ich bitte Horch um die letzte Gunst!

HORCH: Horch! Bin ich selbst. Ich küß rasch die Christa, bevor ich mich rette! Witwe Zart!

ZART: Ich häng mich an Schön, er hält mich fest.

HORCH: Pepi Kokosch!

PEPI *stößt in höchster Aufregung unartikulierte Laute hervor.*

HORCH: Die findet vor Schreck noch die Sprache wieder.
*Alle Männer werden unruhig.*
Michel!

MICHEL: Ich nehm die kleine Marie bei der Hand.

HORCH: Christa!

CHRISTA: Ich heb mir den Bock für später gut auf.

HORCH: Anita!

ANITA: Vielleicht hat dann Herr Bock für mich mehr Zeit!

HORCH: Karl!

KARL: Ich geb der Anita im Dunkeln den Kuß.

HORCH: Toni Gilz!

TONI GILZ: I heirat den Bock, bevors ihn hat.

HORCH: Marie!

MARIECHEN: Ich spring aus dem Bett. Ich pack Onkel Bo—
*Noch während Horch spricht, hört man auf der Straße draußen einen Wagen. Er rasselt leise heran. Vor dem Hause bleibt er stehen und rasselt allmählich lauter. Das Licht läßt nach, ohne gleich zu erlöschen. Horch verstummt. Die Raschheit, mit der er seine Aufzählung gesteigert hat,*

*geht in langsames Erstaunen über. Er horcht. Alle horchen. Er blickt zum Kronleuchter auf. Aller Blicke folgen. Der Kronleuchter schwingt. Seine Schwingung teilt sich den Köpfen mit. Über die Fenster huschen breite Schatten. Fässer poltern plump über ächzende Stiegen hinab. Die Köpfe lösen sich vom Leuchter und erstarren, ein Ohr zur Straße, das andere ins Innere des Hauses gewandt. Alle Puppen sind wieder Puppen und schweigen, sie sind aus Holz. Das Haus gerät in schweres, langsames Schwanken.*

*Plötzlich springt Toni von Bocks Schoß auf und schreit mit rasender Stimme:*

TONI: Mein Haus! Mein Haus! *(Sie stürzt durch den langen Raum auf Segenreich zu)* Wie haben Sie des baut? Mein Haus! Mein Haus wackelt! Mein Haus!

SEGENREICH *(mit Würde):* Dem Haus geschieht nichts.

TONI: Ich spür doch wie's wackelt! Mein Haus kracht zusammen! Das Haus steht keine zwanzig Jahr und kracht schon zusammen!

SEGENREICH: Ich bin Oberbaurat.

TONI: Oberbaurat? Oberbaurat? Unterbaurat! Schwindelbaurat!

SEGENREICH: Dem Haus *kann* nichts geschehen.

TONI: Das Geld haben Sie eingesteckt! Wo bleibt das Haus! Ich will mein Haus! Ich zeig Sie an, Sie!

SEGENREICH: Jetzt werd ich gleich wild. Dem Haus geschieht nichts!

TONI: Polizei! Ich muß zur Polizei! Lassens' mi ausse! Polizei! Ich zeig Sie an, Sie! Ich laß Sie verhaften Sie! Polizei!

SEGENREICH *(stellt sich stark und breit vor die Tür):* Niemand verläßt meine Wohnung. Ich lasse mich nicht beleidigen. Ich bin Oberbaurat. Dieses Haus, das habe ich gebaut. Ein Haus, was ich gebaut habe, das stürzt nicht ein. Die Herrschaften werden sich beruhigen. Ich habe die Herrschaften eingeladen, bei mir werden sich die Herrschaften beruhigen. Dem Haus geschieht nichts! Denn das Haus, das habe ich gebaut! *Toni ringt mit Segenreich.*

HORCH: Sehen Sie! Hören Sie! Was werden Sie für Ihr Liebstes tun?

*Gall erhebt sich. Er ist noch länger geworden. Er greift mit den Armen aus, er packt Rosig mit der Linken, mit der Rechten Bock.*

GALL: Jetzt hab ich die Verbrecher.

ROSIG: Meine Frau ist zu Haus eingesperrt. Ich muß nach ihr
schaun. Ich kann sie nicht allein lassen. Sie hat Angst.

GALL: Jetzt hab ich die Verbrecher.

ROSIG: Sie schläft ganz allein. Die Wohnung fängt zu wackeln
an. Glaubst du, das wackelt nur hier. Das wackelt auch dort.
Sie kann sich nicht helfen. Wie soll sie sich helfen. Sie ist
eingesperrt.

GALL: Du bist eingesperrt. Du bist auch eingesperrt.

BOCK: Ich hab keine Zähne mehr. Wo ist mein Gebiß?
*Er bückt sich und sucht unterm Tisch.*
*Galls Arm folgt ihm überallhin nach.*

ROSIG: Sie liegt im Bett. Sie hat sich ausgezogen. Bis aufs Nachthemd hat sie sich ausgezogen. So kann sie nicht auf die Straße,
im Nachthemd. Sie schläft fest. Sie hört nichts. Sie ist taub auf
dem linken Ohr. Sie liegt auf dem rechten, immer. Jetzt hab
ich sie dreiundzwanzig Jahr.

GALL: Zwanzig.

ROSIG: Wie die Turteltäubchen haben wir gelebt. Jeden Morgen
einen Kuß. Sie hat niemals das gleiche gekocht, niemals, sie
hat was anderes gekocht, sie hat selber gekocht, für mich hat
sie gekocht, sie hat sich aufs Kochen verstanden, das war
nicht so eine, stillgehalten hat sie, tempi passati, dreiundzwanzig Jahr.

GALL: Zwanzig.

ROSIG *(weinerlich):* Ich werd sie noch verscharren müssen. Das
sind beschissene Hochzeiten. Hier heiraten sie, bei mir daheim stirbt die Frau. Wärste daheim geblieben, hättste dich
retten können. Die Frau. Mir stirbt die Frau. Die Frau. Mir
stirbt die Frau. Ich rette sie. Ich muß sie retten. Dreiundzwanzig Jahr.

GALL: Zwanzig.

ROSIG: Dreiundzwanzig! Ich sag dir doch dreiundzwanzig. Auf
meine Ehe laß ich nichts kommen. Sie ist die beste Frau. Jeder
will sie. Jeder liebt sie. Zu Haus sperr ich sie ein. Sonst wird
sie mir gestohlen. Die ist kein solches Luder. Ich rette sie. Ich
muß mich retten. Laß sie los!

GALL: Du wirst geköpft! Du wirst auch geköpft!

ROSIG: Du kennst mich wohl nimmer? Was ist mit dir los? Du
bist besoffen. Du bist verrückt. Laß mich los!

BOCK: Wo ist mein Gebiß? Helfen Sie mir suchen! Ich tu Ihrer
Frau nichts. Was soll ich ihr ohne Zähne tun?

GALL *(fährt Rosig an die Gurgel):* Jetzt bring ich dich um.

ROSIG: Laß mich los! Ich verrat dir was! Laß mich los!

GALL: Dich bring ich um.

ROSIG: Mensch, es geht um dein Leben! Sie will dich vergiften!
Nimm dich in acht!

GALL: Jetzt hab ich die Verbrecher.

ROSIG *(flehend):* Die Monika bringt dich um!

BOCK *(hebt sich, als hätte er seine Zähne gefunden):* Mich hat sie zum
Leichenbeschauer wollen.

MONIKA: Helfen Sie mir hinaus, meine Herren, helfen Sie mir
hinaus! Mein Mann ist tot! Ich muß die Apotheke retten!

BOCK: Was mach ich ohne die Zähne?

MONIKA: So hören Sie doch. Mein Mann ist tot. Die Apotheke
ist allein.

ROSIG: Laß mich los. *(weinerlich)* Da ist sie. Da ist sie selber.

MONIKA: Man raubt sie aus. Was tu ich ohne Apotheke. Man
raubt mich aus.

GALL: Der ist nicht tot.

MONIKA: Er ist tot. Er hat ausgelitten.

GALL: Der lebt.

MONIKA: Es war sein letzter Wunsch. Ich soll mich der Apotheke annehmen. Helfen Sie mir hinaus.

ROSIG: Jetzt mußt du sie richtig packen. Eine Hand genügt
nicht. Mit beiden.

GALL: Ich will wissen: was hat ihm gefehlt?

MONIKA: Ich weiß nicht. Wie soll ich das wissen? Der Schreck
hat ihn getötet.

GALL: Wann?

MONIKA: Damals. Bei der Hochzeit. Wie das große Unglück
war. Helfen Sie mir hinaus!

GALL: Wohin?

MONIKA: In die Apotheke. Ein Klotz steht vor der Tür und läßt
niemand hinaus.

GALL: Mich läßt er, mich.

MONIKA: Ja. Ja. Nehmen Sie mich.

ROSIG: Sie sie sie sie ist es! Erwürg sie!

MONIKA: Ich bin Witwe. Ich heirate Sie. Sie bekommen die
halbe Apotheke.

GALL *erwürgt seine Frau.*

ROSIG: Zu Hilfe! Zu Hilfe! Ich habe meine Frau daheim! Zu Hilfe!

BOCK: Jetzt hab ich gedacht, es ist mein Gebiß, ich nehm es in die Hand und es ist nicht mein Gebiß.

HORCH: Sehen Sie, hören Sie, was werden Sie für Ihr Liebstes tun?

KARL: Jetzt ist es dunkel.

ANITA: Was fällt Ihnen ein?

KARL: Jetzt sieht es niemand.

ANITA: Ich bin verlobt.

KARL: Seit welchem Semester sind Sie verlobt?

ANITA: Seit jetzt.

KARL: Sie sind mit mir verlobt.

ANITA: Mein Bräutigam wartet. *(Sie reißt sich los und rennt, Stühle umwerfend, den Tisch verschiebend, auf Segenreich zu.)* Auf Wiedersehen, Herr Oberbaurat. Es war sehr schön. So schön war es schon lange nicht. Mein Bräutigam wartet leider auf mich.

SEGENREICH: Da kommt niemand durch.

ANITA: Ich fürchte, er ist schon unruhig. Er wartet unten auf mich. Er hätte mich beinahe nicht weggelassen.

SEGENREICH: Passierscheine werden keine ausgegeben.

ANITA: Sie erlauben doch, daß ich ihn heraufhole. Ich kann ihn nicht länger warten lassen. Es wird Sie bestimmt nicht stören.

SEGENREICH: Da kommt niemand durch.

ANITA: Er hat so was Rücksichtsvolles in seiner Art. Er ist imstand und redet einen ganzen Abend nichts. Ich muß immer an ihn denken. Wir lieben uns.

SEGENREICH: Der Mensch bleibt auf seinem Posten und stirbt wie ein Held.

ANITA: Wissen Sie, er hat so was Beruhigendes, wenn er nur hereinkommt, er beruhigt Ihnen die Leute alle.

PETER HELL *(von außen):* Ich kann nicht herein. Lassen Sie mich herein. Bitte mißverstehen Sie mich nicht.

JOHANNA: Niemand darf in meine Wohnung. Das Gesindel darf nicht herein.

PETER HELL: Ich bin kein Gesindel. Mißverstehen Sie mich bitte nicht.

ANITA: Peter? Ja! Sehen Sie, das ist er. Das ist mein Bräutigam. Er ist gleich beunruhigt.

JOHANNA: Da läuten schon zwanzig Bettler im Tag. Daß mir das Gesindel nicht über die Schwelle tritt! Ich hab diese Bettler satt! Ich hab diese Bettler satt!

PETER HELL: Anita, wo bist du? Verstehst du mich?

ANITA: Jetzt machen Sie die Tür nur ein ganz klein wenig auf, Herr Oberbaurat, daß der arme Junge hereinschlüpfen kann.

JOHANNA: Arm? Arm? Bettler hinaus!

SEGENREICH: Die Türe bleibt geschlossen!

ANITA: Er möchte Sie schon so lang kennenlernen.

SEGENREICH: Die Türe bleibt geschlossen!

PETER: Anita! Anita!

ANITA: Peter, man läßt mich nicht zu dir! Mein Peter.

PETER: Wir sind getrennt.

ANITA: Wir können nicht zueinander.

PETER: Wir haben uns lieb.

ANITA: Wir haben Sehnsucht.

PETER: Du bist wie eine Rose.

ANITA: Du bist dort.

PETER: Was geschieht mit den Blumen? Mißversteh mich bitte nicht!


HORCH: Sehen Sie, hören Sie, was werden Sie für Ihr Liebstes tun?


*Ein Teil der Decke stürzt ein. Noch während des Lärms, noch durch die Wolke, die das fallende Mauerwerk verursacht, hört man von oben:*

THUT: Jetzt eine Frage: wovor fürchtest du dich, Magdalena?

LENI: Das Kind stürzt zusammen.

THUT: Du meinst das Haus. Wie sagte ich doch vorhin: ein Haus ist unverbrüchlich wie das Wort des Mannes.

LENI: Wir müssen laufen, komm.

THUT: Du übereilst dich wieder, Magdalena.

LENI: Bevor die Stiege zusammenstürzt, komm.

THUT: Ich gehöre nicht zu den Leuten, die die Angst kennen.

LENI: Bevor das Haus zusammenstürzt, komm.

THUT: Du bist beinahe kindisch.

LENI: Es schläft so süß. Sollen wir es mitnehmen?

THUT: Es ist eben erst eingeschlafen.

LENI: Es wird mir aufwachen.

THUT: Es wird sich verkühlen.

LENI: Es holt sich den Tod.

THUT: Pack es warm ein!

LENI: Ich werde es fallen lassen.

THUT: Halt es fest!

LENI: Ich bin zu schwach.

THUT: Sei stark, Magdalena.

LENI: Nimm dus!

THUT: Ich bin zu stark. Ich werde es zerdrücken.

LENI: Vorsicht.

THUT: Das ist nicht meine Art.

LENI: Hältst du es?

THUT: Nimm dus!

LENI: Du bist der Vater.

THUT: Du bist die Mutter.

LENI: Du bist gescheit.

THUT: Du verstehst dich drauf.

LENI: Doch nicht beim Laufen.

THUT: Nimm die Hälfte.

LENI: Die hab ich.

THUT: Jetzt nimm die andere Hälfte!

LENI: Die trägst du.

THUT: Ich sage nein. Ich sage rundweg nein.

LENI: Dann laß ich meine Hälfte fallen.

THUT: Eine gute Mutter!

LENI: Du warst nie ein Vater!

THUT: Und der Einfall mit dem Haus?

LENI: Es fällt! Es fällt!

THUT: Kannst du nicht aufpassen?

LENI: Durchs Loch! Durch das Loch! Jetzt ist es tot!

THUT: Wie sagte ich doch vorgestern:

LENI: Jetzt ist es tot!

THUT: Ein Wink des Schicksals.


HORCH: Sehen Sie, hören Sie, was werden Sie für Ihr Liebstes tun?


KARL *(packt Pepi Kokosch mit beiden Armen)*: Heiratest du mich? *Pepi gurrt.*

KARL: Die Anita will mich nicht. Ich weiß nicht, warum sie mich nicht will. Ich hab ihr doch nichts getan. Sie kann mich nicht leiden. Ich bin doch im dritten Semester. Manche sind erst im zweiten Semester. Jetzt hat sie sich verlobt. Bin ich so grün? Du bist auch ein Mensch. Heiratest du mich? Pepi?

*Pepi gurrt und klatscht sich mit Wucht auf die Schenkel. Ihre Füße stampfen den Boden. Ihre Arme heben sich im Takt.*

KARL: Heiratest du mich? Wirklich?

*Pepi schleudert heftig mit dem Kopf. Ein wenig glättet sich ihr grinsendes Gesicht.*

KARL: Heiratest du mich?

*Pepi tanzt auf ihn zu, schwankend wie das Haus. Ihr Leib sagt Ja, Ja.*

KARL *(packt sie, läßt sie los, packt sie wieder und brüllt)*: Ich hab eine Frau! Ich hab eine Frau! Sie will mich! Ich hab eine Frau! Sie will mich! Ich hab eine Frau! Im dritten Semester! Ich hab eine Frau!

*Sie taumeln zusammen, ein schwerer, verknäulter Schatten, von vorn nach rückwärts, von rückwärts nach vorn. Der Boden bricht ihnen ein und sie versinken in die Erde.*

HORCH *(leise)*: Sehen Sie, hören Sie, was werden Sie für Ihr Liebstes tun?

CHRISTA: Michel!

MICHEL: Ja.

CHRISTA: Du bist mein Mann.

MICHEL: Aber Mutter!

CHRISTA: Du bist mein Mann. Du mußt mir helfen. Du liebst mich.

MICHEL: Aber Mutter!

CHRISTA: Ich bin doch nicht die Mutter. Mein süßer Michel. Ganz wuschelige Augen hat er und das treuherzige Haar. Du liebst mich. Ich hab dich geheiratet.

MICHEL: Aber Mutter!

CHRISTA: Er läßt niemand hinaus. Er ist verrückt geworden. Du mußt mich retten. Er ist stark. Stoß ihn weg! Stoß ihn zur Seite! Er ist stark. Er wird dich töten. Mein süßer Michel. Er darf dich nicht töten. Du mußt mich retten. Töte ihn! Töte ihn!

MICHEL: Aber Mutter!

CHRISTA: Du bist so schlau. Sag nur Mutter. Er merkt nichts.

Komm, von der Seite, leise, ich helfe dir. Komm. Er will mich töten. Du liebst mich. Komm!

MICHEL: Aber Mutter.

CHRISTA: Gut. Gib mir die Hand. Laß dich nicht ziehen. Was tust du? Du ziehst mich zurück. Komm doch!

MARIECHEN: Ich hab Angst! Ich hab Angst!

CHRISTA: Hör nicht! Du mußt mich retten. Mich. Mich. Du liebst mich.

MICHEL: Aber Mutter.

MARIECHEN: Ich hab Angst! Ich hab Angst!

CHRISTA: Laß sie! Sie ist nichts wert. Er wird dich treten. Ich halt ihn am Bein. Komm von rückwärts! Mein Süßer. Ich stoße auch.

MICHEL: Aber Mutter!

MARIECHEN: Ich hab Angst! Ich hab Angst!

CHRISTA: Sie soll schweigen! Wer ist sie? Eine Göre! Eine Göre! Ich bin Mutter. Ich trag ein Kind von dir. Süßer Michel. Ich bin Mutter. Ich hab ein Kind von dir.

MICHEL: Aber Mutter!

MARIECHEN: Ich hab Angst! Ich hab Angst!

CHRISTA: Hörst du! Ich bin Mutter. Michel. Du liebst dein Kind. Komm! Komm von rückwärts! Ich halt ihn am Bein. Du schlägst ihm den Sessel über den Schädel. Dem Vater. Hörst du? Dem Vater. Nimm den Sessel, den schweren, hier, den Sessel! Ich schleich voraus. Ich halte dich, komm, du schlägst ihn dem Vater über den Schädel! Gib mir die Hand, süßer Michel, ich lieb dich, gib mir die Hand!

MICHEL: Aber Mutter!

MARIECHEN: Ich hab Angst! Ich hab Angst!

CHRISTA: Du schlägst ihm den Sessel über den Schädel!

HORCH: Sehen Sie, hören Sie, was werden Sie für Ihr Liebstes tun?

*Ein Teil der Mauer rechts bricht unter großem Getöse zusammen. Man hört von nebenan:*

GRETCHEN: Max, der Grund steigt, Max, der Grund steigt!

MAX: Sei zufrieden.

GRETCHEN: Bin ich auch. Max, der Grund steigt!

MAX: Wenns nur wahr ist.

GRETCHEN: Es ist wahr. Max, der Grund steigt!

MAX: Hoffen wir das Beste.

GRETCHEN: Die Mauer ist schon eingestürzt, die Decke hängt an einem Faden, die Fenster sind zersplittert und der Boden schüttert. Das ist kein schäbiges Erdbeben, das ist ein teures Erdbeben, das ist ein Erdbeben erster Klasse, die halbe Stadt stürzt ein. Morgen wird die Angst sie haben, übermorgen werden sie wieder bauen. Aber ich sage dir, da wird anders gebaut, da wird praktisch gebaut, da wird gerade gebaut und die Station kommt genau daher. Ich kalkuliere, was wir verlangen können: das Dreifache!

MAX: Das Vierfache!

GRETCHEN: Sagen wir das Fünffache!

MAX: Das Sechsfache! Ich behaupte das Sechsfache. Ich habe einen Grund, das zu behaupten. Die Gesellschaft spart einen Haufen Geld. Das Haus stürzt von selbst zusammen. Spürst du – ich spürs – keine drei Minuten und das Haus stürzt zusammen!

GRETCHEN: Ich spürs. So ein Glück!

MAX: Wir lassen den Schutt verladen.

GRETCHEN: Auf eigene Kosten.

MAX: Auf eigene Kosten. Ringsherum liegen Trümmer um Trümmer, eine unbezahlbare Wüste, ernste Leute schütteln die Köpfe, unser Grund aber, der ist blitzsauber, blitzsauber und frisch rasiert. Was, Sie wollen da bauen? Ihre Station auf unsern Grund? Gerade auf unsern Grund? Bitte, bauen Sie nur, aber was zahlen Sie, was zahlen Sie für den Grund?

GRETCHEN: Das Sechsfache!

MAX: Das Sechsfache! Umsonst ist der Tod.

GRETCHEN: Spürst du die Mauer? Die Mauer zittert.

MAX: Am ganzen Leib.

GRETCHEN: Ich weiß eine billige Firma. Die räumt uns in drei Tagen das ganze Trümmerzeug weg.

MAX: Firma? Wir brauchen keine Firma. Wir engagieren das junge Gesindel

GRETCHEN: Für ein Butterbrot.

MAX: Und die sind noch froh. Wer findet unter den Trümmern was zu essen? Wir zahlen in Natura.

GRETCHEN: Der Boden! Der Boden wankt! Ich verlier noch den Kopf!

MAX: Vor Freude.

GRETCHEN: Wir kaufen alle Lebensmittel zusammen.

MAX: Es könnten zuviel übrig bleiben.

GRETCHEN: Was da ist, kaufen wir zusammen. Wir verfüttern an unsere Arbeiter –

MAX: einen Teil. Das Meiste verkaufen wir weiter. Die Decke!

GRETCHEN: Hängt an einem Faden.

MAX: Erst bricht der Boden ein.

GRETCHEN: Wo?

MAX: Zu unseren Füßen.

GRETCHEN: So ein Glück! So ein Glück!

MAX: Weißt du, das ist schön,

GRETCHEN: daß wir uns so gut verstehen.

MAX: Wir sind ein Herz

GRETCHEN: und eine Seele!

*Furchtbares Getöse. Die Mauer rechts stürzt ein.*


HORCH: Sehen Sie, hören Sie, was werden Sie für Ihr Liebstes tun?


ZART: Ich bin deine Mimose, Schön.

SCHÖN: Was hab ich davon.

ZART: Bin ich deine Mimose, Schön.

SCHÖN: Wo weiß ich es? Wo weiß ich es?

ZART: Ich zittere wie eine Mimose, Schön.

SCHÖN: Hör auf, zitter nicht, du machst mich nervös.

ZART: Hast du an mich gedacht, Schön?

SCHÖN: Ich denk an mich.

ZART: Schön, vergiß nicht, ich bin noch jung.

SCHÖN: Bin ich auch.

ZART: Du mußt an mich denken, Schön.

SCHÖN: Schau, lieber Freund. Nein.

ZART: Schön, hast du dein Testament gemacht?

SCHÖN: Es gehört doch nicht dir, lieber Freund. Nein.

ZART: Du hast nicht an deine Mimose gedacht, Schön.

SCHÖN: Schau, ich geh dir Zuckerln kaufen. Geh bitt den Vater, er soll dich herauslassen! Nein.

ZART: Schön, du wirst im Grab keine Ruhe haben.

SCHÖN: Papa, ich krieg mein Semester nicht anerkannt. Du mußt mich durchlassen. Laß ihn rasch durch, lieber Freund! Nein.

ZART: Denk an mich, Schön, du wirst im Grab keine Ruhe haben.

SCHÖN: Vater, ich hab ein Enkerl für dich. Ich spürs schon. Nein.

ZART: Hast du an deine Mimose gedacht, Schön?

*Schön schleudert sie wie einen Rotzen zu Boden. Er nähert sich Segenreich, der, die Beine gespreizt, eine große steinerne Figur, vor der Türe steht, welche nicht mehr da ist.*

JOHANNA *(vertritt Schön den Weg. Sie rückt ganz dicht an ihn heran):* Du, ich hab Formen.

SCHÖN: Das kann ein jeder sagen.

JOHANNA: Du, du bist Zeuge.

SCHÖN: Was hab ich davon.

JOHANNA: Du, ein Bettler steht draußen.

SCHÖN: Ich hab Hunger.

JOHANNA: Du, ich will dem Bettler was geben.

SCHÖN: Gib mirs.

JOHANNA: Du, ich betrüg dich mit dem süßen Michel.

SCHÖN: Bitte.

JOHANNA: Du, ich sags meinem Mann.

SCHÖN: Sag ich selber. Lieber Freund. Ich habe deine Frau betrogen.

JOHANNA: Mit wem? Mit wem?

SCHÖN: No mit wem schon? Mit der Braut. Schau, lieber Freund, ich hab deine Frau mit deiner Tochter betrogen.

SEGENREICH: Wer redet was über meine Tochter?

CHRISTA: Schlag ihm den Sessel über den Schädel!

SCHÖN: Deine Tochter hab ich gehabt. Die eine hab ich gehabt. Die andere hab ich gehabt. Deine Frau die hab ich auch gehabt. Mit der Frau, das macht dir keinen Eindruck. Gut, aber die Tochter. Die Kleine ist erst vierzehn alt. Die andere hat heut geheiratet. Lieber Freund, du mußt zugeben, das ist eine Gemeinheit von mir. Das kannst du dir nicht gefallen lassen. Jag mich hinaus! Du mußt mich hinausjagen! Lieber Freund, das kannst du in deinem Hause nicht dulden. Das kannst du nicht. Das geht nicht.

CHRISTA: Schlag ihm den Sessel über den Schädel!

SEGENREICH: Jetzt wenn du noch weiterredest – ich schlag dir den Schädel ein!

SCHÖN: Schau, das ist zuviel Ehre, lieber Freund! So einen räu-
digen Hund jagt man hinaus.

SEGENREICH: Kusch! *(an Hund : dorin)*

SCHÖN: Siehst du, das ist schon besser. Kusch sagt man, man
gibt dem Vieh einen Tritt und er fliegt zur Wohnung hinaus.
Das Biest pariert nicht. Ein Hund muß stubenrein sein. Ist ein
Hund nicht stubenrein, so schmeißt man ihn aus der Stube
hinaus. Wau! Wau! Wau!

SEGENREICH: Kusch! Kusch!

*Der schwere Sessel, den Michel und Christa gemeinsam führen, fällt mit
aller Wucht auf Segenreichs Haupt nieder. Er bricht stöhnend zusammen. Vor der klaffenden Leere stehen:*

JOHANNA: Wo ist die Türe? Da ist keine Türe!

CHRISTA: Michel, wo ist die Türe?

SCHÖN: Wau! Wau! Wau!

MICHEL: Aber Mutter!

CHRISTA: Die Türe! Die Türe!

HORCH: Sehen Sie, hören Sie, was werden Sie für Ihr Liebstes
tun?

*Der Boden bricht vollends ein. Grausame, haßvolle Schreie reißen ab in
eine bittere Stelle.*

DIE ALTE KOKOSCH: Du, Mann, ich muß dir was sagen.
*Stille.*
Er läßt mich reden. Er läßt mich reden.
Du, Mann, der Besen ist auf dem Boden.
Den Besen hab ich auf dem Boden vergessen.
Du sollst nicht schimpfen. Der Besen ist auf dem Boden.
*Stöhnen.*

KARL *(umarmt die sterbende Alte, auf deren Bett er gefallen ist)* Ich
hab eine Frau! Ich hab eine Frau!

DIE ALTE KOKOSCH: Und da hat er mich auf den Altar zogen und
hat mich küßt und so lieb war er.
*Stille.*

PAPAGEI: Haus. Haus. Haus.

DIE ALTE GILZ: I leb alleweil no. I le –
*Stöhnen.*

PAPAGEI: Haus. Haus. Haus.


ENDE

# Komödie der Eitelkeit

Drama in drei Teilen

# PERSONEN

*in der Reihenfolge des Auftretens*

Der Ausrufer Wenzel Wondrak

Fräulein Mai
Witwe Weihrauch — drei beste Freundinnen
Schwester Luise

Barloch, Packer

Anna Barloch, seine Frau

François Fant, Sohn

Franzl Nada, ein alter Dienstmann

Franzi Nada, seine Schwester

Hansi
Puppi
Gretl
Lizzi — sechs kleine Mädchen
Hedi
Lori

Fritz Schakerl, Lehrer

Emilie Fant, Mutter

Heinrich Föhn
Leda Frisch — ein Paar

Egon Kaldaun

Lya, seine Frau

Marie, das Mädchen für alles

Kaldauns Einziges

Der Prediger Brosam

Therese Kreiss, Gemischtwarenhändlerin

Milli Kreiss, ihre Tochter

Fritz Held, Friseur

Josef Garaus, Direktor

S. Bleiss

# ERSTER TEIL

*Auf einer ganz leeren Bühne steht der* AUSRUFER WENZEL WONDRAK

Und wir, meine Herrschaften, und wir, und wir, und wir, meine
Herrschaften, und wir, und wir, wir haben etwas vor. Was haben
wir vor? Etwas Kolossales haben wir vor, etwas großartig Kolossales, ganz großartig kolossal, und wir, meine Herrschaften,
wir sind ganz kolossal, wir haben etwas vor. Was haben wir vor,
meine Herrschaften, und wir, und wir, und wir, meine Herrschaften! Wir glauben, wir sind noch da, heute, heute, ja, aber
morgen sind wir nicht da, morgen sind wir überhaupt nicht da,
überzeugen Sie sich, sehen Sie nach, werfen Sie einen geliebten
Blick auf das achte, neunte, zehnte, elfte Weltwunder! Ich sage
elf, ich sage nicht zwölf, aber wenn Sie wollen, sage ich auch
dreizehn. Wer wird denn abergläubisch sein, meine Herrschaften, wer wird, wer wird, wer wird denn abergläubisch sein!
Treten Sie ein, ich lade Sie höflichst und P. T. ein. Sie können
auch lachen, wenn Sie wollen, lachen ist nicht verboten, noch ist
das Lachen erlaubt, Sie sollen sogar lachen, lachen wie der
Bajazzo, als der ich mich dem hochgeschätzten Publiko verehr-
lichst vorzustellen gedenke.
Und wir, und wir, und wir, meine Herrschaften, und wir, und
wir, hier dürfen Sie, meine Herrschaften, auf Ihr verehrtes Bild
zielen. Sie bekommen fünf Bälle. Sie bekommen fünf runde
Bälle, fünf runde, harte Bälle, tadellos und intakt. Wenn ich mir
erlauben darf, bekommen Sie diese Bälle gratis und franko in die
Hand. Ich liefere Ihnen, meine Herrschaften, fünf Bälle in die
Hand. Wer zahlt's? Sie nicht! Sie haben da nichts zu zahlen. Sie
dürfen gar nichts zahlen. Denn wir, meine Herrschaften, und
wir, und wir, und wir, wir nehmen die Bälle in die Hand – und
was geschieht mit den Bällen? Worauf zielen Ihre verehrten Hände? Auf Ihre eigenen Bilder! Sie haben vor sich Ihre Bilder, Ihre
hochverehrten Bilder. Sie zielen auf Ihre Bilder, und Sie hauen
Ihre Bilder kaputt. Hauen Sie nach Herzenslust! Ein uner-
schöpfliches Lager von Spiegeln steht zur Verfügung. Hinten

tragen die Herrschaften ihre Spiegel her. Vorn hauen sie ihre Bilder kaputt. Das ist die wahre Tugend. Das ist das edle Herz. Und wir, und wir, und wir, meine Herrschaften, und wir, wir wollen verschwinden und nicht mehr da sein. Wer versucht es? Wer probiert es? Sie hauen Ihr Bild kaputt. Mein Herr, sind Sie eitel? Dann treten Sie ein! Und wir, und wir, und wir, meine Herrschaften, versuchen Sie Ihr Glück, treten Sie ein, treten Sie ein, der Mensch ist nicht immer ein Schwein, der Mensch kann auch ein Engerl, ein seliges Engerl sein. Und wir, und wir, und wir, meine Herrschaften. . . .

*Die Bühne dreht sich mit dem Ausrufer weg. Seine Stimme verhallt langsam.*

FRÄULEIN MAI, WITWE WEIHRAUCH, SCHWESTER LUISE, DREI BESTE FREUNDINNEN, *treten auf. Jede hat ein Paket in Zeitungspapier unterm Arm.*

MAI: Hast du deine zählt?
WEIHRAUCH: I net. San eh z'viel.
LUISE: Ich meine, das wird übertrieben sein.
WEIHRAUCH: Wann i sag.
MAI: Ich hab meine zählt.
WEIHRAUCH: No, wieviel hast denn?
LUISE: Das möcht ich auch gerne wissen.
WEIHRAUCH: Jetzt, was geht des di an, Schwester Luis?
MAI: Ich kann's euch schon sagen.
WEIHRAUCH: No? Wieviel hast denn?
MAI: Was glaubst so?
WEIHRAUCH: Zeig her!
LUISE: Das bißchen!
MAI: Du hast ja schon gar nix.
LUISE: Ich bitte sehr, ich habe viel, viel mehr.
*Fräulein Mai lacht schrill, Witwe Weihrauch dröhnend*
LUISE: Ich hab sie gezählt.
WEIHRAUCH: Die Schwester Luis hat ihre zählt. Die schamt si net.
LUISE: Man wird ja sehen, wer am meisten hat.
WEIHRAUCH: Du, Fräuln Mai, kannst du scho zählen?
MAI: Du bist um drei Jahr älter wie ich. Stimmt's?

LUISE: Zeig lieber dein Paket richtig her.

WEIHRAUCH: Wieviel kannst denn du scho habn, Fräuln Mai! Dreißig Stückeln wirst haben!

LUISE: Aber bitte, die hat sie gar nicht. Wo nimmt sie dreißig her? Familie hat sie doch keine.

WEIHRAUCH: Wann i nur meine Brüdern und Schwestern zsammzähl, des san scho neune. Jetzt hab i vo jeden vielleicht ein gutes Dutzend. Kannst ausrechnen, wannsd' willst. 9 mal 12, des is 84, na 108. Jetzt kommt erst noch mein Seliger!

MAI: Auf die Familie kommt's net an.

WEIHRAUCH: No, von wo willst sie denn haben, deine, wennsd' keine Familie net hast?

LUISE: Ich weiß es. Die Fräulein Mai hat sie von den Kinoschauspielern. Die Fräulein Mai läuft jeden Abend ins Kino. Die geht in jede Vorstellung dreimal.

MAI: Fünfmal, wenn es beliebt.

WEIHRAUCH: No, der Spaß hört sich jetzt auf mit die Kinos.

LUISE *(liest von einem großen Plakat, das bisher nur in Umrissen sichtbar war, herunter):* Kundmachung. Erstens. Nein. Zweitens. Nein. Drittens. Nein. Viertens. Bitte. Sämtliche Kinotheater werden geschlossen. Sämtliche Filmstreifen, Originale wie Kopien, werden der Vernichtung zugeführt. Jegliche Erzeugung von Filmen ist einzustellen. Private Aufführungen in geschlossener Gesellschaft werden mit Zuchthaus von mindestens acht Jahren bestraft.

MAI: Ihr glaubts, ihr könnts mich giften.

LUISE: Freilich, wenn jemand keinen Stolz kennt.

WEIHRAUCH: Dann kannst es ewig beleidigen wie's d'willst, es nutzt alles nix.

MAI: Ich bin gern ewig beleidigt, aber jetzt zählts erst zusammen. Ich verlange, daß gezählt wird.

LUISE: Aber bitte, ich kann mir's leisten. Ich hab schon lange gespart. Ich habe immer gewußt, daß es so kommt.

WEIHRAUCH: Also ich sag so: die am wenigsten hat, die ist am ewigsten beleidigt.

MAI: Schmutzig ist es da.

LUISE: Wo? Auf dem unappetitlichen Erdboden?

WEIHRAUCH: Jetzt was habts denn scho wieder mit der Wascherei? Ich mag mi net alleweil waschen. Jetzt die ganzen Pakete werden do eh verbrannt.

LUISE: Aber bitte, ich kann mir's leisten.

MAI: Auf dem Boden? *(zögert)* Gut.

*Alle drei knien nieder, legen ihre Pakete vor sich hin, schnüren sie, die vielfach und sehr fest gebunden sind, auf und beginnen, den Inhalt zu zählen. Sie zählen sehr rasch, um bald bei einer hohen Zahl anzulangen. Sie zählen sehr langsam, weil sie an jedem Bild hängen. Sie bewachen einander scharf. Eigentlich zählt jede den Inhalt von allen drei Paketen zugleich. Zwischen ihr ungleichmäßiges Summen tönt manchmal ein lautes Klirren, Schreie und ein Rauschen wie von sehr viel Menschen.*

LUISE *(zur Weihrauch)*: Stimmt nicht, du bist erst bei 33.

WEIHRAUCH: Des hab i do eh gsagt: 33.

LUISE: Nein, du hast 35 gesagt, du bist aber erst bei 33.

WEIHRAUCH: 34 – mein Schwager Otto. *(Hält ihr ein Bild hin)* Den hast nimmer kennt. Das war dir der fescheste Mann. Die Adern hat er sich aufgschnitten. Der hat scho früher alleweil gsagt: Wenn er sich die Adern aufschneidet, dann bin ich d'Schuld. Er hat mich heiß geliebt. Der fescheste Mann was mir in der Familie ghabt haben. – 35, 36, 37.

MAI: 46 – Aber net so wie der Rudolfo Valentino. Schaut's euch den an. Da kann man nur sagen: Gut gewachsen und feurige Augen – 47, 48, 49.

LUISE: 50 – Aber bitte, das gehört sich auch bei einem Filmschauspieler. – 51, 52, 53.

WEIHRAUCH: 50 – Sonst kennt ja glei jeder kommen – 51, 52, 53.

LUISE: 57 – Bitte, dies ist Fliegerhauptmann von Rönnetal mit eigenhändiger Widmung. Ich hab ihn gepflegt. Er wollte immer zärtlich werden. So ein feiner Mensch. Ich hab ihn gesund gepflegt. – 58, 59, 60.

WEIHRAUCH: 60 – No, und was ist jetzt mit ihm? – 61, 62.

LUISE: 65 – Wie er gesund war, ist er gefallen. Immer wollte er zärtlich werden. – 66, 67, 68.

MAI: 80 – Mariano Bello, vor dem Autounglück, was er ghabt hat. Da war er noch gut gewachsen und feurige Augen. Nachher habns' ihn zsammenflicken müssen. Da hat er nichts mehr geheißen. – 81, 82, 83.

WEIHRAUCH: 78 – Mein Seliger, wie er mi auf'n Schoß hält. Da war er alt: 25 und i 5. Der hat mi kennt, wie i no gar net in d'Schul gangen bin. Da hat er mi einmal gsehn, beim Photographen, und hat beschlossen bei sich im Herzstüberl: die oder keine. No, und da hat er fufzehn Jahr auf mi gwart. Was hab i ghabt davon? Gar nix hab i ghabt davon, weil zwei Monate nach der Hochzeitsnacht is er gstorbn. Ein fescher Mann, ein sehr ein fescher Mann, aber auf dem Herzen war er net gsund. No, und vertragen hammer si guat. Der war net einmal ewig beleidigt. – Jessas 79, 80, 81.

LUISE: 100 – »Dieses Andenken widmet Ihnen Ihr dankbar schuldiger Theodor Buch.« Ein edler Mensch. Ich hab ihn gepflegt. Er ist noch nie mit einer Frau zärtlich geworden. Das war seine Natur. Er war 29 gewesen. Mir hat er alles gebeichtet. Ihnen möchte ich einmal beichten, Schwester Luise, hat er gesagt. – 101, 102, 103.

*Eine laute Männerstimme hinten stört die Frauen aus ihrer Beschäftigung auf*

BARLOCH: Da hast no eine! Laufst scho? Laufst no net? Jetzt fangst glei eine kchä-kchä. Ja, mei Lieber, i habs in d'Händ, da kannst net aufkommen dagegen. Bum. Bum. Des hast gspürt, gell ja, des hast gspürt. Frech werdn a no? Des hat mr grad no gfehlt! Da hast no eine und no eine und no eine!

*Der* PACKER BARLOCH *ist indessen auf die Bühne gelangt. Er stößt mit seinen dicken Fäusten einen ungeheuren Ballen vor sich her, der mit Schnüren sauber zusammengebunden ist. Seine* FRAU ANNA *läuft hinterdrein, weinerlich und dünn, und zupft vergeblich an den Schnüren, wie um den Ballen zurückzuhalten.*

ANNA: Das kannst net machn. Das ghört si net.

BARLOCH: Was ghört si net? Für mich ghört si alles! Jetzt wann i will, hau i die ganze Stadt zsamm. Des ghört si für mi; die ganze Stadt! *(Er stößt nach jedem Satz)*

ANNA: Das gibt ein Unglück.

BARLOCH: Was, ein Unglück! Nix gibt ein Unglück. Des muß ins Feuer, und des kommt ins Feuer.

ANNA: Es ghört do nix dein.

BARLOCH: Und wer haut's ins Feuer? I!

ANNA: Aber das ist ja Diebstahl an fremdem Eigentum.

BARLOCH: Eigentum? Eigentum? I dank schön, Eigentum. Das ist kein Eigentum nicht. Das ist ein Verbrechen.

ANNA: I hörs scho kommen alle. I fürcht mi so.

BARLOCH: Paß auf, wenn's kommen. Ich bin der große Held. Paß auf.

*Man hört viele Menschen sich nähern und glaubt, dem Lärm ein Ge-
murmel wie* Barloch, Barloch *zu entnehmen.*

ANNA: Jetzt hast es. I fürcht mi so.

BARLOCH: Geh, Tschapperl! Weißt, was i sag, wenns kommen?
Sagen tu i nix. Aber eine Rede halten tu i. Meine Herren, ich
verbiete mir das! Im Schweiße meines Angesichts schlepp ich
mich zusammen. Sie hätten selber sollen, – und ich machs. Die
Photographien hab ich persönlich in die Wohnungen aufge-
klaubt. Verboten is eh. Obs jetzt früher brennen oder später,
das macht nix aus. Verboten is eh. Und verbotene Früchte
gehörn si net. Die Frucht meines sauren Schweißes ist dieses
Paket, 's is eh no viel zklein, weil für die andern Häuser hab
ich keine Zeit net ghabt. Jetzt sagen S' selber, ob ich net recht
hab.

*Der Lärm ist vorbeigzogen. Die drei Frauen haben indessen mehr ge-
staunt als gezählt. Plötzlich greift die* WITWE WEIHRAUCH *in den
Haufen der Bilder am Boden, fegt zusammen, was sie kann, und trägt es
auf ausladenden Armen zu Barloch hin. Auf dem Weg sagt sie laut:* Ein
fescher Mann! *Sie legt die Bilder auf Barlochs Ballen.*

WEIHRAUCH: Des kommt a dazu. Recht habn S'! I sags wie Sie!
Mir habn's erst selber hintragn wolln, i und die zwei dorten,
was meine Freundinnen sein.

*Schwester Luise und Fräulein Mai zucken zaghaft*

BARLOCH: Du gfallst mir.

WEIHRAUCH: So ein fescher Mann!

BARLOCH: Du gfallst mir. An dir is no was dran. *(Er packt sie an
Schultern und Rücken)* Net so. *(Er zeigt verächtlich zu seiner Frau
zurück)*

ANNA: Jetzt hast es! Jetzt kannst die a no mitschleppen.

LUISE *(mit feuchten Augen):* Bitte, er wird zärtlich.

MAI *(stockend):* Er ist doch nicht gut gewachsen und feurige
Augen.

LUISE: Aber er wird doch zärtlich.

*Beide tragen den Rest ihrer Bilder hinüber*

LUISE: Bitte sehr. Wir können es uns leisten. Es sind 174 von mir
und 166 von der Fräulein Mai. Die Witwe Weihrauch hat auch
beinahe 150.

WEIHRAUCH: No, da hab i halt am wenigsten.

BARLOCH: Kommt alles ins Feuer. Kommt alles ins Feuer. Helfts
mit, Leutln. I brauchet euch net. I hab's in meine Ärm.

I kennts no dreimal so groß derpacken. Aber i bin net neidig. Helfts alle mit! *(zur Witwe Weihrauch)* Alstern du kannst amal mithelfen. *(Er klatscht ihr eine über den Rücken)*

LUISE *(die mit Hand anlegt):* Bitte auch.

ANNA: Jetzt helfen alle mit. Jetzt wofür hast di so plagt?

MAI *(die neben Anna Barloch zurückbleibt, bezwungen):* Gut gewachsen und feurige Augen.

ANNA: Jetzt hast es.

*Man hört aus der Ferne den* AUSRUFER: Und wir, und wir, und wir, und wir, meine Herrschaften!


FRANÇOIS FANT, *jung und elegant, tänzelt heran. Hinter ihm der* NADA-FRANZL, *ein alter Dienstmann, unter einer schweren Last von Spiegeln keuchend.*


NADA: Schwer, schwer, junger Herr.

FANT: Nur weiter, es wird schon gehen.

NADA: Wann i des gwußt hätt, daß S' so viel Spiegeln habn! A so schwer!

FANT: Lieber Freund, entweder oder.

NADA: I mein ja nur.

FANT *(bleibt stehen):* Übrigens, wenn Sie nicht weiter wollen, ich find auch wem andern.

NADA *(erschrocken):* Aber i bitt schön, junger Herr, das war net so gmeint. Mit meine grauen Haar. Wer wird denn gleich bös sein?

FANT: Also bitte.

NADA: Jegerl! Jegerl!

FANT: Was haben Sie denn schon wieder?

NADA: Nix.

FANT: Ja wo sind Sie denn? Können Sie sich nicht beeilen?

NADA: I mein, i kann nimmer.

FANT: Wenn Sie noch lang solche Faxen machen, schlepp ich selber was.

NADA: Um Gottes willen, junger Herr, tun S' mir die Schand net an! Mit meine grauen Haar! Wenn d' Schwester des wüßt! Jetzt bin ich schon 56 Jahre Dienstmann.

FANT: Also bitte.

NADA: Es ist ja nur das Alter.

FANT: Jeder tut seinen Teil.

NADA: Recht haben S', junger Herr. Wie —n— i d' Schwester no ghabt hab . . .

FANT: Jetzt noch das kleine Stückerl.

NADA: Glei! Glei! Die Schwester hat Franzi gheißen und i heiß Franz.

FANT: Also bitte, wirds bald. Wir kommen zu spät.

NADA: Weiter.

FANT: So ists recht, weiter. Jeder tut seinen Teil. Jeder opfert was. Ich opfere meine ganzen Spiegel, das sind 14 Spiegel. Sie helfen mir, die Spiegel tragen, weil Sie sonst nichts zum Opfern haben. Es kann nicht jeder so große Opfer bringen. Was glauben Sie, wieviel die Spiegel wert sind?

NADA: No, die müssen an Wert haben! Die Franzi, was meine Schwester war . . .

FANT: Was schätzen Sie?

NADA: No, kolossal! Die Franzi . . .

FANT: Das will ich meinen. Kolossal ist überhaupt nichts dagegen. Die zerhau ich jetzt alle mit einer Hand, mit Bällen heißt das. Elegant.

NADA *jappt*

FANT: Aufpassen, da kommt ein Stein! Daß Sie mir nichts zerbrechen! Aufpassen, sag ich! Sie schonen die Spiegel gar nicht!

NADA *jappt und jappt*

FANT *(schreiend):* Jetzt sind nur noch drei Minuten. Los! Los! Drei Minuten! Dann können Sie faul sein, soviel Sie wollen.

NADA *bricht zusammen, die Spiegel klirren*

FANT *(wütend):* Das hat noch gefehlt! Man soll kein Mitleid haben. Ich hätt mir wem andern nehmen können, und das hätt mich auch nichts gekostet. *(Er stößt den Alten mit dem Fuß beiseite)* Es wird doch nicht alles zum Teufel sein? 1, 2, 3, 4, 5, 6, 7, 8. 8 Stück sind noch ganz. Es hätt auch ärger ausgehen können. Wer schleppt mir das Zeug jetzt hin?

FRANZI NADA, *eine alte Dienstmagd, kriecht daher*

FANT: No, wo gehts denn hin, Mutterl?

FRANZI: I mecht zum Fest. I hab nur nix. Anschaun mecht i's halt, wann i schon nix hab.

Fant: No, wart, da wern mir schaun. Du kannst die Spiegel nehmen, 8 Stück, daß d'auch was zum Hintragen hast.

Franzi: Nein so was! So was! Jetzt krieg ich ehrlich die 8 Spiegel! Nein so was! So was!

Fant *(packt ihr die Spiegel auf):* Schad is es halt nur um die Scherben.

Franzi: I paß schon auf, junger gnä' Herr, i paß schon auf. Da brauchen S' keine Angst net habn. Mein Bruder war selber Dienstmann.

Fant: Gut gepackt, ja?

Franzi: I dank vielmals, gnä' Herr. Mein Bruder, der was Dienstmann war, den hab i verlorn vor dreißig Jahrn. I dank vielmals, gnä' Herr. Er hat Franzl gheißen, und ich heiß Franzi. Nein so was! I küß d' Hand, gnä' Herr. Jetzt hab i gmeint, ich triff ihn beim Fest, weil ein Dienstmann, der muß do da ztun habn.

Fant: Interessant. Aber jetzt los! Die schönen Scherben.

Franzi: I dank vielmals, gnä' Herr, a so was! I dank vielmals, i küß d' Hand, gnä' Herr, i küß d' Hand, gnä' Herr, gar vielmals.

Fant: Die schönen Scherben. Vierzehn Spiegel hätt ich hingebracht.

Franzi: I küß d' Hand, gnä' Herr. So ein feiner, ein lieber, ein guter gnä' Herr.

*Während sie abgehen, hört man den* Ausrufer: Und wir, und wir, und wir, meine Herrschaften, und wir . . .

*Der alte* Nada *erhebt sich mühselig und greift seine Knochen ab:* Mit meine grauen Haar! So eine Schand! Wenn die Franzi jetzt des gsehn hätt!


Sechs kleine Mädchen *kommen dahergehüpft*


Hansi: Ich darf mit.

Puppi: Ich darf auch mit.

Gretl: Die derf net mit!

Puppi: O ja, ich darf.

Gretl: Nein, die derf net mit!

Hansi: Ich darf mit.

Lizzi: Schauts her alle, ich hab was!

Hansi, Puppi, Gretl: Zeig!

Lizzi: Nein, ich zeigs nicht.

Hedi: Geh zeig, wenn dus zeigst, darfst du einmal schlecken.
*(Sie hält ihr ein Bonbon hin)*

Lizzi: Erst darf ich einmal schlecken.

Hedi: Gut! *(Feierliches Schlecken)*

Lizzi: So, jetzt zeig ichs. Aber nur dir. Die andern dürfens nicht
sehn.

Gretl: Geh, die ist so neidig.

Lori *(die bisher ruhig abseits stand):* Die hat ja gar nichts.

Lizzi *(dreht sich blitzrasch um):* Dir zeig ichs einmal nicht.

Hansi, Puppi, Gretl: Die hat ja gar nix, die tut nur so.

Lizzi: Kommts alle her, ich zeigs euch. Nur die Lange, die darf
nicht.

*Hansi, Puppi, Gretl laufen hinüber*

*Lori geht verächtlich noch mehr zur Seite*

*Hansi, Puppi, Gretl laufen aufgeregt zu Lori hinüber und reden laut
durcheinander*

Gretl: Die hat eine Photographie von ihrem Vater.

Hansi: Die darf sie verbrennen.

Puppi: Von ihrer Mutter hat sie auch eine.

Hedi: Und vom großen Bruder.

Gretl: Die hat sie mitkriegt von z'haus.

Puppi: Ich hab keine gekriegt.

Gretl: No ja du, du derfst ja gar net mit.

Puppi *(fängt an zu weinen):* Ich darf mit.

Lizzi: Laßt sie in Ruh! Die darf mit. Ich nehm sie mit. Ich nehm
sie mit mir.

*Die andern schweigen verlegen. Puppi lacht wieder.*

Lizzi *(zu Lori):* No, hab ich was? Jetzt kannst nix sagen. Kannst
was sagen? Nix kannst sagen. Die ist von meinem Papa. Die
ist von meiner Mama. Die ist von meinem großen Bruder.

Lori: Gestohlen wirst du sie haben.

Lizzi *(schlägt ihr ins Gesicht):* Jetzt so gemein! Gemein, gut, sagt
mein Papa, aber jetzt so gemein!

Lori *(lacht höhnisch):* Wieviel hast du? Drei? *(Sie holt aus ihrer
Bluse ein Paket heraus)* Ich hab dreiundzwanzig. *(Sie hält sie ihr
vor's Gesicht)* Gestohlen hab ich's auch nicht. Meine Mutter ist
krank, und da geh ich für sie auf's Fest.

*(Die Mädchen stellen sich alle zu Lori hinüber)*

Lizzi *(zu Puppi):* Du gehst auch mit der?

Puppi: Die hat ja dreiundzwanzig.

Lori: Komm, ich nehm dich mit, du darfst mit.

Lizzi: Ich schenk dir das Bild von meinem Bruder.

*Puppi zögert*

Lori: Und ins Feuer gibst es du, gell?

Puppi: Darf ich den Bruder selber ins Feuer werfen?

Lizzi: Nein, meinen Bruder nicht, meine Mama, die darfst du.

Hansi: Ich nimms.

Gretl: Ich auch.

Hedi: Ich auch.

Puppi: Jetzt krieg ichs!

Lori: Geh, bleib da, ich schenk dir zwei Bilder. *(Sie löst das Päckchen aus der Bluse, nimmt zwei Bilder heraus und gibt sie der Puppi)*

Puppi *(hält den andern die Blätter vor die Nase):* Jetzt hab ich zwei!

Hansi: Ich will auch!

Gretl: Ich auch!

Hedi: Ich auch!

Lizzi: Die Mama kannst haben, dafür darf ich noch einmal schlecken.

Hedi: Gut.

Lori: Geh, bleib da, du kriegst auch zwei. *(Sie löst wieder ihr Päckchen aus der Bluse und überreicht auch der Hedi zwei Bilder)*

Hedi *(stößt Puppi):* Jetzt hab ich auch zwei!

*Hansi und Gretl verziehen die Gesichter zum Weinen*

Lizzi *(geht zu ihnen hin):* Die Mama geb ich euch. Die gehört euch beiden zusammen.

*Hansi und Gretl rümpfen die Nasen, strecken aber je eine Hand hin*

Lori *(tritt dazwischen):* Ihr kriegt auch jede zwei. *(Die frühere Prozedur wiederholt sich)*

*Hansi und Gretl kehren der Lizzi den Rücken*

Lori: Jetzt müßt ihr alle mit mir kommen. Wer meine Bildln hat, der kommt mit mir.

Hansi: Mit der da?

Puppi: Da geht doch keine mit!

Gretl: Die mit ihrer Mama!

Hedi : Die kann sie für sich ghalten.

Lizzi: Meine Mama ist schön.

Gretl: Schielen tuts.

Lizzi *(schlägt ihr ins Gesicht):* Jetzt so gemein!

GRETL *(schlägt zurück):* Schielen tuts und schiech is und eine lange Nasen hats und hinken tuts beim Gehn und bucklet is und stinket! Is net zum Aushalten mit ihr in ein Zimmer, sagt mei Mutter. Und schielen tuts, und eine schiche Nasen hats!

HANSI: Ich habs auch gesehn.

HEDI: Aufm Bild.

PUPPI: Ich auch.

*Lizzi weint und schlägt, Gretl weint und schimpft, Lori lacht, die andern schauen zu*

FRITZ SCHAKERL, *Lehrer, aber nicht Lehrer dieser Kinder, erscheint*

K-k-kinder haben d-d-da nichts zu s-s-suchen. K-k-kinder m-m-üssen heim.

*Alle sechs Mädchen erstarren*

SCHAKERL: Heimgehn, s-s-sag ich, m-m-muß ich euch Beine m-m-machen? K-k-k-inder haben d-d-da nichts zu s-s-suchen.

LORI *(tritt vor):* Meine Mutter ist krank und hat mich geschickt mit 23 Photographien. Die kommen alle ins große Feuer.

*Die andern halten zaghaft ihre Bilder in die Höhe*

SCHAKERL: W-w-wieviel?

LORI: Dreiundzwanzig. *(Sie nimmt Hansi, Puppi, Gretl und Hedi, die sich nicht zu wehren wagen, alle Bilder, die sie ihnen geschenkt hat, wieder ab)* Meine Mutter hats gesagt.

SCHAKERL: D-d-das zahlt sich aus, w-w-wegen d-d-dreiund-zwanzig. G-g-gib her, ich w-w-werf sie hinein. *(Er reißt Lori das Paket aus der Hand)* D-d-du hast auch w-w-was *(zu Lizzi)* Herg-g-geben! *(Er nimmt Lizzi ihre drei Bildchen ab. Sie hält sie krampfhaft fest. Drei winzige Fetzen bleiben ihr in der Hand zu-rück.)*

*Alle sechs Mädchen fangen wie auf einen Schlag zu heulen an, herzzer-brechend und endlos*

SCHAKERL: Jetzt aber abf-f-fahren. W-w-wirds b-b-bald! A-a-abfahrn, s-s-sag ich!

*Er jagt die Mädchen, die sich eng aneinandergedrückt haben, mit harten, knochigen Schlägen weg. Ihr Schreien vermischt sich mit dem Jahrmarkts-lärm hinten und geht über in das Schreien einer Frau.*

EMILIE FANT, *eine sehr dicke Person, grell geschminkt, über und über mit Schmuck behangen, läuft heftig gestikulierend über die Bühne*

Mein Kind! Wo ist mein Kind? Mein Kind ist fortgelaufen. Wo find ich mein Kind? Hat niemand mein Kind gesehen? Mein Kind! Da rackert man sich, da schindet man sich, die Seele schindet man sich aus dem Leib, das geht Tag und Nacht, Tag und Nacht, Tag und Nacht, man möcht glauben, man sammelt Reichtümer. Und wofür? Das ist kein Arbeiten! Hab ich mir das verdient? Mein Kind! Wo ist mein Kind? Mein Kind ist mir fortgelaufen! Wo find ich mein Kind? Hat niemand mein Kind gesehen?

FRITZ SCHAKERL *(der bisher abseits stand, geht plötzlich steif auf die Frau zu und stottert):* Heut ist ein g-g-großer T-t-tag. Sch-sch-schreien Sie nicht!

DIE FANT *(bemerkt ihn erst jetzt, wirft sich auf ihn und schreit):* Sie haben mein Kind gesehen! Wo ist mein Kind? Sie wissen es! Ich weiß es, Sie wissen es!

SCHAKERL: Sch-sch-schreien Sie nicht! N-n-nein!

DIE FANT: Wie soll ich nicht schreien? Die ganze Welt soll es wissen! Mein einziges Kind! Und mein ganzes Arbeiten, für wen? Sagen Sie, wo mein Kind ist! Sie wissen es! Ich weiß, Sie wissen es!

SCHAKERL: I-i-ich hab die Ph-ph-photographien nicht.

DIE FANT: Meine Photographien? Die hat er ja nicht mit. Wer redet von meinen Photographien? Aber meine Spiegel hat er mir alle aus dem Haus getragen. Vierzehn Spiegel! Meine vierzehn Spiegel! Wie sollen meine Mädchen arbeiten ohne meine Spiegel? Das ist kein Arbeiten. So kann man nicht arbeiten. Meine Mädchen sind verzweifelt!

SCHAKERL *(ist während ihrer letzten Worte größer geworden. Er zieht ein Papier aus der Tasche und liest mit lauter, hoher Stimme vor, wobei er kein einziges Mal ins Stottern gerät):*
KUNDMACHUNG. Die Regierung hat beschlossen. Erstens: Der Besitz und Gebrauch von Spiegeln ist verboten. Sämtliche vorhandenen Spiegel werden vernichtet. Jegliche Erzeugung von Spiegeln wird eingestellt. Nach Ablauf von dreißig Tagen wird jeder, der des Besitzes oder Gebrauchs eines Spiegels überführt wird, mit Zuchthaus von zwölf bis zwanzig Jahren bestraft. Auf die Erzeugung von Spiegeln steht die Todesstrafe.

DIE FANT: So, Todesstrafe. Sechs von meinen Spiegeln hätt ich ja hergegeben, freiwillig, man hätt ja nicht einmal eine Ent-

schädigung dafür verlangt. Aber meine vierzehn! Das geht
nicht. Das ist kein Arbeiten. So kann man nicht arbeiten.
Fragen Sie meine Mädchen!

SCHAKERL: Sch-sch-schweigen Sie!

Zweitens. Das Photographieren von Menschen oder menschenähnlichen Wesen ist verboten. Sämtliche vorhandenen
Photographien von Menschen und menschenähnlichen Wesen werden vernichtet. Photographenapparate jeglicher Art
werden bis auf weiteres bei der Behörde deponiert. Die Erzeugung von Apparaten ist mit heutigem Tage einzustellen.
Nach Ablauf von dreißig Tagen wird jeder, bei dem sich die
Photographie eines Menschen oder menschenähnlichen We-
sens findet, mit Zuchthaus von drei bis fünf Jahren bestraft.
Auf das Photographieren von Menschen und menschenähnlichen Wesen steht die Todesstrafe.

DIE FANT: So, Todesstrafe. Meine Bilder kann ich nicht herge-
ben. Meine Mädchen brauchen ihre Bilder für ihre Kunden.
Anständige Kunden kommen mir nicht mehr ohne die Bilder.
Das ist kein Arbeiten. Ohne Bilder kann man nicht arbeiten.
Man möchte glauben, wir sammeln Reichtümer!

SCHAKERL: Sch-sch-schweigen Sie!

Drittens: Das Anfertigen von Bildnissen und Selbstbildnissen
in Kohle, Rötel, Aquarell und Ölfarben oder wie immer sonst
ist verboten. Sämtliche vorhandenen Bildnisse und Selbst-
bildnisse sind bis auf weiteres bei der Behörde zu deponieren.
Der Großteil soll der Vernichtung zugeführt werden. Für das
geplante Museum der Eitelkeit wird von der fachmännischen
Kommission eine engere Auswahl getroffen werden. Nach
Ablauf von dreißig Tagen wird der Besitz eines Bildnisses
oder Selbstbildnisses mit Zuchthaus von acht bis zwölf Jahren bestraft. Auf das Anfertigen von Bildnissen oder Selbstbildnissen steht die Todesstrafe.

DIE FANT: Also schon wieder Todesstrafe! Jetzt hab ich es satt,
Sie! Ich hab meine Zeit nicht gestohlen. Haben Sie meinen
François gesehen oder nicht? Sie müssen ihn doch gesehen
haben mit meinen vierzehn Spiegeln, soo groß alle, Sie
müssen!

SCHAKERL: Sch-sch-schweigen Sie! Viertens:

DIE FANT: Lassen Sie mich in Ruhe, ja! Ich hab meine Zeit nicht
gestohlen. Mit Ihrem Blödsinn. Was kauf ich mir davon? Mei-

ne Mädchen, die soll ich auf die Straße setzen, was? Sie sind mir ein herzloser Mensch! Ich muß meine Spiegel wieder haben. Ich arbeite. Kann man so arbeiten? Sie herzloser Mensch!

SCHAKERL *(krähend):* V-v-viertens! *(Sie läßt ihn nicht zu Worte kommen)* H-h-hüten Sie s-s-sich! Ich z-z-zeige S-s-sie an!

DIE FANT *(im Weglaufen):* Herzloser Mensch! Man möcht glauben, man sammelt Reichtümer. Mein Kindl! Wo ist mein Kind! Mein Kind ist mir fortgelaufen! Hat niemand mein Kind gesehen? Mein Kind!

*Schakerl ist, seit er stottert, wieder zusammengefallen und stellt sich wie vorhin zur Seite*

HEINRICH FÖHN *und* LEDA FRISCH *schlendern im Gespräch daher*

FÖHN: Verzeihen Sie, Gnädigste, gerade darum geht es gar nicht. Es handelt sich hier nicht um kleinliche Maßnahmen, die uns von einem Tage bis zum andern tragen. Wir wollen nicht immer halb sein. Wir haben uns zwar an das Halbe gewöhnt wie an Tag und Nacht, aber das muß sich ändern.

LEDA *(sehr kühl):* Ja, eigentlich las ich das gestern auch. Sie werden eigentlich recht haben.

FÖHN: Nicht weil Sie es schon gelesen haben, Gnädigste. Ich weiß nicht, wo Sie es gelesen haben. Ich pflege nicht zu zitieren, ich habe es auch nicht notwendig, meine Gedanken andern zu entlehnen, denn ich habe selber welche, wie Sie wissen dürften. Nein, es geht um eine Ganzheit in viel höherem Sinne. Besehen Sie sich doch das Leben, wie es bisher üblich war, aus der Nähe. Was taten die Menschen, kaum waren sie des Morgens aufgestanden? Sie wuschen sich. Wo? Vor einem Spiegel. Sie kämmten sich das Haar. Wo? Vor einem Spiegel. Sie rasierten sich. Wo? Vor einem Spiegel.

LEDA: Sie schminkten sich. Wo? Vor einem Spiegel. Sie puderten sich. Wo? Vor einem Spiegel.

FÖHN: Ich bin glücklich, daß Ihr Spott mir weiterhilft. Sie sind, ohne es zu merken, sofort auf Beispiele aus dem weiblichen Leben übergeglitten. Damit haben Sie mir selbst gerade die Waffe in die Hand gegeben, nach der ich langen wollte. Wir sind verweiblicht. Das ist unser Unglück. Der Spiegel, ein Apparat aus dem Berufsleben der Frau, hat von uns allen, auch von uns Männern, im eigentlichsten Sinne des Wortes Besitz ergriffen. Wir stürmen nicht mehr vorwärts wie ehedem; einen guten Teil unserer Zeit besehen wir uns selbst, so eingehend, als hätten wir uns zu malen, und so liebevoll, als hätten wir vor, mit uns selber eine Ehe zu schließen. Ja, das geht so weit, daß wir früher oder später wirklich mit uns selbst verheiratet sind. Jeder von uns führt eine Ehe mit seinem Spiegelbild. Wenn wir essen, nähren wir das Bild; wenn wir uns kleiden, kleiden wir das Bild, und sind wir krank und elend und übel daran – das Bild erhalten wir uns gesund, wir hätten sonst am Leben keine Freude mehr.

LEDA: Ich höre Ihnen gern zu, wenn Sie so reden. Sie haben dann eigentlich etwas Männliches.

FÖHN: Nicht! Nicht! Es geht mir jetzt um mehr als mich. Immerhin mag Ihnen Ihre Beobachtung als Fingerzeig dienen. Wenn ich von der großen allgemeinen Sache, vom Kampfe gegen die Spiegel spreche, wirke ich, wie Sie sagen, männlicher.

LEDA: Ja, eigentlich kriegerisch. Sieger.

FÖHN: Finden Sie? Sieger?

LEDA: Ein Lächeln noch im Tod auf den starken Lippen.

FÖHN: Starken Lippen? Ja. Wenn Sie wollen: Ja. Aber wovon sprachen wir?

LEDA: Eigentlich von der weiblichen Eitelkeit, der jetzt auch Männer frönen.

FÖHN: Richtig. Ja, sehen Sie, und ist es mit dem Photographieren anders? Schamlos stellen wir uns vor irgendwelche Löcher hin, verziehen Gesichter, die an sich vielleicht nicht so übel wären, zu süßlichen Masken, Masken, die uns noch dazu meistens vom Photographen vorgeschrieben werden. Photographien sind ein Kompromiß zwischen der Eitelkeit des Photographen und der des Photographierten. Vielleicht lieben wir sie darum so, weil wir uns auf ihnen beliebig oft sehen können. Sind diese läppischen Alben, in denen man sich vielleicht dreihundertmal, von der Wiege bis zum Grabe, den andern vorführt, nicht eine der beschämendsten Erfindungen des Eitelkeitsteufels?

LEDA: Ich weiß eigentlich nicht. Ich hab Kinderbilder sehr gern. Haben Sie eigentlich Bilder von sich aus Ihrer Kinderzeit?

FÖHN: O ja, natürlich. Warum fragen Sie?

LEDA: Ich hätte sie so gern gesehen. Sie müssen schon als Kind ein kleiner Feuerkopf gewesen sein.

FÖHN: Man sagt es in der Familie allgemein. Ich war ungewöhnlich aufgeweckt und konnte mit vier Jahren schon lesen. Man erzählt sich die erstaunlichsten Geschichten aus der Zeit. Einmal soll ich, keine fünf Jahre alt, meinen Vater, der mir aus der Zeitung vorlas und dem ich auf dem Rücken saß, richtig ausgebessert haben.

LEDA: Entzückend! Das ist eigentlich die entzückendste Geschichte, die ich je gehört habe. So ein süßer kleiner Feuerkopf! Er bessert seinem Vater die Fehler aus! Entzückend! *(Es gelingt ihr, sich in seine Arme zu zwängen)*

FÖHN *(während er sie gewähren läßt):* Finden Sie das auch so entzückend?

FRITZ SCHAKERL *(hat indessen angestrengt nach Luft geschnappt, mehrmals geschluckt, den Mund in Bewegung gesetzt, ein Papier hervorgezogen und leise für sich geübt. Just in dem Augenblick, da die beiden einander umarmen, fühlt er sich endlich sicher. Er tritt mit steifen Schritten auf das Paar zu und krächzt):* S-s-sie haben g-g-ganz recht! *(Heinrich Föhn und Leda Frisch fahren auseinander)* K-k-kennen Sie d-d-das? *(Er hält das Papier hoch und kräht wieder, ohne zu stottern):*
»Die furchtbare Zunahme der Eitelkeit auf allen Gebieten des öffentlichen und privaten Lebens ist nicht länger mitanzusehen. Pflanz, Tanz und Schick nehmen von Tag zu Tag überhand. Kein Mensch mehr lebt, dessen oberstes Ziel es nicht wäre, sich gut anzuziehen und auszusehen wie ein verkleideter Fürst.«

FÖHN: Danke. Ich kenne das.

SCHAKERL: D-d-die D-d-dame kennt es n-n-nicht. »Die Auslagen bersten von falschen Göttern. Alles Leid der Welt erstickt in Eleganz. Zur Einfachheit bringt niemand mehr Mut und Widerstandskraft auf.«

FÖHN: Danke. Die Dame kennt das auch. Wirklich.

LEDA: Eigentlich ja.

SCHAKERL: K-k-kennen Sie d-d-das? »Eine Horde von bellenden Pavianen, mit grellroten Ärschen, Federn auf dem Kopfe, Ringe in den Nasen, zieht durch die Straßen und verpestet die Luft.«

FÖHN: Das kenn ich auch. Ich kenn noch Verschiedenes.

LEDA: Mein Verlobter kennt eigentlich alles. *(Die beiden gehen rascher)*

SCHAKERL *(hält sich dicht an ihrer Seite):* Aber d-d-das k-k-kennen Sie nicht. »Das Volk ist zum Untergang reif geworden.«

FÖHN: Ich kenne alles. Ich kenne alles.

LEDA: Mein Verlobter kennt alles.

SCHAKERL: »Wer könnte einen Eid darauf wagen, daß er keinen Spiegel in der Tasche mit sich führt?«

*Die* FAMILIE KALDAUN *besteht aus vier Köpfen.* EGON KALDAUN *ist in Gedanken versunken.* LYA, *seine Frau, befaßt sich mit ihrer Handtasche.* MARIE, *das Mädchen für alles, nicht ganz jung, geht hinterdrein und schiebt den Kinderwagen, in dem* KALDAUNS EIN- ZIGES *liegt.*

LYA: Was soll ich heut opfern, Egon?

EGON: Die Hosen sind wieder nicht gebügelt.

LYA: Egon, was soll ich heut opfern?

EGON: Ich red von den Hosen. Die Hosen sind wieder nicht gebügelt. Ganz einfach.

LYA: Soll ich heut den Taschenspiegel opfern, Egon?

EGON: Ich brauch mir das nicht gefallen zu lassen. Die Hosen sind wieder nicht gebügelt.

LYA: Marie, Sie hören schon wieder nicht. Die Hosen sind nicht gebügelt. Mein Mann, der gnädige Herr, brauchen sich das nicht gefallen zu lassen.

EGON: Dann gib eben deinen Spiegel her, wenn du willst. Ganz einfach.

LYA: Soll ich wirklich? Ich weiß nicht.

EGON: Kann man denn überhaupt so gehn?

LYA: Marie, mein Mann, der gnädige Herr, schämen sich, so zu gehen. Hören Sie, der gnädige Herr.

EGON: Ich würde ruhig den Spiegel nehmen. Das sieht gut aus. – Eine Schande.

LYA: Sie glauben wohl, mein Mann, der gnädige Herr, gehen zu seinem Vergnügen aufs Fest? Wie stellen Sie sich das eigent- lich vor, Marie?

EGON: Du mußt ihn herausreißen. Plötzlicher Entschluß. Ganz einfach. Und ich kann mich schämen. Ich bin nicht gesonnen.

LYA: Sehn Sie, Marie, zum hundertsten Mal. Mein Mann, der gnädige Herr, haben das satt und sind nicht gesonnen. Aber was soll ich damit machen, Egon?

EGON: Du nimmst es und wirfst es ins Feuer. Das sieht gut aus. Ganz einfach. Du mußt werfen, wenn alle sehen. Direkt ins Feuer. Ich laß mir das Leben nicht mehr verbittern. Schau dir diese Bügelfalten einmal an. Direkt ins Feuer.

DAS EINZIGE *(schreit plötzlich):* Fo-ja! Fo-ja!

*Der rötliche Schein vom Feuer, das nicht mehr fern ist, nimmt langsam zu. Die Stimmen, die man hört, klingen näher und erregter.*

LYA: Ich nehme es direkt und werfe es ins Feuer. Marie. Wann haben Sie zum letzten Mal die Hosen des gnädigen Herrn gebügelt?

DAS EINZIGE: Fo-ja! Fo-ja!

MARIE: Ist nicht so arg! Heut früh, bevor Herr hat angezogen. Hosen sind heut früh bügelt, und Hosen sind genau ganz richtig. Ich geh! Daß Sies nur wissen! Hosen!

*Sie läßt den Kinderwagen mitten auf der Straße stehen. Ihre Hand hat sich kaum noch vom Wagen weggehoben, da schreit schon*

DAS EINZIGE *gellend los:* Fo-ja-ja-ja! Fo-ja-ja-ja!

LYA: Soll ich vielleicht das Kind beruhigen, Marie? Ich hab jetzt keine Zeit. Ich muß den Spiegel direkt ins Feuer werfen. Was soll ich ihr sagen, Egon? Kümmere dich doch. Bist du gesonnen?

EGON: Marie, ich sag schon zum hundertsten Mal: Sie bleiben. Ganz einfach.

DAS EINZIGE: Fo-ja-ja-ja! Fo-ja-ja-ja!

MARIE *tritt an den Wagen heran und schiebt wieder*

LYA: Soll ich den Spiegel schon herausnehmen, Egon?

EGON: Wart, bis wir ganz nah sind, das sieht besser aus.

DAS EINZIGE *(jauchzend):* Fo-ja! Fo-ja! Fo-ja!


*Auf dem Platz, bei dem die Familie Kaldaun jetzt angelangt ist, brennt rechts ein Feuer, das von Minute zu Minute größer wird. Links im Hintergrund steht die Bude des Ausrufers. Man würde sie nicht beachten, wäre nicht immer wieder das Klirren von Spiegeln vernehmlich, an das man sich langsamer gewöhnt als an die Stimme des Ausrufers. Zwischen Feuer und Spiegelbude treiben sich sehr viel Menschen herum, darunter, mit Ausnahme der sechs kleinen Mädchen, alle, die man aus den früheren Szenen kennt. Neben dem Feuer steht, auf einer kleinen*

*Kiste, ein vierschrötiger Prediger mit dickem Gesicht, um den sich die meisten drängen.*

DER PREDIGER BROSAM: Aber wir wollen nicht rechten, wir wollen fechten! Lieben Brüder, lasset uns fechten gegen die grobe Unzucht der Eitelkeit. Satan hat uns in seinen grünen Krallen. Da hält er uns und frißt an uns wie an einem harten Brocken Brot. Da würgt er und spuckt er und kriegt uns nicht hinunter. Schaut hin, lieben Brüder, wir sind dem Satan zu giftig! Er würgt und würgt, und seine rote Fratze wird grün wie seine Krallen. Da faucht er, da fletscht er, aber kein Teufel hilft, denn er selbst ist der Teufel, und er muß uns fressen. So sind wir dem Teufel seine giftigste Speise. Und ich höre euch fragen, warum? Warum sind wir dem Teufel seine stinkigste Speise? Ist er nicht der Teufel? Ist er nicht noch viel verworfener als wir? Ich will es euch sagen, ihr armen Leute. Der Teufel ist verworfen, der Teufel ist schlecht, aber er trägt kein Spiegelchen in der Tasche bei sich, er hat kein Bildchen und er hat kein Bild. Ich war lange bei ihm, ihr könnt es mir glauben. Ich habe in all seine feurigen Taschen gegriffen, seine Bosheitskoffer hab ich durchsucht, seine schwärenden Löcher, seine pechrabenschwarzen Foltergemächer, die ganze heiße Hölle hab ich mühevoll durchforscht – die Hölle ist groß, da ist gar viel Platz, sie wird stündlich größer, aber nirgends hab ich einen Spiegel gefunden, nirgends, nirgends, und sei er noch so klein. In der Hölle gibt es keine Spiegel. Wir allein haben die Spiegel und Bilder und Photographien, und einer, der sich vor das Auge der Kamera stellt, ist ärger als der Teufel, nicht einmal in der Hölle ist Platz für den. Wo wird der braten? Wo gerät seine Seele hin? Das weiß ich euch nicht zu sagen. Aber wir wollen nicht rechten, wir wollen fechten! Lieben Brüder, lasset uns fechten gegen die . . .

*Aus dem allgemeinen Lärm tönt eine schrille Stimme heraus:* Jetzt des und jetzt des und jetzt des und jetzt des! *Die Bühne dreht sich ein wenig, der Feuerschein bleibt stark, nur sind die Menschen hier nicht ganz so dicht gedrängt.*

THERESE KREISS *(Gemischtwarenhändlerin, zerreißt händeringend Photographien und wirft die Fetzen in die Richtung des Feuers):* Jetzt des und jetzt des und jetzt des und jetzt des!

MILLI *(ihre Tochter):* Ja was machst denn Mutter!

THERESE: Jetzt des und jetzt des und jetzt des und jetzt des!

FRITZ HELD *(Friseur, der daneben steht):* Immerhübscheinzelweise.

MILLI: Mutter, ist mein Bild auch dabei?

THERESE: Kommt noch. Kommt noch alles. Jetzt des und jetzt des!

MILLI: Aber meine Bilder was sind, brauchst net heut schon nehmen, Mutterl.

THERESE: Grad deine. Grad deine. Weil die Hoffart steckt in dir wie der Holzwurm im Stamm.

MILLI: Ich habs doch erst machen lassen fürn Fritzl, die schönen Photographien.

THERESE: Der Fritzl kennt di so auch.

MILLI: Er hat gesagt, er liebt mich wegen die Bilder. Was machst denn Mutter? Was machst denn?

THERESE: Ohne den Fritz gehts auch.

MILLI: Jetzt verreißt sie ihm! Jetzt verreißt sie den Fritzl auch! Ich will des net habn!

HELD: Ich heiße Fritz, meine Gnädigste.

MILLI: Ich will des net habn, Mutter!

HELD: Aber, meine Gnädigste, ich heiße Fritz!

MILLI: Mutter, was machst denn? Mutter, was machst denn? Jetzt hats den Fritzl verrissen. Den Fritzl hats mir verrissen!

HELD: Meine Gnädigste, es gibt mehr als einen Fritz. Ich zum Beispiel heiße auch Fritz, meine Gnädigste.

MILLI: Der Fritzl kommt nimmer. *(Bitter schluchzend)* Wenn er sein Bild nimmer findt, kommt er nimmer.

HELD: Aus is, wie man im Volksmund zu sagen pflegt. Bitte, bin ich nicht auch ein schöner Fritz?

MILLI: Was wolln S' denn, daß S' Ihner allerweil vorstellen tun? I kenn Ihner ja gar net.

HELD: Ich erlaube mir, Ihnen in tiefster Verschwiegenheit ein Bild von Fritz anzubieten.

MILLI: Gehn S', zeign S' her! Wo haben S' des her?

HELD: Bitte um Wahrung des Geheimnisses. Wir werden beobachtet.

MILLI: Wir werden beobachtet. Hat der Fritzl auch immer gsagt.

HELD: Sollten wir nicht auf die Seite gehen?

MILLI: Erst zeigen S' des Bild her!

HELD: Ich bitte recht sehr.

MILLI: Des ist do net der Fritzl.

HELD: Der Herr, dessen Bild Sie in der verehrten Hand halten, heißt Fritz.

MILLI: Des sind ja Sie.

HELD: Und, wie gesagt, heiß ich Fritz.

MILLI: Ja, was hab ich davon?

HELD: Ich erlaube mir, Ihnen das Bild behalten zu wollen.

MILLI: Wie sagn S', des Bild gehört mein?

HELD: Bitte recht sehr.

MILLI: Des ghört mein ganz allein? Machen S' kein' Spaß!

HELD: Dir allein. Wie mein Herz. Wollen wir nicht auf die Seite gehn?

MILLI: Ja, wenn des Bild mein ghört, gern!

HELD: Wie gesagt.

MILLI: So ein schönes Bild ist das wirklich. Fritzl!

THERESE: Jetzt des und jetzt des und jetzt des und jetzt des!

DER PREDIGER: Viel Vieh gibt es auf Erden, vierfüßiges, Vögel und Schlangen, und keine Menschenzunge reicht aus, alles Vieh der Erde zu nennen. Aber ein Vieh weiß ich, das ist dreckiger als alle andern. Täglich führt ihr es im Munde, und es mundet euch täglich. Dieses Vieh sollt ihr mir nennen, ihr selbst sollt es mir nennen, und ich frage laut: Eitelkeit, wie ist dein wahrer Name?

*Auf einem stilleren Platz, aber nicht weit vom Feuer, lächelt Herr* JOSEF GARAUS, *Direktor, huldvoll nach allen Seiten. Er ist allein.*

GARAUS: Da schau dir das an, ein Feuer. So ein Feuer ist was für mich. Ich mag das gern, ein Feuer. Der rote Widerschein. Die Leute, die sind ja ganz aus dem Häusl. Wo das einen Spektakel sieht, rennt das her und hat gleich seine Gaude. No ja, warum net, sind ja auch Menschen. Das brennt von lauter Photographien. Lichterloh. Bei den Bildln, die drin sind, um die is eh kein Schad. Du hebst dir deine Bildln schön gut auf. *(Er zieht einen Taschenspiegel heraus und betrachtet sich darin lange und sorgfältig)* Fürs Volk hat das einen Sinn.

Das gibt die ganzen sauren Groschen aus und kennt kein Maß. *(Er steckt den Spiegel langsam wieder ein)* Was ich da schwitzen muß! Also vor drei Wochen, das weißt ja. Da komm ich bei einem Photographen vorbei, der hat vor seinem Laden ein Auto stehn. Ich hab so eine Gewohnheit und denk: Wofür hat der da ein Auto stehn? Ich setz mich hin auf eine Bank und wart; kommt da ein Pärchen eng umschlungen, sie hat nichts, er hat nichts, und laßt sich vor dem Auto photographieren. Als Brautpaar, Grundkapital: ein Auto. Jetzt, ich bin Direktor und hab kein Auto. Aber die müssen sich gleich mit einem Auto photographieren lassen, denn die Liebe ist gratis. Das kann ich grad gut leiden. Ich finde. Die lernen da so jemand kennen, der fragts: was sind Sie von Beruf? No und die, die sagen: Autobesitzer, und beweisen können sie es auch, weil die Photographie, die haben sie ja in der Taschen. Das hab ich grad gern. Damit ist jetzt Schluß, mein sehr verehrliches Brautpaar, Autobesitzer. Wer jetzt ein Auto hat, der hat eins, und wer keins hat, der hat keins. Jetzt, ich bin ein Direktor und hab keins, und die schönen Bildln könnts euch ins Feuer stecken, weil auf den Hut is verboten. – Wo hab ich jetzt meine? *(Aus der Brieftasche holt er ein Päckchen mit Bildern hervor und betrachtet sie innig und eingehend)* Jetzt möcht ich gern wissen: ist die Nasen so? *(tippt auf ein Bild)* oder so? *(tippt auf ein zweites)* Das werden wir gleich haben. *(Er zieht wieder den Spiegel hervor und hält ihn zwischen die beiden strittigen Nasen)* Einen Moment bitte. Geh. Also doch so. Hätt ich nicht einmal gedacht. Ich finde. Weil grad ich das so gut leiden kann. Ja, vielleicht ist da das Feuer schuld, der Schein vom Feuer ist die Schuld, no, natürlich. Da schau dir das an, das Feuer, das hat dir einen Appetit, no, i dank schön. *(Er dreht dem Feuer weniger freundlich den Rücken und packt die Bilder zärtlich wieder ein)* Das hab ich grad gern, zudringlich. Na, mein Lieber. Das Volk, ja, das gibt die ganzen saueren Groschen aus und kennt kein Maß. *(Er betrachtet sich noch einmal im Spiegel)* Jetzt bin ich schon ganz rot von dem Feuer. So zudringlich.

S. BLEISS *(hinter ihm):* Haben Sie noch?

GARAUS *(dreht sich verblüfft und böse um):* Was?

BLEISS: Haben Sie noch? Wenn Sie haben, geben Sie her!

GARAUS: Ja, was soll ich denn haben?

BLEISS: Geben Sie her! Ich zahle die kulantesten Preise auf dem Platz.

GARAUS: Jetzt möcht ich wissen, was Sie von mir eigentlich wollen, Herr!

BLEISS: Nichts. Nichts. Ich frag Sie nur, ob Sie noch haben. Kaufe alles. Wenn Sie haben, geben Sie her!

GARAUS: Hier wird nichts gekauft und nichts verkauft, Herr!

BLEISS: Vielleicht was von der Frau, von den Kindern, von der Familie, pro Dutzend zahle ich mehr.

GARAUS *(schreit):* Ja, glauben Sie denn, daß ich verheiratet bin, Herr! Ein Mann wie ich verheiratet! Ich bin doch net blöd!

BLEISS: Gut – das nicht, aber der Herr hat eine Freundin, besser zwei, eine blonde, eine schwarze. Was macht man jetzt damit?

GARAUS: Ich hab keine Freundin. Das hab ich grad gern. Ich geb mein Geld lieber für mich allein aus.

BLEISS: Aber Sie, Sie sind ein fescher Mensch, Sie stellen was vor, Sie müssen doch Berge haben, von sich, mein ich, pro Hundert zahl ich mehr.

GARAUS: Ideale haben Sie gar keine net im Leib, Herr, was? Hier wird nichts geschachert, hier wird verbrannt. Das Volk hat euch Blutsauger satt. Ich weiß, was Sie früher waren, Herr, Photograph waren Sie, ich kenn Sie noch, jetzt weiß ich, Sie sind der mit dem Auto, der Photograph!

*Bleiss verschwindet schleunigst*

GARAUS: Das hab ich grad gern, wenn einer Photograph war und traut sich noch unter die Leut!


DER PREDIGER: Eine Sau ist die Eitelkeit, eine grobe, stinkende Sau! Die kann sich lang putzen mit Tand und mit Flitter! Wie der Tau kann sie glitzern und stolzieren wie ein Pfau. Was hilft es ihr? Man kennt sie, am roten, geschminkten Rüssel, den schminkt sie, den spitzt sie, den streckt sie jedem hin. Denn, wo glaubt ihr, wo ist ihr am wohlsten? Im Dreck, da ist ihr am wohlsten, im Dreck. Reißt ihr den Putz vom Leibe, den gleißenden Balg, reißt ihr den Balg vom Leibe und schaut hin, lieben Brüder! Unterm Balge ist sie eine grobe, stinkende Sau! Eine Sau ist die Eitelkeit . . .

FRANZI NADA, *sehr klein und gebückt, schleicht rasch über den Platz. Kaum entschwunden, kehrt sie wieder zurück, genau denselben Weg, als hätte sie etwas verloren und suche.*

Fritz Schakerl *(krähend)*: Halt! W-w-was tun Sie d-d-da?

Franzi *fährt zusammen und erzittert in kleinen, dienstfertigen Rucken*

Schakerl: W-w-was tun Sie d-d-da?

Franzi *zittert*

Schakerl: W-w-was Sie d-da t-tun, f-f-frag ich.

Franzi: I bittibittibittschön, junger gnä' Herr.

Schakerl: M-m-man hat Sie b-b-beobachtet. Sie haben g-g-gesucht.

Franzi: I bittibittibittschön, junger gnä' Herr.

Schakerl: W-w-wollen Sie leugnen?

Franzi: I bittschön, junger gnä' Herr.

Schakerl: S-s-seit einer halben Stunde s-s-suchen Sie. W-w-was haben Sie gesucht?

Franzi: I bitt schön, mein Brudern, junger gnä' Herr.

Schakerl: Den B-b-bruder. S-s-sehr gut. G-g-geben Sie ihn her!

Franzi: I habn do net, junger gnä' Herr, ibittschön, i hab ihn do net.

Schakerl: Sehr gut. Wer nicht hören w-w-will, m-m-muß fühlen! G-g-geben Sie ihn her!

Franzi: Was wolln S' denn von mein Brudern, junger gnä' Herr? Brauchen S' vielleicht ein Dienstmann?

Schakerl: Der B-b-bruder muß ins F-f-feuer. G-g-geben Sie ihn her!

Franzi *(kreischt los, sie zittert gar nicht mehr)*: Mein Bruder gib i net her, mein Bruder net, mein Bruder net, na!

Schakerl *(krähend)*: S-s-sie sind verhaftet! *(Er packt sie)*

Franzi: Mein Brudern net, mein Brudern net!

Schakerl: Sie sind verhaftet! K-k-kommen Sie mit!

Franzi: Mein Brudern net, na, mein Brudern net . . . *(verhallend)*


Heinrich Föhn: Ihr fehlt das Gefühl für den Ernst der Stunde. Ich . . .

Leda Frisch: Eigentlich ist sie zu alt dazu. Ich . . .

Franzl Nada: Die schreit ja, wie wann's am Spieß stecket. Was hat das Weiberl, junger gnä' Herr?

Föhn *(huldvoll zum Alten)*: Sie ist verhaftet worden. *(Zu Leda Frisch)* Mir . . .

Leda *(Heinrich nachahmend, zum Alten)*: Wegen verbotenen Bildern. *(Zu Heinrich)* Mich . . .

FRANZL: Recht geschieht ihr. Tuet sie abschleppen mit die Bilder! Hat das an Sinn! Recht geschieht ihr! Meine Schwester was war, die Franzi, hat alleweil gsagt . . .

FÖHN *(sich wegwendend):* Immerhin hat er begriffen, worum es geht. Ich . . .

LEDA: Eigentlich keine Kunst bei so einem Feuer. Das leuchtet den Leuten ein. Mir . . .


FRANÇOIS FANT *(vor der Spiegelbude):* Elegant, wie finden Sie das?

DER AUSRUFER: Kolossal, meine Herrschaften, kolossal, ganz großartig kolossal! Jeder Ball ein Treffer. Jeder, jeder Ball ein Schlag ins eigene Gesicht!

FRANÇOIS: Was ist da vorn? Wo bleiben die Spiegel? Die Spiegel sind zu Ende. Ich find das empörend. Was soll das heißen? So geben Sie doch neue Spiegel her. Soll ich vielleicht in die Luft zielen? Ekelhaft! Ah, da kommen ja meine. Imposant.

EMILIE FANT *(von hinten):* Mein Kind, ich fleh dich an, tu es nicht, mein Kind!

FRANÇOIS: Das fehlt noch, daß die alte Ziege einen hier stört. *(Er zielt)*

EMILIE: Mein Kind, da ist es ja, mein einzig geliebtes Kind, ich fleh dich an, tu es nicht, mein Kind!

FRANÇOIS: Was wollen Sie eigentlich? Sie stören.

EMILIE: Mein Kind, was tust du; das ist kein Arbeiten, glaub glaub mir, mein Kind, wie soll ich arbeiten, Tag und Nacht, Tag und Nacht, Tag und Nacht!

FRANÇOIS: Achtung! Ich werfe.

EMILIE: Nein! Meine Spiegel! Meine Spiegel! Du darfst nicht! *(Sie faßt ihn am Arm)*

FRANÇOIS *(reißt sich los):* Was unterstehen Sie sich? Greifen Sie mich nicht an! Sie sind wohl . . .!

EMILIE: *(wirft sich zwischen ihren Sohn und ihre Spiegel):* Nur über meine Leiche!

FRANÇOIS *(bewirft seine Mutter mit Bällen):* So geben Sie doch die Person da weg! Wie soll ich mich sehen? Das stört mich!

AUSRUFER: Weg, weg, weg, aus dem Weg, meine Herrschaften, und wir, und wir, und wir, hier wird geschossen, hier wird gezielt, hier wird gezielt, hier wird geschossen, und wer nicht aus dem Weg geht, der sinkt doppelt tot zu Boden. Und wir, und wir, und wir, meine Herrschaften, und wir . . .

GARAUS: Hat da jemand den Photographen gesehn? Ich finde! Ich suche den Photographen. Sie, da treibt sich ein Photograph herum. Mitten unter den Leuten. Das traut sich an die Öffentlichkeit. Dem müßt man das Handwerk legen. Das saubere Handwerk. Kennen S' den Photographen? Das ist der mit dem Auto.

SCHAKERL: D-d-das ist kein Photograph, d-d-das ist eine Photographin. I-i-ich hab sie s-s-selber verhaftet.

GARAUS: Ja, also da hört sich doch alles auf. Verkleidet war der auch noch. Das heißt die. Eine ganz gefährliche Person. Geredet hat das wie ein Mann. Ich hätt schwören können, ein Mann.

SCHAKERL: Eine g-g-graue Perücke h-h-hat sie angehabt und immer auf dem B-b-boden gesucht.

GARAUS: Das stimmt. Das ist diejenige.

SCHAKERL: Auf f-f-frischer Tat ertappt.

GARAUS: Ein Weib. No ja, darum hat sie mich immer heiraten wollen.

SCHAKERL: M-m-merken Sie sich das g-g-gut für die Z-z-zeugenaussage!

GARAUS: No, die hat nichts zu lachen jetzt! Ausgesagt kriegt die von mir! Ich finde.


*Eine Stimme von fern:* Ich bin eine Sau! Ich bin eine Sau!


BARLOCH *(beim Feuer):* Die Hitzen! Ich sag euch, die Hitzen! A rechte Wut kriegen könnt ich bei der Hitzen!

ANNA BARLOCH: Jetzt wirst doch keine Wut net kriegen bei der Hitzen!

BARLOCH: Ich krieg eine Wut, weil ich hab das gern, eine Wut.

ANNA: Du hast ja eh nix mehr zum Eineschmeißen.

BARLOCH *(zeigt auf einen Kinderwagen in der Nähe):* Die hat no was in Wagen. Des muß daher!

ANNA: Jetzt wirst di do net an ein' fremden Kinderwagen vergreifen! Des kannst net!

BARLOCH: Geh, Tschapperl! In den Wagen ist kein Kind net drin so nah beim Feuer. Da san lauter Packerln drin zum Verbrennen. Alles zum Verbrennen. Und wer verbrennts? I! Geh du, herst!

WEIHRAUCH: Des hammer glei! I geh scho!

*Eine Stimme von fern:* Ich bin eine Sau! Ich bin eine Sau!

KALDAUNS EINZIGES: Fo-ja! Fo-ja! Fo-ja!

MAI: Aber es schreit doch!

LUISE: Ich meine, das kommt aus einer anderen Richtung.

WEIHRAUCH: Da schreit kein Kind! Die Fräuln Mai, die hat's alleweil mit die Kinder.

LUISE: Sie kann es sich ja leisten, die Fräulein.

MAI: Aber ich habs doch gehört.

*Die Stimme von fern:* Ich bin eine Sau! Ich bin eine Sau!

WEIHRAUCH: Da schreit kein Kind. Der Mann hat immer recht. *(Sie tritt an den Kinderwagen heran, Marie stellt sich ihr in den Weg)* Gebn S' her!

*Marie schweigt*

WEIHRAUCH: Gebn S' her! Er wartet.

*Marie schweigt*

WEIHRAUCH: No, gebn S' schon her! Da drüben steht er.

*Marie schweigt*

WEIHRAUCH: I nimms ja net für mi. Sehn S' ihn denn net?

LYA KALDAUN *(daneben):* Egon, soll ich schon werfen?

EGON KALDAUN: Wart noch. Ganz einfach.

WEIHRAUCH: Sie schaun alleweil in die falsche Richtung. Den Feschen mein i. Jetzt gebn S' scho her!

LYA: Egon, ich habs in der Hand. Was sagst du?

EGON: Du wirfst es direkt hinein. Aber langsam, ganz einfach.

WEIHRAUCH: Jessas, is die teppert! Bis die ein' versteht! So müssn S' schaun! Jetzt gebn S' her! *(Sie stößt Marie zur Seite)*

MARIE *(fauchend):* Nix gib i her, daß es nur wissen, gar nix!

KALDAUNS EINZIGES *(herzbrechend):* Fo-ja-ja-ja! Fo-ja-ja-ja!

WEIHRACH *prallt zurück*

LYA: Egon, ich werfe!

EGON: Gut, also wirf schon. *(Lya wirft)*

WEIHRAUCH *(spuckt aus):* Pfui Teufel! Ein Kind so beim offenen Feuer stehn haben, ein Säugling! Pfui Teufel! Die Eltern möcht ich sehn von so einem Kind!

*Die Stimme von fern:* Ich bin eine Sau! Ich bin eine Sau!

ANNA: Jetzt wirst di do net ausziehn bei der Hitzen, des fehlt no, daß d' di ausziehst.

BARLOCH: I zieh mi aus! Ganz verschwitzt hab ich ihn scho, den neuen Rock!

ANNA: Siehst es, jetzt hast es, hättst den alten mitgenommen.

MAI: Was so ein Mann alles zusammenessen kann!

LUISE: Fliegerhauptmann von Rönnetal hatte auch immer Hunger. Immer wenn er zärtlich war, hatte er Hunger.

MAI: Er muß doch was essen, sonst heißt er nichts.

LUISE: Er zieht sich ja aus!

MAI: Er zieht sich aus!

LUISE: Ein Mann kann sich das leisten. Bitte.

MAI: Wie der Mariano Bello vor dem Autounglück.

ANNA: Jetzt hast es, jetzt schaun di alle für ein' Nackerten an!

WEIHRAUCH *(mit leeren Händen):* I kann nix dafür. Pfui Teufel! Die lassen da ein' Säugling beim offenen Feuer stehn! Pfui Teufel!


THERESE KREISS *kommt unter gellendem Geschrei auf das Feuer zugesprungen. Beim Laufen reißt sie sich die Kleider in Fetzen vom Leib:* Ich bin eine Sau! Ich bin eine Sau!

MILLI *(hinter ihr her):* Die Mutter! Um Gottes willen! Die Mutter schmeißt sich ins Feuer!

THERESE: Ich bin eine Sau! Ich bin eine Sau!

MILLI: Fritzl! Lauf! Die Mutter schmeißt sich ins Feuer! Was stehst denn? Lauf!

FRITZ HELD: Es wird nicht so heiß gegessen wie gekocht.

WEIHRAUCH: Meiner Seel, die schmeißt si no ehrlich ins Feuer.

LUISE: Sie will ins Feuer! Du gütiger Heiland, hab Erbarmen mit uns!

THERESE: Ich bin eine Sau! Ich bin eine Sau!

MAI: Eine edle Seele, ein wohlfeiles Herz.

MILLI: Fritzl! Die Mutter! Die Mutter! Fritzl!

BARLOCH: Platz für den Lebensretter, Platz!

THERESE: Ich bin eine Sau! Ich bin eine Sau!


*Von allen Seiten strömen Menschen zusammen. Im ungeheuren Lärm versteht man nur noch die Schreie der Therese Kreiss. Es ist dunkel geworden und das Feuer sehr grell. Während der Vorhang fällt, hört man, langsam anschwellend, langsam verhallend, den* AUSRUFER:


Und wir, und wir, und wir, meine Herrschaften, und wir!

# ZWEITER TEIL

## Eine Straßenseite

*Rechts und links einige niedrige Häuser. In die Mitte mündet eine zweite Straße, die von weit her kommt. Jedes Haus hat eine eigene Farbe. Die eine wie die andere Straße hinunter schlägt ein Wirrwarr von tausend Liedern und vereinigt sich an der Kreuzung zu einem zwiefachen stehenden Lärm. Auf den Straßen zeigt sich niemand. Es ist nicht zu entnehmen, wer singt. Plötzlich fliegen in sämtlichen Häusern sämtliche Fenster auf. Zu jedem streckt sich ein Kopf heraus, und alle schreien zugleich: »Ruhe!« Die Fenster fliegen wieder zu. Kaum sind die Köpfe verschwunden, geht das Singen noch einmal los, aber stärker. Offenbar hat jeder dieser Menschen sein eigenes Lied und übt es aus Leibeskräften. Instrumente scheinen hier nicht beliebt zu sein, es sind nur Stimmen zu hören. Nach einer Weile fliegen die Fenster wieder auf, aber heftiger, einige Scheiben klirren. Die Köpfe sind nicht mehr alle derselben Meinung.*

Ruhe!

Falsch!

Falsch!

Sie singen falsch!

Ruhe!

Schließen Sie das Fenster!

Schweigen! Sie stören!

Sie stören mich!

Schweigen Sie!

Ruhe!

*Einige singen schon, während die andern noch schimpfen. Das Öffnen und Schließen der Fenster wiederholt sich, in immer kürzeren Abständen, immer regelloser. Bald keift und singt alles wüst durcheinander.*

# Wohnstube bei Barloch

WITWE WEIHRAUCH, FRÄULEIN MAI *und* SCHWESTER LUISE

WEIHRAUCH: Auf dem Herzen ist er gesund. Die ganzen zehn Jahre, was ich jetzt mit ihm bin, hat er auf dem Herzen nie nix ghabt. Dem geschieht nix. Der lebt no lang. Net wie mein Seliger. Mein' Seligen, den hats glei ghabt. Zwei Monate wie die Turteltauben, und hin war er.

MAI: Ich hab so das Gefühl, er bringt sich bald um.

WEIHRAUCH: Der Barloch? Geh, du bist ja teppert im Kopf. Solange er mich liebt, bleibt er am Leben. Hat er selber gsagt.

LUISE: Bitte – ich hab ja nichts dagegen, aber kann man sich das leisten, die erste Frau im Haus?

WEIHRAUCH: Die braucht er zum Streiten, hat er gsagt. I bin eh froh, daß die da is. Wann die net da wär, auf wen ginget's denn aus? Auf mi.

MAI: Die Männer sind halt so gereizt. Ja – früher.

LUISE: Bitte, mein Josef wäre ja ein sehr feiner Mann. Ich muß ihm zuhaus immer Herr Direktor sagen.

WEIHRAUCH: Der Barloch, der kann noch so a Wut habn. Wenn ich ihm sag: Barloch, zeig, was du kannst – no, da zieht er si aus und haut los auf d' Wänd. Ein Wunder, daß es Haus no net zsammgstürzt ist. *(stolz)* Gestern haben sie uns gekündigt.

MAI: Da auch schon? Wo wollts denn jetzt hin?

WEIHRAUCH: Der hat eben eine Kraft. Da kann unsereins net mit.

MAI *(sieht sich vorsichtig um und kichert):* Das schwache Geschlecht.

WEIHRAUCH: Fangst scho wieder an!

LUISE: Bitte, mein Josef hat Geld wie Heu. Da kann man sich den Direktor leisten. Auch über die Pflege kann ich nicht klagen. Ich habe noch nie so viel zu pflegen gehabt. Er hat ja immense Ideen. Ein ganzer Saal voller Kranke gibt nicht so viel zum Lösen auf. Ein sehr feiner Mann. Bitte. Die Liebe ist ihm zuwider. Zum Lieben hat er nicht geheiratet, sagt er.

MAI: Glücklich seid ihr beide nicht *(kichernd)* wie im Lied vom Glück.

WEIHRAUCH: Die Fräuln Mai, die hat keine Ruhe, bis sie uns net alle mitnand ins Kriminal gebracht hat.

BLEISS *(ein Hausierer, erscheint in der Tür, den Tragkorb im Arm)*: Verzeihen die Störung die Damen. Brauchen die Damen nichts? Schöne Seifen. Schöne Strümpfe. Schöne Bänder für schöne Busen.

WEIHRAUCH: Ja, wie san denn Sie da einekommen?

BLEISS: Durch die Tür, die Damen. Sehn sich die Damen was an, unverbindlich, und brauchen die Damen nichts zu nehmen.

WEIHRAUCH: Da wern S' net viel Glück habn, Herr, bei uns im Haus ist kein Kreuzer Geld, nie, gar nie.

LUISE: O ja, ich kann mir was leisten.

MAI: Was so ein Mann alles schleppen kann!

BLEISS: Greifen nur ruhig hinein, die Damen. Tief ins Glück, die Damen. Nicht zu tief, die Damen. Einen Moment bitte, die Damen. Und was hab ich hier?

*In seiner Hand blitzt es. Die drei Frauen kreischen laut auf.*

WEIHRAUCH: Pfui Teufel!

MAI: Ein süßes Geheimnis!

LUISE: Gütiger Heiland, hab Erbarmen mit uns!

BLEISS: Nicht nötig zum Erschrecken, die Damen. Alles geht, die Damen. In zwei Minuten, die Damen, ist alles vorüber. Der Preis ist lächerlich: fünf Schilling pro Person. So was war noch nicht da, zeigen Sie mir, wo es das gibt, die Damen.

*Die Frauen geraten in hastige Bewegung. Frl. Mai nestelt an ihrer Bluse. Schwester Luise zuckt mit dem Kopf. Die Witwe Weihrauch greift plötzlich nach dem winzigen runden Spiegel, den S. Bleiß verlockend, aber verkehrt, den Frauen entgegenhält.*

WEIHRAUCH: Gehn S' her!

MAI *(beim Nesteln)*: Ein süßes Geheimnis.

LUISE: So plötzlich. Wie ein Apostel.

BLEISS: Darf ich um das Inkasso bitten?

*Die Weihrauch rennt schwerfällig nach Geld. Schwester Luise holt ihre Tasche. Frl. Mai hat Geld in der Bluse.*

WEIHRAUCH: Wo hab i denn nur mein Geld? I hab do no a Geld ghabt! Das letzte Geld, wo hab i des nur ghabt?

BLEISS: Werden schon finden, die Dame. Bei mir haben die Damen immer noch einen letzten Kreuzer ins Haus. Komplett ausgeschlossen, daß eine Dame für mich nichts übrig hat.

LUISE: Ich weiß sehr wohl, wo ich mein Geld habe. So plötzlich!

MAI: Ich bin bereit. Ich bin bereit.

BLEISS *(nimmt einen Geldschein von ihr in Empfang)*: Danke, die

Dame. Gestatten einen Blick auf die Uhr. Um 4 Uhr 24 Minuten wird das Bildnis feierlich enthüllt.

LUISE: Bitte, dann komm ich dran. Hier ist das Geld.

BLEISS: Danke, die Dame. Einen Moment bitte, Achtung! Es ist 4 Uhr 24 Minuten. *(Er hält Fräulein Mai das Spiegelchen vors Gesicht)*

WEIHRAUCH *(wütend)*: Ich finds net. Ich finds net. Jetzt hat ers schon wieder gstohln! No, der wird was erleben! Kannst du mirs borgen, Luiserl?

LUISE: Pst. Ruhig. Nicht stören. Sie schaut doch.

*Ein penetrantes Schweigen tritt ein. Plötzlich hört man Stimmen von draußen.*

BARLOCH: Ich? Ich? Bin ich vielleicht nichts?

ANNA: Jetzt wirst du doch net behaupten wollen, daß du was bist.

BARLOCH: Ich bin ein freier Mensch. Ich kann machen, was ich will. Mit mir kann ich machen, was ich will. So ist das. Was laufst mir denn alleweil nach?

ANNA: Jetzt wirst du doch net behaupten wollen, daß ich dir alleweil nachlauf.

BARLOCH: Heut laufst mir schon das zweitemal nach.

ANNA: Wärst du zhaus blieben, wär ich dir net nachgelaufen. Jetzt hast es.

BARLOCH: Du kannst ja gar net wissen, wo ich hingeh. Das verstehst ja gar net. So ein blödes Weib.

ANNA: Du hast doch eh gsagt, du hast kei Geld.

BARLOCH: Das geht dich gar nichts an, wo ich mein Geld hintrag.

ANNA: Jetzt wirst du doch net behaupten wollen, daß d' auf einmal ein Geld hast.

WEIHRAUCH: Gstohlen hat ers wieder. Mir hat ers gstohlen.

LUISE *(flehentlich)*: Pst! Sie ist ja gleich fertig!

*Witwe Weihrauch verläßt das Zimmer*

BLEISS: Achtung! 4 Uhr 26 Minuten.

MAI: Ich bin gleich fertig. Ich bin gleich fertig.

LUISE: Bitte, ich warte doch schon so lang. Mein Josef wartet. Ich kann mir das nicht leisten, so lange warten.

BLEISS *(zu Frl. Mai)*: Tut mir leid die Dame. Die andere Dame hat auch das Inkasso erlegt.

MAI: Aber ich will doch nur rasch die Bluse ausziehen. *(weiner-*

*lich)* Ich bin gleich fertig. Eine halbe Minute! Eine viertel Minute!

BLEISS: Tut mir leid, die Dame.

MAI: Ich zahl noch einmal. Ich hab noch so viel da. Ich zahl. Da ist das Geld.

LUISE: Bitte, dann bekomm ich mein Geld zurück. Ich bin auch auf der Welt.

BLEISS: Die Dame Numero Eins zieht sich die Bluse aus. Bis die Dame Numero Zwei mit ihrem Anblick fertig ist, kommt die Dame Numero Eins wiederum dran. Ein salomonisches Urteil, die Damen.

MAI *(schluchzend):* Aber ich hätt doch gern gleich. Ich mag nicht unterbrechen. Ich . . .

LUISE *(zischend):* Wem gehört der Sp-spie . . .? Der Herr kann sich das salomonische Urteil leisten. Der Herr ist ja Besitzer.

BLEISS: Achtung, die Dame! Es ist 4 Uhr 27 Minuten. *(Er hält Schwester Luise ihr Bild blitzartig vor)*

WEIHRAUCH *(zerrt Barloch herein. Anna kläglich dahinter her):* Du Rauber, du elendiger! Gstohlen hast es wieder! Gstohlen! Ich habs im Nähzeug drin ghabt!

ANNA: Siehst es, gstohlen hast es!

BARLOCH: Das ist kein Stehlen. Die Weihrauch, die ist mein Weib. Fortgnommen hab ich's.

LUISE *(ohne den starren Blick vom Spiegelchen abzuwenden, als ob sie beten würde):* Bitte Ruhe! Bitte Ruhe! Ich kann doch nicht. Bitte. Ich kann doch . . .

*Mai steht abseits und kämpft mit ihrer hartnäckigen Bluse. Sie läßt sich durch Barlochs Eintritt nicht stören.*

BARLOCH: Ah, so is das! Der Gauner geht mit ein Scherben hausieren! Dafür braucht sie das Geld, die Weihrauch! Das könnt euch so passen! Ihr Weiber! Was glaubts denn eigentlich? Bei mir im Haus! Anzeigen tu ich euch! Ich zeig euch alle an! *(Er reißt S. Bleiß das Spiegelchen weg. Mit der andern Hand haut er ihm eine furchtbare Ohrfeige herunter)*

LUISE *(wie betrunken):* Ich – ich bin – noch nicht – fertig.

BARLOCH: Fertig bist no net, du Drecksau, elendige! Bei mir im Haus! Ich zeig euch alle an! Alle mitsammen zeig ich euch an! Dem Gauner, dem gehts an Kragen!

ANNA: Ich war weg. Ich hab ihn net herbracht. Wärst du net fortgangen, wär i a net fortgangen. I hätt ihn gleich außegschmissen. Net über d' Schwellen wär er mir kommen. *(Sie nähert sich Barlochs Hand)*

BARLOCH: Was, verdrucken möchst di a no! *(Er packt S. Bleiß am Kragen)* Wo i die zwei Madln no im Haus hab!

ANNA: Siehst es, ich habs fortgeschickt. Wann ichs net fortgschickt hätt!

BLEISS: Haben Erbarmen, der Herr. Hab acht Kinder zu Haus, der Herr, Mäuler stopfen, hungrige Mäuler, Frau am Totenbett dreißig Jahre schon im Sterben die Frau, der Herr. Gedenken an Weib und Kind, der Herr!

BARLOCH: Dreckfink, elendiger, kannst denn nix arbeiten? Ich muß auch arbeiten, ich! Ich bin ein besondriger Mensch und muß arbeiten. Ich hab zwei Weiber und zwei Kinder, die hab ich auch. Glaubst, das kost nix, du Dreckfink?

BLEISS: Arbeiten tu ich, der Herr. Wenn Sie wüßten, wie ich arbeit Tag und Nacht, der Herr, und die Prügel überall, warum, weil ich den Leuten ein Vergnügen mach, hab ich ein Vergnügen dabei, ich hab keins, ein armer Hausierer im größten Elend, der Herr. Bittere Kälte zu Haus, kein Stück Brot im Haus und die Prügel, was ich immer krieg, aber angezeigt, das hat mich noch keiner, der Herr! Warum, sagen sich die Leut, kann man das machen? Todesstrafe, achtfacher Familienvater mit sterbender Frau, der Herr! *(Er kniet nieder und faltet die Hände)*

BARLOCH *(läßt ihn los)*: Aber den Scherben, den hau ich dir kaputt, du Hund! Den hau ich dir kaputt in ganz kleine Splitter! Dann kannst schaun, wo's d'ein' andern Scherben hernimmst! *(Er hebt die Hand, die den Spiegel hält, in die Höhe. Die vier Frauen schreien laut auf)*

ANNA: Um Gottes willen! Der teure Scherben!

WEIHRAUCH: Pfui Teufel! Wie kann ma so teppert sein!

LUISE: Du gütiger Heiland, hab Erbarmen mit uns!

MAI: Verrückt! Verrückt!

*Sie drängen sich kreischend und jammernd um Barloch. S. Bleiß verschwindet eiligst.*

BARLOCH: Das machet euch eine Freud, so ein Scherben, was? Kaputthauen tu ich ihn ja doch. Ja, verbotene Früchte! Das sind so richtig die Weiber! Das könnt euch so passen, daß s' den Scherben da finden bei mir und ich zum Tod verurteilt werd!

WEIHRAUCH: Einmal eineschaun kannst mich doch lassen, zum wenigsten.

ANNA: Jetzt kannst ihn ja verkaufen. Fünftausend Schilling kriegst dafür!

LUISE: Bitte, man kann ihn ja später vernichten.

MAI: Ich war schon so bereit!

BARLOCH: Und ich hau ihn doch kaputt. Daß s' eine rechte Angst habts, ihr blöden Weiber!

*Er wirft den Scherben mit aller Kraft zu Boden. Die Frauen stürzen sich darauf. Er zerteilt den dichten Knäuel, den sie bilden, und hebt den Scherben auf. Er ist noch ganz. Barloch lacht dröhnend.*

BARLOCH: Des habts net gwußt, Weiberln! Den kann man ja gar net kaputt haun. Der is aus Metall. Aus Metall is der. Morgen muß er aus'm Haus. Jetzt hab i genug von der Weiberwirtschaft. Machts, daß außekommts! Raus aus dem Haus, die Weiber! *(Zu Anna)* Du gehst kochen. *(Zur Wwe. Weihrauch)* Du gehst mit deine Freundinnen, das gehört si so. Freundinnen werden zu Haus begleitet. Die haben ja eine Angst auf der Straßn allein. I bleib da. I geh heut nimmer fort.

ANNA: Siehst es, wärst glei zhaus blieben. *(Sie geht kochen)*

WEIHRAUCH: I komm glei wieder.

LUISE: Bitte, müssen wir denn wirklich schon weg? Eine halbe Stunde könnte man sich noch leisten.

BARLOCH: I will jetzt meine Ruh haben. I hab das satt, die Weiber.

MAI: Was so ein Mann alles braucht! Unsereins könnt rein verhungern.


## Auf der Straße

*An der Straßenecke links steht* FRANZL NADA, *um zehn Jahre älter, noch mehr gebückt, als hätte er in den letzten Jahren seines Lebens Schwereres geschleppt als in den siebzig früher. Von links schlendert* FRANÇOIS FANT *daher. Nada stürzt auf ihn zu, ohne eigentlich seinen Platz zu verlassen.*

NADA: Jessas, der schöne junge gnä' Herr!

*Fant blickt nicht hin*

NADA: Der schöne junge gnä' Herr! Jetzt hab ich Ihner scho so
lang net gsehn!

*Fant streift den Alten mit einem kurzen, verächtlichen Blick*

NADA: Kennen S' mi denn nimmer, schöner junger gnä' Herr?
Ja, wenn einer so alt ist und schiech und teppert wie i! Dafür
kennen S' mi nimmer. I hab Ihner glei kennt. Der schöne
junge gnä' Herr!

FANT: Was ist denn? Wieso?

NADA: I hab Ihner glei kennt. No schöner sind S' worn. Jessas so
schön! Ist ja rein gar nimmer möglich, so schön!

FANT: Wieso? Was soll das heißen?

NADA: I mein ja nur. I kenn den jungen gnä' Herrn scho so lang.
Immer mein i: jetzt ist die Schönheit fertig, höher gibts nix,
und wird mir so traurig ums Herz.

FANT: Frechheit! So ein alter Esel!

NADA: Sag ich ja, sag ich ja, sag ich ja eh, junger gnä' Herr.
Verstehn S' mich nur recht. So ein alter Esel und schiech und
teppert. Weil jedesmal, wenn ich den schönen jungen gnä'
Herrn wieder sieh, ist er noch schöner geworden. Ja, ist es
denn derselbe? das frag ich mich still. Gibt es das? Ist denn das
menschenmöglich? No natürlich, sag ich. Es ist derselbe, weil
so was Schönes *(singend)* »Das gibts nur einmal, das kommt
nie wieder!«

FANT: Was wollen Sie?

NADA: Um Gottes willen nix, schöner junger gnä' Herr. Gar
nix will i! Freuen tu ich mich halt, weil ich steh da so teppert
und alt und schiech, und dann sieh i den schönen jungen
gnä' Herrn. Da lacht einem das Herz im Leib, so eine Freud,
da möcht man ja tanzen und springen vor lauter Freude,
juchhe!

FANT: Wie machen Sie das?

NADA: Recht haben S', schöner junger gnä' Herr, recht haben S',
schimpfen S' nur auf mi. So ein alter Krüppel, steht da umeinand und is zu nix nutz und teppert und schiech.

FANT: Ist das Ihr Platz?

NADA: Wenn S' nix dagegen haben, schöner junger gnä' Herr.
Jetzt hab ich Ihner schon so lang net gsehn. Direkt ein Heim-
weh hab i ghabt und eine goldene Sehnsucht im Herzen. Jetzt
stirbst, hab i denkt, und hast ihn nimmer gsehn, den schönen
jungen gnä' Herrn.

FANT: Wann bin ich zum letzten Mal hier vorüber?

NADA: Das is schon so lang her, schöner junger gnä' Herr. Das sind genau acht schreckliche Tage.

FANT: Da! *(reicht ihm eine Münze)* Aber daß Sie mir nicht wieder schmeicheln gehn, verstanden!

*Er schlendert weiter*


*Von rechts kommt* LYA KALDAUN *mit vielen Paketen. Hinter ihr her* FRITZ HELD*, seinen Hut elegant und unaufhörlich lüftend.*


FRITZ HELD: Meinen verbindlichsten, innigsten Dank, die Gnädigste.

LYA KALDAUN: Was fällt Ihnen ein?

HELD: Die Männerwelt ist Ihnen ewigen Dank schuldig. Bin ich der Einzige? Wie Sie sehen, bin ich es nicht. Alles beehrt sich hinter Ihnen her.

LYA: Bitte, so lassen Sie mich!

HELD: Kann ich nicht, meine Gnädigste, ich möcht es ja können, um was in der Welt möcht ich Sie jetzt in Ruh lassen können! Es geht nicht.

LYA: Mitten auf der Straße. Sie machen mir angst.

HELD: Darf ich bitten, meine Gnädigste, ich kenne keine Angst. Ich lege mein Herz einer schönen Frau zu Füßen.

LYA: Ich bin verheiratet.

HELD: Wenn Sie verbindlichst erlauben, macht mir das nichts. Eine schöne Frau ist wie die Sonne. Scheint die Sonne nicht für jedermann?

LYA: Jedermann, glauben Sie? Ich bin nicht gesonnen.

HELD: Ich sage Jedermann, und ich meine mich. Ich bin nicht Jedermann. Ein Viertschaftsführer wie ich.

*Links geht sehr rasch* WENZEL WONDRAK *an Nada vorbei*

NADA: Jessas, der schöne junge gnä' Herr!

WONDRAK: Geh kusch! *(Er biegt in die Seitengasse ein)*

NADA: Schlecht aufgelegt. Hat noch nix gessen heut abend.


LYA: Hab ich mir gedacht.

HELD: Ich bin kein Verschwender. Auch ein Viertschaftsführer wie ich weiß den Wert des Geldes wohl zu schätzen. Doch gibt es im Leben Unterschiede, schöne Frau. Für eine Dame geb ich mein Letztes her. Ich habe schon viele Damen geliebt, ich liebe prinzipiell nur Damen der Gesellschaft.

LYA: Das ist Ihr Ernst?

HELD: Mein vollster. Darf ich Ihnen ein Rätsel zum Lösen aufgeben, schöne Frau?

LYA: Aber rasch, ich bin bald zu Haus.

HELD: Wer hat Augen wie Sterne, einen Rosenmund und Haare schwarz wie die Nacht im Orient? Raten Sie, schöne Frau, und Sie machen einen Menschen glücklich.

LYA: Das ist mir zu hoch.

HELD: Die preisgekrönte Lösung ist ein Lied: Du, du, nur du allein!

LYA: Ich versteh schon.

HELD: Darf ich um eine verehrte Gunst bitten, schöne Frau?

LYA: Wenn ich kann.

HELD: Dieses Lied ist nicht von mir, schöne Frau. Ich singe es so, weil es zum Rätsel gehört.

LYA: Was ist Ihr Lied?

HELD: Das verrat ich nicht. Das heb ich mir auf zum Abschied.

LYA: Es geht leider nicht. Wenn mein Mann Sie sieht!

HELD: Keine Angst, schöne Frau. Alles geht, alles kommt, wie gesagt, auch meine Zeit. Und Sie erhalten von mir, nun, was glauben Sie?

LYA: Ich möcht ja gern.

HELD: Sie erhalten von mir – mein Bild.

LYA *(schreit auf):* Nicht möglich!

HELD: Bei mir, meine Gnädigste, ist alles möglich. Sie glauben mir vielleicht nicht. Wie sind die Herren Männer? Versprechen goldene Berge und halten nichts. Aber Sie sollen es mit den eigenen Sternenaugen sehen. Darf ich bitten, Gnädigste. *(Er überreicht ihr ein Bild)* Vorsicht, wir werden beobachtet!

LYA: Was sagt man! Das sind Sie. Eine Seltenheit!

HELD: Ich persönlich.

LYA: Direkt sattsehn möcht man sich dran.

HELD: Wie gesagt, für eine Dame geb ich mein Letztes her. Darf ich bitten?

LYA: Schad. Wirklich. Besonders schad. *(Sie gibt ihm das Bild zurück)*

HELD: Eines Tages wird dieses Bild Ihr Eigentum sein, schöne Frau.

LYA: Sie sind kostbar. Ich bin gleich zuhaus. Morgen also.
HELD: Um dieselbe Zeit vor demselben Geschäft. Ich bin schon
    auf Kohlen.
LYA: Sie bringen es wieder mit, das Bild.
HELD: Ihr Wunsch ist mir Befehl, schöne Frau.
LYA: Auf Wiedersehen!
HELD *(singt, den Hut lüftend):* Ich küsse Ihre Hand, Madam.
NADA: Jessas, die schöne junge gnä' Frau, die schöne junge gnä'
    Frau, jetzt hab ich Ihner schon so lang net gsehn.
*Lya geht vorüber und beachtet ihn nicht*

GARAUS *erscheint von links, würdig und sehr komplett angezogen*

NADA: Jessas, der schöne junge gnä' Herr. Jetzt hab ich Ihner
    scho so lang net gsehn. Der schöne junge . . .
GARAUS *(wendet sich zu Nada hin und blickt ihn voll an):* Wart,
    Bürscherl!

*Er geht weiter. Er ist am rechten Ende der Bühne angelangt, da erscheint
am linken* SCHWESTER LUISE. *Überm Arm trägt sie einen Herren-
mantel und einen Schal, in der Hand Hut und Stock. Garaus bleibt
stehen, Schwester Luise auch. Sie wartet. Er winkt ihr lässig. Sie hastet
auf ihn zu.*

LUISE: Umziehen vielleicht?
GARAUS: Das kann mir niemand verbieten!
LUISE: Bitte, aber nicht verkühlen. Das können wir uns nicht
    leisten, verkühlen. *(Sie hilft ihm beim Umziehen)*
GARAUS: Wenns richtig gemacht wird, passiert nix. Es muß eben
    richtig gemacht werden. Ich finde.
LUISE: Ich paß ja so auf.
GARAUS: No! No! Das tut ja weh! Ich bin kein Hampelmann! Ich
    bin ein Mensch!
LUISE: Bitte verzeih mir, Josef. Es soll nie wieder geschehn.
GARAUS: Rücksichtslos find ich das.
LUISE: Ich paß ja so auf. Es soll nie wieder geschehn. Bitte,
    verzeih mir, Josef.
GARAUS: So, das soll mir jetzt einer verbieten!
LUISE: Bitte, wie gehn wir?
GARAUS: No, zurück natürlich. Immer das dumme Gefrage!

LUISE: Verzeih mir, ich war heute nicht ganz sicher.

GARAUS: Das hab ich grad gern. Und daß du mir nichts vergißt! Also ich geh.

*Schwester Luise bleibt mit Mantel, Schal und Hut, die Garaus früher anhatte, stehen. Er geht zu Nada zurück und dreht sich einmal langsam um sich selbst herum.*

NADA: Jessas, der schöne junge gnä' Herr! Noch schöner ist er worn, noch jünger ist er worn, rein wie verhext. Bald nicht zum Erkennen. Noch schöner, noch jünger, rein wie verhext.

*Garaus nickt und geht ab*

LUISE *(folgt. Sie drückt Nada eine Münze in die Hand):* Bitte, von meinem Mann.


## Wohnküche bei Fräulein Mai

*Am Tisch* WENZEL WONDRAK, *am Herd* FRÄULEIN MAI


WONDRAK: No, was is mit dem Essen? Ich hab kei Zeit.

MAI: Gleich, gleich.

WONDRAK: Gleich, meine Herrschaften, gleich, kolossal gleich, oder es gibt was, aber kein Spaß.

MAI: Was Gutes gibt es. Was so was Gutes!

WONDRAK: No?

MAI: Ich bin schon da. Ich bin schon da.

WONDRAK *(prüft, was sie auf den Tisch stellt):* No, gar a so brauchst net tun mit dem Dreck. Wo, wo, wo ist der Wein?

MAI: Soll ich noch rasch ein Viertel holen? Ich hol rasch ein Viertel. Gleich bin ich wieder da. *(Trällernd ab)* »Für dich, mein Schatz . . .«

WONDRAK: Aber dalli, dalli! Und aufpassen, sag ich, daß d' deine alten Haxen net brichst, sonst kannst den Wein vom Boden auflecken. Weil ich, ich, ich trink vom Boden nicht! Nur aus dem Glas, meine Herrschaften, nur aus dem Glas, dem verbotenen Glas, denn Glas ist das keins. *(Er hebt das Trinkgefäß, einen unglasierten irdenen Becher, hoch)* – Was, was, was ist das? Das ist der Ton, das ist der Lehm, das ist der Scheißdreck *(Er wirft das Gefäß mit aller Kraft zu Boden)*, aus dem der Herrgott den Menschen gemacht hat. *(Er singt)* Achtung, jetzt komm ich, ich, ich. *(Er ißt und grölt zwischen jedem Bissen)* Ich! Ich! Ich!

MAI *(außer Atem):* Ich bin schon da! Ich bin schon da!

WONDRAK: Gib her den Wein!

MAI *(singt):* Für dich, mein Schatz, hab ich mich schön gemacht.

WONDRAK: Das Essen ist ganz kalt. Und dich mach ich kalt. Achtung, jetzt komm ich.

MAI: Schaust ihm gleich. Schon gar, wenn du singst. Gut gewachsen und feurige Augen.

WONDRAK: Hier wird nicht geduzt, hier wird gesiezt, gesiezt, gesiezt wird hier und nicht geduzt! Fertig.

MAI: Du mußt noch was essen. Ein Mann muß was essen, sonst heißt er nichts.

WONDRAK: No, so gib her. Solang ich iß, bleib ich da.

MAI: Es ist noch da. Gleich. Gleich. *(Sie geht zum Herd und trällert)* Für dich, mein Schatz . . .

WONDRAK: Drecksau, meschuggene, mit ihre hundertfufzig Jahr.

MAI: Ich bin schon da. Ich bin schon da.

WONDRAK: Also, das da iß ich noch auf. Aber wenns d' auf sonst was spekuliert hast, dann hast di täuscht, gewaltig, gewaltig, kolossal gewaltig, meine Herrschaften.

MAI: Aber wer wird denn gleich so was denken, Herr Wondrak! Ich hab mir erlaubt, Sie einzuladen, weil ich weiß, Sie sind es persönlich. *(Sie kichert und flüstert ihm etwas ins Ohr)*

WONDRAK: Ist mir bekannt. Ich bin inkognito. Ich weiß, wer ich inkognito bin. Und was ist aus mir geworden? Portier. Ein geheimnisvoller Portier.

MAI: Aber amtlich auch, vergessen Sie das nicht, amtlich auch.

WONDRAK: Stimmt. Stimmt. Stimmt.

MAI: Nämlich beim Barloch oben, zu dem meine Freundin unglücklich gezogen ist, die Witwe Weihrauch, da ist was. Ich war dabei. Da ist so eine Kanaille hingekommen und hat uns anschmieren wollen. Wir Freundinnen haben alle miteinander geschrien: Verhaften! Da ist der Barloch heimgekommen und hat das sofort für sich behalten.

WONDRAK *(springt auf, schreiend):* Was? Ein Scherben ist oben? Das sagst jetzt erst! Na, du kannst was erleben. *(Er stürzt davon)*

MAI: Jetzt kommt die Weihrauch ins Gefängnis mit ihrem Barloch. Mitgegangen, mitgefangen. Recht geschieht ihr! Sie hat ein fremdes Eheglück zerstört. »Für dich, mein Schatz . . .«

# Schlafzimmer bei Kaldauns

LYA: Was soll ich mir heute anziehen, Egon?

EGON: Die Hemdbrust ist wieder zu steif, ganz einfach. Jetzt sag ich das schon zum hundertsten Mal!

LYA: Was soll ich mir heute anziehen, Egon?

EGON: Ganz einfach. Ich brauch mir das nicht gefallen zu lassen. Ich verzichte auf eine solche Hemdbrust. Ich verzichte, ganz einfach, und ich geh nicht. So.

LYA: Was glaubst du, was soll ich mir heute anziehn, Egon? Ich könnt ja das Braune nehmen, aber ich hab diese Ärmel nicht gern. Ich seh drin aus, wie sagst du da immer – du, Egon?

EGON: Ich bin nicht aus Luft. Das tut ja weh. Ich spür es. Hart, gut, aber so hart, nein. Da hört sich alles auf, ganz einfach.

LYA: Jetzt hat mir diese Person einen Fleck ins Braune gemacht. Was soll ich tun? Ins Braune einen Fleck. Egon, ich kann das Braune nicht anziehn.

EGON: Ganz einfach, so. Wir legen das Hemd wieder hin. Wo gehört das Hemd hin? Interessiert niemanden. Aber bitte. Wir legen es ganz einfach wieder hin, und ich geh nicht aus. So.

LYA: Was soll ich jetzt anziehn? Sie soll sich unterstehn, diese Person, und mir unter die Augen kommen! Ich kratz ihr die eigenen Augen aus. Ich bin sprachlos. Egon, das Braune hat einen Fleck. Was soll ich mir heute anziehn?

EGON *(setzt sich auf einen Stuhl, legt die Hände in den Schoß und starrt, während sie spricht, vor sich hin. Sie ist eben zu Ende, da springt er auf):* Ich sag es zum letzten Mal. Ich geh ganz einfach nicht aus. So.

LYA: Soll ich mir doch das Braune anziehn, Egon? Schau dir mal diesen Fleck da an. Wenn du dir nur diesen Fleck da anschaun würdest! Soll ich? Vielleicht ist es nicht einmal so arg?

EGON *(trällert):* »Kind, du kannst tanzen wie meine Frau.« Diese alten Lieder hab ich ja doch am liebsten. Ganz einfach. Man glitt so auf spiegelnden Parketts dahin. *(Er erschrickt und sieht sich um)* Wer horcht da schon wieder vor der Tür?

MARIE *(tritt ein. Sie spricht ihre Sätze abwechselnd nach rechts und nach links):* Fleck hab ich nicht gemacht. Hemdbrust ist genau so, wie Herr hat gewünscht. Gar kein Fleck kann da sein. Herr hat sich Hemdbrust selber angefühlt und war gut. Dame hat ausprobiert Kleid vorher, und wo war Fleck? Erlaubt –

Herr, ich greif an Hemdbrust! Dame wird staunen. Eins, zwei, drei, Fleck verschwindet. Ich hab zwei Ohren sehr gut in Kopf. Früher hab ich Ruh gehabt, da waren noch Spiegel.

LYA: Marie, ich bin sprachlos! Was hab ich Ihnen gesagt? Sie sollen keine unanständigen Wörter reden. Wenn die Kinder Sie hören! Ich bin nicht gesonnen.

EGON: Ganz einfach, das geht nicht! Ich sag es zum letzten Mal. Marie, ich erlaube nicht.

LYA: Was soll ich Ihnen noch sagen? Mein Mann hat ein Machtwort gesprochen. Die Kinder dürfen keine unanständigen Wörter hören.

MARIE: Was! Früher hat's das auch geben, Spiegel, und kein Mensch hat was gefunden dabei.

LYA: Marie, mein Mann sagt es Ihnen zum letzten Mal. Ganz einfach, er erlaubt es nicht.

EGON: Was soll ich Ihnen sagen, Marie? Ich bin sprachlos. Ich bin nicht gesonnen.

MARIE: Ist da Fleck? Gar kein Fleck ist. Und Hemdbrust ist genau ganz richtig. Schimpfen hört sich auf. Immer horchen mit meine Schand. Aber ich geh! Bitte, daß Sie's nur wissen, Herrschaften *(gellend)* Spiegel, Spiegel, Spiegel! *(Sie rennt hinaus)*

EGON und LYA: Haben wir das nötig?

EGON: Immer mit deinem Fleck! Ich hör ja doch nicht hin. Glaubst du, dein Fleck interessiert mich? Ich weiß ganz einfach, da ist kein Fleck. Wenn du lügst, bist du Luft für mich.

LYA: Und was soll ich sagen, Egon? Die Hemdbrust ist prima. So prima wie heut war die Hemdbrust noch nie. Ich könnt sie anziehn. Und du wirst zugeben, daß ich eine Damenbrust habe. Hab ich nicht recht, Egon?

EGON: Ja, wenn du so redest! Darauf hab ich gewartet. Du mußt dich eben kümmern. Findest du die Brust gut? Rühr sie noch einmal an, ganz einfach. Wenn du glaubst – ich zieh sie an, wie sie ist.

LYA: Ich bin sprachlos. So gut war sie noch nie. Seit wir verheiratet sind, war die Brust noch nicht so gut. Du siehst direkt nach was aus. Ich bin doch für das Braune, was meinst du?

EGON: Dann zieh ich sie an. Auf deine Idee geb ich was. Ganz einfach, weil du es bist. Also so gut findest du sie heute! Du sagst, ich seh drin nach was aus, ja? Sag noch was.

LYA: Was soll ich sagen, Egon? Ich mach mich jetzt lieber fertig. Wir kommen wieder zu spät. Ich bleibe beim Braunen, bist du einverstanden?

EGON: Daß du sie so gut findest, heute, so gar besonders schlecht hab ich sie ja nicht gefunden, aber so gut. Du bist eine abenteuerliche Frau. Ganz einfach abenteuerlich, immer Überraschungen, kein Mensch kennt sich aus, und man ist so gespannt.

LYA: Egon, Egon, das sagst du mir? Wie bin ich? Abenteuerlich? Egon, Egon, ich abenteuerlich. Du bist so gespannt. Ich bin sprachlos. Auf mich bist du gespannt? Egon, Egon. Schlecksi, mein Süßes, ich bleibe beim Braunen.

EGON: Ganz einfach, ja.

KALDAUNS ZWEITES *(ein kleines, sehr häßliches Mädchen kommt hereingelaufen):* Papa, Mama, Mama, Papa, bitte, was ist das: Spiegel? Bitte, bitte, was ist das: Spiegel? Ich will Spiegel! Die Marie sagt Spiegel. Ich will auch Spiegel. Papa, Mama, ist das schön, Spiegel? Was ist das, Spiegel? Bitte, bitte! Was ist das, Spiegel? Bitte, bitte!

DIE ELTERN *(unterbrechen ihre Toilette und schreien aus Leibeskräften):* Pfuikaka! Pfuikaka! Pfuikaka! *(Die Kleine bekommt einen festen Klaps auf den Mund)*


# Auf der Straße

HANSI, PUPPI, GRETL, LIZZI, HEDI *und* LORI – *sechs junge Mädchen um achtzehn – kommen die Straße herunter, lustig, laut und viel kichernd*


LORI: Puppi, komm zu mir!

PUPPI: Du bist mir zu groß.

LORI: Stell dich hier auf den Stein.

PUPPI: Da fall ich runter.

LORI: Ich halt dich.

PUPPI: Ja, wie lang?

LORI: Ewig lang.

PUPPI: Und auf einmal läßt du mich fallen.

LORI: Nein!

PUPPI: Das sagst du immer.

LORI: Ich versprech es heilig.

Lizzi *(zu Puppi hinüber):* Glaub der Lori nicht. Sie schwindelt dich wieder an.

Lori: Puppi, komm!

Puppi: Du bist die Größte, und ich bin die Kleinste. Wir passen gar nicht zusammen.

Lori: Drauf kommt es nicht an. Deine sind so grau.

Lizzi *(zu Lori):* Laß sie in Ruh, wenn sie nicht will.

Lori *(zu Lizzi):* Dich mag ich nicht mit deinen Kohlen.

Lizzi: Ich laß dich auch nicht. Du brauchst gar nicht glauben.

Lori: Puppi, komm schon! Ich erzähl dir nachher was. Dir ganz allein.

Puppi: Also gut, aber nicht lang.

*Sie stellt sich auf den Stein. Lori tritt nah an sie heran und hält sie an beiden Armen fest.*

Lori: Stehst du gut?

Puppi: Ja, aber halt mich.

*Sie blicken sich lange in die Augen*

Lizzi: Du, Hansi, der Lori gefällt ihr neues Kleid so gut.

Hansi: Eine schöne Farbe hats.

Lizzi: Wie lang sie sich anschaut!

Hansi: Die Puppi hat die richtigen Augen dazu. Ganz grau.

Lizzi: Das Kleid paßt ja gar nicht zu Grau. Braun zu Grau! Sie hat eben keinen Geschmack, die Lori.

Hansi: Du kannst sie nicht leiden halt. Wart ihr gestern wieder angeln?

Lizzi: Ja, aber zum letzten Mal, hat mein Vater gesagt.

Hansi: Warum du, dein Vater war doch so begeistert vom Angeln!?

Gretl: Das wißts no gar net? D'Fisch sind alle ausgestorben! *(Gelächter)*

Lizzi: Der Wächter ist frech. Man kann sich schon gar nicht mehr rühren. Wie der nur aufpaßt! Gestern hat er meinen Vater aufgeschrieben.

Hansi: Ja warum denn?

Lizzi: Die Augen hat er zu früh aufgemacht. Und wie er sie aufgemacht hat, da war gar kein Fisch da. Behauptet der Wächter. Mein Vater hat aber genau gespürt, daß ein Fisch an der Angel war, sonst hätt er die Augen gar nicht aufgemacht. Der Fisch hat sich eben losgerissen, das kommt vor, sagt mein Vater, er ist doch nicht verrückt, daß er die Augen öffnet, ohne daß ein Fisch an der Angel hängt. Er macht sich nicht strafbar. Er ist ein anständiger Mensch und hat es bewiesen. Einen Revers, den er unterzeichnet hat, den hält er auch ein. Der Wächter hat aber keine Ruhe gegeben. So ein ekelhafter Mensch!

GRETL: Du, wozu braucht man denn ein' Revers zum Angeln?

HANSI: Das möcht ich auch wissen.

LIZZI: Ach so, das wißt ihr nicht? Ihr wart eben noch nie angeln. Ohne den Revers wird niemand in den Angelklub aufgenommen. Das kostet nämlich sehr viel Geld. Das Angeln kostet mich ein Vermögen, sagt mein Vater.

GRETL: Was steht denn drauf auf dem Revers?

LIZZI: Auf dem Revers steht drauf, wie man sich beim Angeln zu verhalten hat. Die Augen müssen geschlossen sein. Man darf sie erst aufmachen, wenn man den Fisch an der Angel spürt. Man darf aber auch mit dem Rücken zum Wasser angeln. Wem das so lieber ist, mit dem Rücken, der darf die Augen offen haben. Den Fisch darf man nur von weitem anschaun. Der Klub hat einen eigenen Wächter zum Aufpassen, der ist sehr nett. Aber außerdem ist einer von der Regierung da, damit keine Mißbräuche vorkommen. Der ist ekelhaft.

GRETL: Du, dann ging i gar net fischen, wenns so fad ist.

LIZZI: Wir gehn auch nicht mehr. Es war das letzte Mal, hat mein . . .

HANSI: Ich hab mir das lustiger vorgestellt, das Angeln. Ich hab gemeint, da setzt man sich hin und schaut so ins Wasser rein.

LIZZI: Ihr habt keine Ahnung! Ihr wart eben noch nie angeln.

HEDI: So ein Fisch ist halt glatt. Wie früher die Metalle waren. Früher hats lauter glatte Metalle geben.

GRETL: No, und baden habens früher auch gehn dürfen, die Leut. Ja, früher!

HANSI: Schauts euch die Lori an, die ist immer noch nicht fertig.

LIZZI: Mein Gott, die gefällt sich aber gut!

HEDI: I gehs holen, die Puppi. *(Sie läuft zurück)*

GRETL: Was ihr nur immer habts mit der Puppi! Ich will zur Hansi. *(Sie hängt sich in Hansi ein)*

HANSI: Ich wart auf die Puppi.

LIZZI: Auf die Puppi wart ich.

GRETL: Hansi, du bist mit mir.

HANSI: Mir ist fad, immer mit dir.

GRETL: Fad! Siechst es, so bist!

HANSI: Ich mag nicht immer mit dir.

GRETL: Du hast gsagt, ich hab blaue Augen.

HANSI: Ja, was ist dabei? Blaue Augen gibts viel.

GRETL: Du hast gsagt, bei mir bist am schönsten.

HANSI: Das bin ich so auch.

GRETL: Du hast gsagt, bei der Puppi, da bist so grau.

HANSI: Das hab ich nur so gsagt. Ich hab dich nicht beleidigen wollen.

GRETL: Beleidigen? Du kannst mich gar nicht beleidigen!

HANSI: Ich mag dich nicht beleidigen. Aber, wenns d'es wissen willst . . .

GRETL: Jetzt will ichs wissen. Jetzt will ichs wissen. Ich muß wissen, warum du so gemein mit mir bist.

HANSI: Gemein? Du bist gemein! Ganz kleine Augen hast, wenns d'es schon wissen willst. Glaubst, ich seh was bei dir? Einen Schmarren seh ich bei dir!

GRETL: Geh, i will di ja gar net. Ich geh lieber zur Puppi. Die hat viel schönere Augen wie du. *(Sie verhält sich das Weinen)*

HANSI: Jetzt fang nur zum Weinen an, daß nix fehlt.

GRETL: I wein do net! Der da weint.

*Ein weinender Junge geht über die Straße*

HANSI: Was hat denn der?

LORI *(tritt dazu):* Das ist der junge Kaldaun.

HANSI: Die Puppi ist frei! *(Sie läuft zu Puppi hinüber)*

GRETL *(ruft Hansi nach):* Geh nur! Ich bleib mit dir, Lori.

*Hedi hat sich in Puppi eingehängt und ein Gespräch mit ihr begonnen. Lizzi und Hansi raufen sich heftig um Puppi. Sie einigen sich und sehen ihr abwechselnd in die Augen, während Hedi wieder geduldig wartet.*

LORI: Warum weint der junge Kaldaun?

GRETL: Geh heim, Junge!

JUNGE: Ich will nicht.

LORI: Warum weinst du denn, mein Junge?

JUNGE: Weil ich muß.

LORI: Wer wird denn weinen? Das paßt sich doch nicht.

JUNGE: Wenn ich aber muß!

LORI: So ein großer Junge!

GRETL: Wie alt bist denn?

JUNGE: Ich weiß nicht. *(Er heult weiter)*

LORI: Du mußt doch wissen, wie alt du bist.

GRETL: So ein großer Junge!

JUNGE: Ich weiß nicht. Drum wein ich doch.

LORI: Frag deine Mutter!

GRETL: Und den Vater auch! Dann weißt es besser.

JUNGE: Die sagen's mir nicht. Drum wein ich doch.

LORI und GRETL *(schaun sich bedeutungsvoll an):* Ach so!

JUNGE: Bin ich schon zwölf?

LORI: Das können wir doch nicht wissen.

JUNGE: Ich mein, schau ich aus wie zwölf?

LORI: O ja, zwölf bist du sicher. Zwölf vorüber.

JUNGE *(zu Gretl):* Was glauben Sie?

GRETL: Ich hätt gsagt vierzehn.

LORI: Aber weinen brauchst du drum doch nicht.

JUNGE: Ich wein ja gar nicht.

GRETL: Du hast doch geweint vorhin.

JUNGE *(grinsend):* Ich hab nur wissen wollen, wie alt ich ausschau. *(Er rennt grinsend davon)*

GRETL: Der ist aber aufgeklärt.

LORI: Ich möcht wissen, wer den schon so aufgeklärt hat!

*Der Junge dreht sich in einiger Entfernung um und brüllt den Mädchen
»Spiegel« zu. Dann macht er sich schleunigst aus dem Staub.*

GRETL: Sachen macht der!

LORI: So aufgeklärt!

*Puppi und Hedi kommen eingehängt. Zu beiden Seiten Hansi und Lizzi.*

PUPPI: Der François ist der schönste Mann von der Welt.

HEDI: Der Fritzl trägt immer schwarze Brillen.

PUPPI: Der François hat auch schwarze Brillen, aber er trägt sie
lieber in der Tasche.

HEDI: Ja, zu was hat ers dann?

PUPPI: Er braucht sie doch für die Sitzung! Heut darf ich ihn in
die Sitzung begleiten.

GRETL: In die Sitzung? Geh, is ja net wahr!

HEDI: Der Fritzl erlaubts net. Ich weiß nie, wo dem Fritzl seine
Sitzungen sind. Streng geheim, sagt er.

PUPPI: Aber der François trifft doch deinen Fritz bei den Sitzungen, das sind genau dieselben Sitzungen.

HEDI: Kann schon sein. Der Fritzl ist eben was Besonderes
dabei. Nicht so gewöhnlich. Der Fritzl muß die Brillen immer
tragen. Sonst wär er auch bloß gewöhnlich.

PUPPI: Warum nehmen sie da eigentlich den Fritzl dazu? Der François ist doch viel schöner.

HEDI: Ja, weißt du, da kommt es auf den Charakter an. Der Fritzl hat einen solchen Charakter. Wenn ich ihm Fritzl sag, ist er drei Tag bös. Jetzt darf ich ihm auch nicht einmal Fritz sagen, er heißt Friedrich.

PUPPI: Dafür darfst du immer bei ihm wohnen.

HEDI: Ja, schon. Manchmal redet er acht Tag lang kein Wort. Da weiß niemand nicht, warum. Den Doktor läßt er nicht holen. Da kommt er von der Schul und starrt so vor sich hin. Kopfweh hat er, sagt er. Da darfst kein Wort net reden. Wenns d' bloß ein Wort mit ihm redst, wird er wild. Er hat eben einen Charakter. Wenn er nur net so bös wär manchmal!

PUPPI: Du bist aber komisch. Dafür darfst du doch immer bei ihm sein. Ich muß immer heim. Der François sagt . . . Da ist er ja. Adiö. Adiö. Adiö. Adiö. Adiö. *(Laut zu François hinüber)* Du, gell, ich darf dich heute in die Sitzung begleiten?

FRANÇOIS *(laut zurück):* Heut muß ich in die Sitzung, leider. Ja. *Die fünf Mädchen entfernen sich sehr langsam. Es ist inzwischen dunkel geworden. Puppi läuft auf François zu und versucht, ihn auf den Mund zu küssen. Er nestelt in der Tasche herum.*

FRANÇOIS: Wart doch. So wart doch!

PUPPI: Wo hast du sie denn?

FRANÇOIS: Wart einen Moment. Sie wird ins Futter gerutscht sein. Impertinent.

PUPPI: Komm doch! Du bist aber komisch.

FRANÇOIS: Komisch? Ich komisch? Nie. Das kann passieren.

PUPPI: Weißt du, du hättest sie wirklich schon vorher suchen können.

FRANÇOIS: Tu ich sonst immer. Impertinent. Heut hatt ich eben die Sitzung im Kopf.

PUPPI: Du hättest sie aber doch vorher suchen können.

FRANÇOIS: Jetzt hör auf, ja. Unglaublich. Ich werd sie doch nicht vergessen haben. Das ist mir noch nie passiert. *(Seine Bewegungen werden fahriger)*

PUPPI: Du, weißt du was? Wir haben uns noch nie im Dunkeln geküßt. Das muß doch komisch sein.

FRANÇOIS: Langweilig. Wozu? Das hat keinen Sinn.

PUPPI: Aber wenn du die Lampe nicht findest?

FRANÇOIS: Red nicht so fad! Maliziös.

Puppi *(beinahe weinend):* Wenn du mir keinen Kuß geben willst.

François: Aber ich will ja. Unglaublich. Ich hab sie!

Puppi: Ja?

*Er holt eine Taschenlampe hervor. Er drückt. Sie leuchtet auf. Puppi faßt ihn und küßt ihn auf den Mund. Er richtet das Licht auf ihre Augen.*

François: Nicht so stürmisch! Ich seh ja nichts.

Puppi: Wart. Noch mal.

François: Sie flackert. Verdammt. Jetzt hab ich es satt! *(Er reißt sich los, schleudert die Lampe zu Boden und tritt wütend darauf herum)* Impertinent das!

Puppi: Was tust du?

François: Die Lampe ist nichts wert. Ich hab es satt, mich immer zu plagen.

Puppi: Aber die Hülse. Man hätte doch eine neue Batterie . . .

François: Ich kann die impertinente Lampe nicht mehr leiden. Das passiert mir jetzt schon das zweite Mal. Sie geht mir eben auf die Nerven. So was Arrogantes. Ich wünsch mir eine neue, von meiner Mama. Mehr sportlich.

Puppi: Schad. Ich wollt grad . . .

François: Jetzt können wir uns eben nicht küssen. Malheur. *(Er bemerkt Fritz Schakerl, der an der Straßenecke steht und den Laden der Therese Kreiss gegenüber scharf beobachtet)* Überhaupt, ich muß jetzt in die Sitzung. Adiö. *(Er läuft in den Laden hinein)*

## Die Gemischtwarenhandlung der Therese Kreiss

*ist klein, niedrig und dunkel. An den Wänden hängen große, weiße Tafeln mit Aufschriften, die von hochgestellten Lampen eigens erleuchtet sind, das Hellste im engen Laden.*

DER SCHMEICHLER SCHAUFELT SICH DAS GRAB,
MENSCH SCHMEICHLE NICHT! LASS AB! LASS AB!
ARBEIT BRINGT BROT
SCHMEICHELN TOD.
DER SCHMEICHLER SCHEINT MIT FALSCHEM LICHT.
O GLAUB IHM NICHT! O GLAUB IHM NICHT!
DER SCHMEICHLER GIBT MIR KEINE RUH.
HILF VATER, SAG MIR, WAS ICH TU!

*Hinter dem Ladentisch steht die* THERESE KREISS. FRANÇOIS FANT *tritt ein.*

THERESE: Jö, der Herr François! Welche Ehre! Ja, die Sitzung!

FRANÇOIS: Bonsoir.

THERESE: Der Herr François sind der erste. Die andern Herren sind noch nicht da.

FRANÇOIS: Für Sie bin ich nicht der Herr François, Frau. Wissen Sie nicht, wie ich heiß?

THERESE: Ja, natürlich weiß ich das. Der Herr François sind von der Frau Fant der Sohn. Emilie Fant. Die Dame hat früher in unserer Straße gewohnt. Bei mir hat die Dame eingekauft. Wie gehts denn der Frau Mama? Laßt sich gar nicht mehr anschaun, die Dame.

FRANÇOIS: Viel Arbeit. Unglaublich viel.

THERESE: Ja, was die immer arbeitet, die Frau!

FRANÇOIS: Dame. Für Sie bin ich also der Herr Fant, verstanden?

THERESE: Ich hab doch den jungen Herrn schon gekannt, wie er noch in die Windeln war.

FRANÇOIS: In den Windeln war ich nie.

THERESE: Ein Buberl hab ich sagen wollen. Ich möcht net schmeicheln, schmeicheln, das tu ich nie, gar nie *(sie zeigt auf die Tafeln ringsum)*, aber der junge Herr Fant waren schon damals so schön. Alle Weiber auf der Straßen haben die Augen aufgerissen. Ein Geriß war das um den jungen Herrn. Wie jetzt halt auch. Wo meine Milli nur jetzt bleibt?

FRANÇOIS: Ihre Tochter. Die kenn ich auch. Hübsch. Sehr hübsch sogar. Könnt eine Beauté sein, müßt nur gut gekleidet gehn. Elegant. Von mir ausgesucht.

THERESE: Um Gottes willen! Junger gnä' Herr, versündigen Sie sich net mit Schmeicheln. Nur net schmeicheln.

FRANÇOIS: Was? Wenn sie nicht da ist. Sie werden's ihr doch nicht wiedererzählen? Ich werd noch sagen dürfen, daß ich Ihre Tochter ganz speziell finde.

THERESE: Speziell. Ja, das sagen die Leute alle. *(Sie schleicht sich zu einer Tür, öffnet sie rasch und sieht im Hinterzimmer nach)* Na. Sie is net da. Weil manchmal schleicht sie sich ein und horcht, was die Leut über sie reden. Ich hab ein Kreuz mit dem Madl. Sie ist sonst brav. Nur aufpassen muß man. Man will doch net jeden Mann für sie.

FRITZ SCHAKERL *geht steif durch den Laden. Er hat schwarze Bril-*
*len auf und grüßt nicht. François und Therese verstummen und*
*erstarren. Erst nachdem er die Tür zum Hinterzimmer geschlossen*
*hat, sagt*

THERESE: Jetzt ist er drin.

FRANÇOIS: Ein idealer Mensch. Da gibt es nichts zu sagen. Imposant.

THERESE: Ich fühl mich jedesmal geehrt. Wenn er nur vorbei-
geht, fühl ich mich schon geehrt. Er hat so eine noble Art
mit die schwarzen Brillen. Grüßt einem nicht und geht
durch.

FRANÇOIS: Ich werd jetzt hineingehn müssen. Er hat mich gesehn.

*Er geht ins Hinterzimmer*

THERESE: Ein idealer Mensch.

WENZEL WONDRAK *(stürzt in den Laden):* Die Milli!

*Therese sieht ihn an, öffnet den Mund und antwortet nicht*

WONDRAK: Wo die Milli is?

THERESE: I weiß net.

WONDRAK *(drohend):* Wo die Milli is, frag ich.

THERESE: Ein bißl höflicher kannst schon sein, Wondrak.

WONDRAK: Ich hab kei Zeit.

THERESE: Da kommts eh.

MILLI KREISS *(tritt herein):* Jö, der Wenzel! Was hast denn heut
für mi?

WONDRAK: Geh, red net so blöd. Nix hab i. Komm auße!

THERESE: Habts scho wieder Geheimnisse mitnand?

WONDRAK *(vor dem Laden zur Milli):* Des hebst guet auf. I hols
morgen.

MILLI: Wo hast es denn her?

WONDRAK: Geht dich an Dreck an! Razzia bei Barloch.

MILLI: Der Barloch? Der?

WONDRAK: Gweint hat er. Herr Josef Barloch führt wöchentlich
die Hälfte seines Lohns an mich ab. Ein Jahr lang. Dafür hab
ich ihm die Todesstrafe gschenkt.

MILLI: Ja, wie kommt denn der dazu? Das ist doch ganz ein
armer Teufel, der Barloch! Wo hat denn der das her?

WONDRAK: Geht mich ein' Dreck an. Geht dich ein' Dreck an.
Gut aufhebn! Hast gehört! *(Er will hinein)*

MILLI *(hält ihn zurück)*: Du, derf i eineschaun?

WONDRAK: Ein paar Fotzen kriegst, wannsd' eineschaust. Daß 's di dann erwischt, die Alte.

MILLI: I geh in Keller.

WONDRAK: Da hast kei Licht.

MILLI: I nimm's Licht mit.

WONDRAK: Dann verlierst es.

MILLI: Geh, i wer des do net verlieren! Ich fändet's wieder, in ein' doppelt so großen Keller. Leicht. Da brauchst keine Angst net habn.

WONDRAK: Ich verbiete das und basta! In ein Keller ist Gerümpel.

MILLI: I geh auf den Dachboden.

WONDRAK: Da kannst es fallen lassen. Die ganze Stiegen.

MILLI *(hat inzwischen den Spiegel aus einem kleinen Futteral herausgenommen)*: Geh, es ist ja aus Metall!

WONDRAK *(reißt ihr beides aus der Hand)*: Dann wirds abgewetzt eben. Ich gibs jetzt zurück ins Futteral. Ich weiß genau, wie ichs einegebn hab.

MILLI: Geh, du bist so. Der Fritzl ist net so. Der Fritzl hat mir einmal *(ersterbend)* ein Bild von sich geschenkt.

WONDRAK: Red net so blöd! Das war vor zehn Jahren, und zruckgnommen hat ers auch.

MILLI *(beinah weinend)*: Geh, nur einmal laß mi, ein einziges Mal!

WONDRAK: Wenns du einmal eineschaust, ist es aus zwischen uns! Ich kenn dirs ja doch an, wenns d'einegschaut hast! *(Er geht durch den Laden ins Hinterzimmer, Milli schleicht sich weinend weg)*

FRITZ SCHAKERL *(öffnet mit einem Ruck die Türe hinten und geht vorwurfsvoll auf Therese Kreiß zu)*: Wie haben Sie sich das vorgestellt, Frau Kreiß?

THERESE *(stotternd)*: Aber, der Herr – Herr Schakerl. Fehlt was?

SCHAKERL: Die Hauptsache.

THERESE: Ja – ich könnt – rasch holen – wenn erlauben – oder die Milli.

SCHAKERL: Ich kann den Vorsitz nicht führen. Ich brauch zwei verschiedene Kisten. Eine kleiner, eine größer.

THERESE: Aber die können gleich haben der Herr – Herr Schakerl. Kisten hab ich genug. *(Sie schleppt zwei Kisten herbei)*

SCHAKERL: Sind die auch verschieden genug?

THERESE: Schaun S' sich nur an.

SCHAKERL: Es geht. Haben Sie ein schwarzes Tuch?

THERESE: Ein schwarzes Tuch hab ich auch. *(Sie holt aus einer Lade einen schwarzen Schal hervor)*

FRITZ HELD *erscheint in der Tür und bleibt ehrfurchtsvoll stehen*

SCHAKERL: Geben Sie her. Es geht. Wondrak!

*Wondrak kommt aus dem Hinterzimmer, packt die beiden Kisten und schleppt sie hinüber. Schakerl trägt den Schal. Er dankt nicht. Die Tür schließt sich hinter ihm*

THERESE *(zu irgendwem)*: Zu Befehl. Wie ein Feldmarschall mit die schwarzen Brillen. Ich hab ihn scho kennt, wie er noch gestottert hat. Zehn Jahre sind das her. Gegen dem sind wir unwürdig alle miteinand. *(Sie gewahrt Fritz Held, in sehr verändertem Ton)* Ist noch immer net da, die Milli.

HELD: Darf ich verbindlichst fragen, wann sie gefälligst kommt?

THERESE: Fragen Sie's selber.

HELD: Könnte man tun, die gnädigste Frau Schwiegermama. Aber wie tut man das, wo sie nicht da ist?

THERESE: Ich frag sie nichts mehr.

HELD: Ein kleines Techtel, ein kleines Mechtel, und alles wird wieder gut.

THERESE: Nix wird wieder gut!

HELD: Und warum wird nichts wieder gut, wenn ich bitten darf?

THERESE: Den Kopf hats verloren, das Madl.

HELD: Ich bin imstand und mach ihr die schönste neue Perücke drauf.

THERESE: Das fehlt noch, daß mir das Madl noch narrischer wird! Das Madl ist ja *(beschwörend)* eitel!

HELD: Mich sekkiert sie genug um ein – no, Sie wissen. Ich soll ihr ein Stück ausbrechen und mitnehmen. Kann ich das? Ich verlier sofort meine Stelle.

MILLI *(erscheint, sehr aufgeregt)*: Nix kann er. Aber sich anschaun, das kann er den ganzen Tag.

HELD: Verzeihung, du gestattest, das ist keine Kunst bei dem Beruf.

MILLI: Ein schöner Beruf, wos' einen jeden Tag einsperren können.

HELD: Der Neid der Besitzlosen.

MILLI: Geh, Fritzl, habts denn gar kei Stückl im ganzen Haus nicht?

HELD: Jedes Stück ist ein Vermögen. Bei der vornehmen Kundschaft! Wir verlangen enorme Preise. Das Risiko schon, was man hat!

MILLI: Mitnehmen magst mi auch net?

HELD: Kinderl, das kostet mich den Kopf.

MILLI: Wär kei' Schad drum.

HELD: Bitte schön, bitte sehr, eine andere Mutter hat auch ein schönes Kind. *(Er geht ins Hinterzimmer)*

THERESE: Wenn der mir noch einmal ins Geschäft kommt, der Aff!

DER PREDIGER BROSAM *(erscheint in der Tür)*: Nicht schimpfen, gute Frau!

THERESE *(puterrot)*: Jessas, der Herr Prediger, welche Ehre, persönlich in meinem gemeinen Laden!

BROSAM: Nicht schimpfen, gute Frau, der Mitmensch ist auch ein Mensch.

THERESE: Schaun S' Ihnen den Affen erst an!

MILLI: Mutter! *(Sie macht sich hinter dem Ladentisch zu schaffen)*

THERESE: Erst streits mit ihm, dann hats eine Angst, daß er net wiederkommt. Glaubn S', der laßt si verjagen? Dem können S' sagen, was S' wollen, er laßt si net verjagen. Der Mensch ist ein Verbrecher! Der kommt täglich wieder her!

BROSAM: Ist er nicht ein Mensch wie wir alle? Hat er nicht zwei Augen? Eine Nase? Einen Mund? Und selbst zwei leibliche Ohren?

*Der Laden verdunkelt sich*


# Im Hinterzimmer

*Auf einer großen Kiste, vor einer kleinen, die mit einem schwarzen Tuch überspannt ist, sitzt* FRITZ SCHAKERL. *Vor ihm auf drei kleineren Kisten in gerader Linie* WENZEL WONDRAK, FRANÇOIS FANT *und* FRITZ HELD. *Alle haben schwarze Brillen auf.*

SCHAKERL: Noch immer greift das Unwesen um sich. Zu Hütern und Wächtern gegen das Verbrechen aus freien Stücken bestellt, sind wir verpflichtet, unseren Mann zu stellen.

DIE DREI: Bravo!

SCHAKERL: Ich danke. Aber es geht nicht an. – Bedenken Sie

ferner, welches Unglück das Elend schon angerichtet hat und wessen Herz davon nicht tief ergriffen aufschluchzt, ist der wert, noch einen Augenblick lang zu leben?

FANT: Bravo! Elegant gesprochen! Ich meld mich zum Wort.

SCHAKERL: Das Wort hat der Herr Viertschaftsschatzmeister, Herr François Fant.

FANT: Ich bin dafür, daß man auf die Mädchen besser aufpaßt. Die spazieren öffentlich herum und schaun sich permanent in die Augen. Das Blut steigt einem gesunden Empfinden zu Kopf. Was kann man gegen die Augen tun? Ich bitte um eine Diskussion und um Weiterleitung der entstehenden Beschlüsse an die Viermalviertschaft.

WONDRAK: Augen ausstechen, meine Herrschaften, Augen ausstechen! Das einzige, beste Mittel, was hilft.

SCHAKERL: Leider muß ich den Herrn Viertschaftsführerstellvertreter bitten, sich zum Wort zu melden!

HELD: Ich meld mich gefälligst zum Wort.

SCHAKERL: Der Herr Viertschaftsschlichter hat das Wort.

HELD: Meine Herren, ich bin nicht für das Augenausstechen. Das Augenausstechen ist keine Kunst; wenn ich mich verbindlichst so ausdrücken darf, meine Herren, kann das schließlich jeder. Viel gescheiter ist es, wir klären die Mäderln einzelweis auf. Sie sollen sich nicht so viel in die Augen schaun. Gar so viel haben's nicht davon. Ich schlage vor, wir probieren das aus. Was sieht schon einer im Aug? Meine Herren, ich sage rundweg: nichts. No, probieren wir's doch aus.

WONDRAK: Augenausstechen, meine Herrschaften! Ich bleibe beim Augenausstechen!

SCHAKERL: Der Herr Viertschaftsführerstellvertreter wird abermals ermahnt, sich zum Wort zu melden. Ich sähe mich ansonsten gezwungen, von der statutarisch festgelegten Strafe Gebrauch zu machen.

FANT: Imposant. Also, ich melde mich zum Wort.

SCHAKERL: Der Herr Viertschaftsschatzmeister hat das Wort.

FANT: Ich weiß was. Abstimmen. Das ist die eleganteste Lösung.

SCHAKERL: Ich pflichte bei und schreite zur Abstimmung. Herr Viertschaftsführerstellvertreter?

WONDRAK: Augenausstechen, meine Herrschaften! Ich bleibe beim Augenausstechen! Das einzige, was hilft, was anderes gibt es gar nicht, glauben Sie mir, meine Herrschaften, Augenausstechen!

SCHAKERL: Herr Viertschaftsschlichter?

HELD: Ich bin verbindlichst dagegen. Das ist keine Art, Augenausstechen.

SCHAKERL: Eins zu eins. Darf ich den Viertschaftsschatzmeister um seine Meinung bitten?

FANT: Von mir aus, warum nicht? Das ist eine neue Idee. Die Angst möcht ich mal erleben! Imposant.

WONDRAK: Kolossal, sage ich: Ganz großartig kolossal!

SCHAKERL: Der Herr Viertschaftsführerstellvertreter wird zum letztenmal ermahnt. Die Stimmen stehen 2:1. Ich als Viertschaftsführer gebe meine Stimme – für – das Augenausstechen ab. Das Ergebnis der Abstimmung ist 3:1. Der Antrag wird an die Viermalviertschaft beziehungsweise an den Viermalviertschaftsführer weitergeleitet.

Damit, meine Herren, wäre die heutige Sitzung beendet, und ich erkläre sie feierlich für aufgehoben. Sie können allesamt nach Hause gehen. Lassen Sie sich die Sache durch den Kopf gehen. Die nächste Sitzung ist morgen um neun in meiner Schule.

*Die drei stecken ihre schwarzen Brillen ein*

Halt! Noch was, meine Herren. Ich bitte um Entschuldigung, denn ich habe etwas Wichtiges vergessen.

*Die drei setzen ihre schwarzen Brillen wieder auf*

Ich ziehe die Aufhebung der Sitzung feierlich zurück und erkläre sie wieder feierlich für eröffnet.

*Das Hinterzimmer verdunkelt sich wieder*


# Laden

PUPPI *(tritt ein):* Guten Abend, Frau Kreiss.

THERESE: Küß die Hand, Fräulein. Ist etwas passiert, so spät?

PUPPI: Ich hab noch Licht gesehen bei Ihnen. Mir ist nämlich ein Malheur passiert. Ich hab meine Taschenlampe verloren, und die Geschäfte sind schon alle zu.

MILLI *(unruhig):* Wir führen keine Taschenlampen.

THERESE: Was redst denn? Weiß nix und muß reden! Taschenlampen hab ich auch, Fräulein. Es wird grad noch eine da sein.

MILLI: Seit wann hast denn du Taschenlampen, Mutter?

THERESE: Seit heut. Zu dumm!

MILLI: Die eine, was da ist, brauchen wir selber.

THERESE: Mir reden nachher mitnand. *(Sie öffnet eine Lade)* Bitte, Fräulein, eine Taschenlampe, sehr fein, die letzte. Mir scheint, da hab ich noch eine. Nein. Was ist denn das? *(Sie holt ein kleines Futteral aus der Lade und beleuchtet es mit der Lampe. Sie zittert am ganzen Körper. Aus dem Futteral schlüpft wie ein Schlange ein Spiegel, auf den das volle Licht der Taschenlampe fällt. Therese erblickt sich und schreit gellend auf)* Der Teufel! Der Teufel! *(Sie hält Spiegel und Lampe krampfhaft fest und läßt keinen Blick davon)* Der Teufel! Der Teufel! *(Sie tanzt mit Spiegel und Lampe umher, als hätte sie glühende Kohlen in Händen)* Der Teufel! Der Teufel! *(Milli und der Prediger stürzen auf sie zu, Puppi weicht gegen die Tür zurück und betrachtet die Besessene mit großen, erschreckten Augen)*

MILLI: Um Gottes willen, Mutter, sei stad!

BROSAM *(entreißt ihr die Lampe und steckt sie achtlos in seine Hosentasche):* Was ist Ihnen, gute Frau? Beruhigen Sie sich! Was ist Ihnen? Gute Frau, der Teufel betritt diesen guten Laden nicht.

*Therese sinkt, kaum ist ihr die Lampe entrissen worden, wie ohnmächtig zusammen. Der Prediger hält sie in seinen Armen. Milli hält ihr den Mund zu. Puppi verschwindet sehr leise.*

MILLI: Sie muß noch was drin haben in der Hand. Sie öffnet die Hand nicht.

BROSAM: Öffnen Sie doch die Hand, gute Frau, öffnen Sie!

THERESE *(mit erstickter Stimme):* Der gib ichs net! Der net! Die ist besessen!

BROSAM: Mir, mir, gute Frau, geben Sie es mir. Ich mein es Ihnen gut, beruhigen Sie sich, so! *(Therese öffnet die Hand. Er erblickt den Spiegel und prallt zurück. Doch läßt er ihre Hand nicht los)* Ich nehme ihn. Für Sie nehme ich ihn doch. Sie sind eine gute Seele. Wenn man das bei Ihnen findet, sind Sie des Todes. Ich werde es vernichten. *Mit einer sehr steifen Armbewegung steckt er den Spiegel in die Hosentasche zur Lampe)*

*Milli läßt die Mutter los und schluchzt herzbrechend*

THERESE *(leise winselnd):* Der Teufel! Der Teufel!

# Die Straße bei Nacht

*Der Prediger Brosam geht über die Straße. Es ist sehr dunkel, seine rechte Hosentasche leuchtet. Er trägt darin den Spiegel und die brennende Lampe, die er in der Eile zu löschen vergaß. Manchmal neigt er sich auf die andere Seite, wie um die Schwere rechts auszugleichen. Seine Hand fährt des öfteren bis vor die Tasche, immer aber rasch zurück. Heiß. Heiß. Mein Gott, ist das heiß! An seiner Tasche zieht er die Straße mit. Sie ist schlecht beleuchtet. Die wenigen Laternen sind so hoch, daß ihr Licht nicht viel stärker scheint als das in seiner Hose. Mitten in das finstere Schweigen der Luft stöhnt es plötzlich. Brosam bleibt stehen. Nicht weit von ihm leuchtet ein ähnliches Licht wie das seine, aber tiefer, wohl am Boden. Zögernd nähert er sich, das Stöhnen wird stärker. Nach wenigen festeren Schritten steht er neben dem Licht.*

Was ist Ihnen? Sind Sie verletzt?

*Stöhnen*

Ich will Ihnen helfen. Was haben Sie?

*Stöhnen*

Armer Mensch! So starke Schmerzen! Kommen Sie, ich will Ihnen helfen.

*Stöhnen, dem man »Licht! – Licht!« entnimmt*

Sie wollen Licht? Gleich, guter Mann, gleich!

*(Er kniet nieder, holt aus der Tasche des Liegenden eine Lampe hervor und leuchtet ihn damit ab)*

Blutig ist er nicht. Ich seh nirgends Blut.

*Stöhnen*

Sie müssen schwere Verletzungen haben, innere wohl. Kommen Sie, guter Mann.

*Stöhnen:* Licht! Licht! *Brosam steckt die Lampe des Liegenden rasch ein, in die eigene linke Tasche, und hebt ihn mit Mühe hoch. Dann trägt er ihn mehr, als er ihn stützt, bis unter die nächste Laterne, gegen die er ihn behutsam stellt. Hier holt er die Lampe des Mannes hervor und leuchtet, diesmal gründlicher, sein Gesicht wieder ab. Der Mann aber taumelt.*

BROSAM: So, jetzt wollen wir's ein wenig anschaun, guter Mann. Ich paß gut auf. Haben Sie keine Angst, ich tu Ihnen gewiß nicht weh. Kommen Sie, beruhigen Sie sich. Es ist ja nicht so arg. Nicht einmal blaß sind Sie! So ein junger Mensch! So ein starker Kerl! Das blühende Leben! Wie alt können Sie sein? Dreißig höchstens. Die roten Backen nur! Ein Gesicht wie ein Apfel! Das übersteht man, glauben Sie mir, guter Mann, alles übersteht man. Was hat man denn mit Ihnen gemacht? So, jetzt machen Sie mal schön den Mund auf! Diese Zähne! Ein Labsal, ein wahres Labsal! Ich kann den Herrgott lange bitten, daß er mir solche Zähne schenkt, es nutzt nichts, bei mir ist es vorbei. Aber Sie! Diese Zähne! Einer schöner wie der andere und keiner fehlt. Eine Pracht! Ein Labsal! Das blühende Leben! Wo tuts denn weh? Wo? *(Der Mann stöhnt nicht mehr und schweigt)* Das Sprechen fällt Ihnen so schwer, natürlich. Bleiben Sie jetzt hier. Ich hole Hilfe. Ich bin gleich wieder da, gleich.

DER MANN *(ganz trocken):* Meine Lampe!

BROSAM: So, Sie wollen Ihre Lampe. Da haben Sie.

DER MANN *knipst die Lampe ab, sagt* Danke *und geht als vollkommen Gesunder davon*

BROSAM *(ihm nachstarrend):* Ja, was war denn das? Dem war ja gar nichts! Armer, verlogener Sünder!

*Beim Worte »Sünder« greift er sich rasch an seine Tasche. Dann geht er weiter, viel langsamer als früher, so als hoffe er noch auf die Rückkehr des Mannes, auf sein Licht und auf sein Stöhnen. Statt eines Lichtes tauchen aber viele auf, immer mehr, die Straße bevölkert sich mit Lichtern, und vielfaches Stöhnen erfüllt die Nacht. Je mehr es werden, um so besser versteht man sie. Eine Drohung übertrumpft die andere.*

Hilfe! Ich ersticke!

Ich verdurste! Wasser!

Ich sterbe!

Ich verblute!

Ooooo!

BROSAM: Was wollt ihr? Was wollt ihr? Ich bin allein. Ich kann euch nicht helfen.

*Plötzlich springt etwas neben ihm hoch und schreit*

Was haben Sie in der Tasche?

BROSAM *(fährt zusammen. Er geht rascher. Er seufzt. Nach einer Weile sagt er laut):* Mein Gott, mein Gott, ist es denn gar so schrecklich, sich nicht zu sehen?

*Im selben Augenblick taucht ein Mann vor ihm auf*

BLEISS: Sie wollen sich sehen!

BROSAM: Wa-as?

BLEISS: Ob Sie sich sehen wollen!

BROSAM: Aber wo – woher?

BLEISS: Es kostet nicht viel. Es wird Sie nicht reuen.

BROSAM: Guter Mann . . .

BLEISS: Machen Sie keine Geschichten! Soviel haben Sie noch!

BROSAM: Aber ich . . .

BLEISS: Zehn Schilling, zwei Minuten. Für Beleuchtung ist gesorgt.

*Eine kleine Taschenlampe flammt auf. Man erkennt S. Bleiß.*

BROSAM: Mann, Mann!

BLEISS: Kommen Sie unters Haustor, haben Sie keine Angst!

BROSAM: Wissen Sie auch, was Sie tun?

BLEISS: Das ist meine Sache. Wollen Sie sich sehen?

BROSAM: Blicken Sie sich um! Haben Sie gar kein Herz? Betrachten Sie diese vielen Lichter!

BLEISS: Gesindel. Da hat keiner Geld. Was glauben Sie! Von den Leuten hat sich seit Jahren keiner gesehen. Das wartet auf ein paar gute Worte. Gesindel.

BROSAM: Fürchten Sie sich denn gar nicht, Mann?

BLEISS: Ach so. Sie gehen selber. Was halten Sie mich auf? Sie sind verrückt! In der Hosentasche haben Sie's! Ihre Lampe brennt. Man kennts an der Tasche. Ich mach Sie aufmerksam. Sie sind verrückt.

*Er verschwindet. Brosam beginnt zu laufen. Jemand kommt ihm entgegen. Er springt zur Seite. Er fällt und stöhnt. Beim Aufstehn leuchtet seine Lampe noch immer. Er legt beide Hände darüber und versucht, sehr behindert, so auszuschreiten. Da begegnet ihm wieder jemand. Er rettet sich unter ein hell beleuchtetes Erkerfenster. Er faltet die Hände über sein eigenes, hier recht geschwächtes Licht, und ist so beinah nicht da. Oben, in einem Salon, dessen Fenster weit geöffnet sind, geht ein Herr auf und ab. Der Mensch, vor dem Brosam floh, geht ins Haus hinein und betritt bald den Salon. Es ist eine Dame.*

LEDA FÖHN-FRISCH: Das ist ja schrecklich! Das halt ich nicht aus! Das geht so nicht weiter, Heinrich!

HEINRICH FÖHN: Was hast du denn wieder, Leda?

LEDA: Ich fürchte mich. Diese Menschen! Das liegt da herum und stöhnt. Entsetzlich! Das ist so sinnlos, alles.

HEINRICH: Beruhige dich, es ist nicht so arg.

LEDA: Was redest du? Du weißt es nicht. Ich weiß es. Jede Nacht ist es dasselbe. Den ganzen Tag zittere ich schon vor dem Heimweg. Ich hab solche Angst. Wenn ich drauftrete, könnt ich schreien vor Angst!

HEINRICH: Dann paß eben auf!

LEDA: Es sind doch so viele. Die meisten sind gar nicht beleuchtet. Sie legen sich einfach über die Straße, und man kommt nicht weiter. Bemerkt man einen vorher, dann darf man lang bitten und schöntun, damit er sich endlich aus dem Weg legt. Bemerkt man einen nicht und tritt drauf, dann ist der Teufel los. Der Kerl schreit, wie wenn er am Spieß steckte. Du mußt ihn aufheben, ihn untersuchen, du mußt trösten und schmeicheln. Die Leute lauern förmlich drauf, daß man ihnen was sagt über sie. Sie kennen sich ja gar nicht. Sie sehen sich nicht. Sie wissen nichts über sich. Kein Mensch, der sprechen kann, spricht mit ihnen. Ihr Leblang hat sie niemand beachtet. Drum legen sie sich ja bei Nacht auf die Straße, damit man über sie stolpert. So erzwingen sie sich Beachtung. Eine Erpressung eigentlich. Ausgehungert sind diese Menschen, unglaublich! Ich hab solche Angst! Einmal wird mir so ein Kerl einfach über den Kopf haun und fertig.

HEINRICH: Das wird er gewiß nicht tun, Leda. Da wäre er ja dumm. Wenn du stumm bist, kannst du ihm gar nichts mehr geben: Er wird im Gegenteil immer besonders nett zu dir sein.

LEDA: Du kennst diese Leute nicht. Da geht es nicht so vernünftig zu. Ich kann mir nicht helfen, ich hab eine schreckliche Angst vor ihnen!

HEINRICH: Eine Ärztin sollte bessere Nerven haben, Leda.

LEDA: Du machst dir falsche Vorstellungen von meinen Patienten, Heinrich. So was gibt es in unserm Sanatorium gar nicht. Gott sei Dank gibt es das bei uns nicht. Ich weiß viel, ich weiß vielleicht alles, ich bin sehr geschickt, aber wie ich einen solchen Fall behandeln sollte, das weiß ich wirklich nicht.

HEINRICH: Kann man auch nicht. Das kann man nur im großen und ganzen behandeln. Dazu ist ja die Politik da.

LEDA: Ich sage dir, Heinrich, hör mich gut an, wenn das noch lang so weitergeht mit dem Heimweg nachts – ich sterbe dir hin wie nichts!

HEINRICH: Das wirst du nicht tun. Du weißt, ich brauche dich.

LEDA: Hör mich an, Heinrich! Ich arbeite gern für dich. Ich hab dir nie einen Vorwurf daraus gemacht, daß du nichts verdienst. Ich weiß, du bist was Besonderes. Etwas Großes bereitet sich in dir vor. Ich weiß alles. Aber in dieser Gegend halt ich es nicht mehr aus. Wir sind die einzigen kultivierten

Menschen hier. Glaube mir, außer uns gibt es hier nur Gesindel. Du bist so verträumt. Du merkst es nicht. Ich weiß es. Ich beschwöre dich, Heinrich, ziehn wir weg von hier!

HEINRICH: Es tut mir sehr leid, Leda. Aber ich kann darauf nur sagen, was ich dir gestern und vorgestern und vorvorgestern gesagt habe: es geht nicht. Schluß.

LEDA: Du liebst mich nicht.

HEINRICH: Ich liebe dich, aber ich brauche diese Atmosphäre. Diese Menschen wissen zwar nicht, wer hier wohnt. Aber sie ahnen es. Ich bin ihre Sonne. Ich leuchte. Ein Leuchten geht von mir aus. Täglich arbeite ich an mir. Ich habe mich gefunden. Ich lasse die Fenster offen nachts und spüre, wie sie auf jedes meiner Worte lauschen. Ist dieses Leben nicht herrlich, Leda? Wenn ich genug habe, schließ ich das Fenster wieder und ziehe die Vorhänge drüber.

*Vor dem Fenster hat sich Gesindel angesammelt. Menschen in Lumpen und auf Zehenspitzen drängen sich vor dem Erker. Das Licht aus dem gesprächigen Salon fällt auf viele verzückt lauschende Köpfe.*

LEDA: Ja, das ist herrlich, aber ich . . .

HEINRICH: Es tut mir sehr leid, Leda. Daran ist nicht zu rütteln. Das ist ein Naturgesetz. Aber ich habe ein Geschenk für dich.

LEDA: Für mich? Du weißt, es gibt für mich nur ein Geschenk, und das bekomm ich ja doch nicht.

HEINRICH: Ich habe darüber nachgedacht, Leda. Jeder Mensch hat heute sein Lied, das ihm allein gehört und das ihm niemand wegnehmen kann. Ich begreife das. Man will sich wenigstens hören, auf eine ganz bestimmte Weise hören, wenn man sich nicht sehen kann.

LEDA: Ja. Ja.

HEINRICH: Du sollst dein Lied haben, Leda. Ich mußte es dir bisher versagen, es hätte mich zu sehr gestört. Heute bin ich so gefestigt, daß mich nichts aus meiner Bahn schleudern kann – es sei denn eine Sonne, die mächtiger ist als ich, und die müße ich erst finden.

LEDA: Wie? Ich darf mein Lied haben? Mein eigenes Lied? Für mich allein? Und ich darf es auch singen?

HEINRICH: Ja, mein Gutes, ich denk oft an dich, du spürst es nur nicht.

LEDA: Ich danke dir, Heinrich. Du liebst mich ja doch.

HEINRICH: Siehst du, ich liebe dich. Aber ich hab auch eine

kleine Gegenbitte an dich. Ich möchte dich bitten, mich nicht mehr zu duzen. Es stört mich in meiner Entwicklung. Ich bin nicht irgendein Mann, dem das gleichgültig ist. Es gibt mir jedesmal einen Stich, wenn du mir »Du« sagst. Ich brauche dann Zeit und Nervenkraft, um mich davon zu erholen. Es wirft mich oft um Wochen und Monate zurück. Ist das nicht sinnlos? Eigentlich ist ja das »Du« eine Anmaßung, in solchen Ausnahmefällen meine ich. Du brauchst mir aber drum nicht »Sie« zu sagen. Man kann das ja umschreiben. Einverstanden?

*Er geht ans Fenster und schließt es. Er zieht die Vorhänge darüber. Es siebt jetzt aus wie eine leere Filmleinwand. Die Köpfe draußen wenden sich ab. Das Licht erlischt. Die Menschen verschwinden. Auf allen Seiten stöhnt es wieder vom Boden. Brosam schleicht sich, gebückt, als krieche er, und selber stöhnend davon.*

## Maries Küche

*nimmt den rechten Teil der Bühne ein. Der Raum, strahlend hell, sauber und ordentlich, ist ganz Maries Werk. Sie hantiert mit Geschirr, das sie in einen Schrank räumt. Beim Fenster, nicht weit von ihr, steht der Prediger Brosam. Links ist die Bühne einstweilen dunkel.*

BROSAM: Wie das geht! Wie das geht! Da lebt man. Auf einmal ist man tot.

MARIE: No lang net ich.

BROSAM: Wer weiß? Wer weiß? Vielleicht schon in fünf Minuten.

MARIE: Ich noch lang net in fünf Minuten.

BROSAM: Ich bete zum Herrn, daß Sie recht haben, Kind. Aber seien Sie nicht zu sicher! Der Herr liebt das nicht.

MARIE: Herrn hab ich schon. Brauch keinen zweiten.

BROSAM: Warum gleich so böse, Kind? Wer hat Ihnen denn was Böses getan? Sind Sie nicht am Leben? Genießen Sie nicht das Licht der warmen Sonne?

MARIE: Sonne? Sonne hat jeder. Sonne!

BROSAM: Fehlt Ihnen denn so viel zum Glück, mein Kind? Ich kenne ein braves Mädchen, das verrichtet treu seinen Dienst. Ein Dach überm Haupt und das tägliche Brot sind ihm sicher. Früher war seine Arbeit schwerer. Da gab es noch Fenster zu putzen. Die Menschen hatten das häßliche, durchscheinende

Glas. Jetzt ist das Glas wie Milch so trüb, und man braucht es nur selten zu putzen.

MARIE: Fenster putzen? War schön! Haben Herren aufgeschaut auf Straße, alle Herren, was vorbei sind, stehnbleiben, aufgeschaut, mich aufgeschaut. Und jetzt? Aus ist mit Fensterputzen!

BROSAM: Da lebte vor Jahren in dieser Stadt ein liebes, tugendhaftes Mädchen. Beim Fensterputzen stürzte sie ab und starb.

MARIE: No, ist sie rascher selig worden.

BROSAM: Wenn sie nicht zu oft in den Spiegel geguckt hat. In ihrer Kammer war ich nie. Wie es dort im innersten Kämmerlein aussah, das kann ich nicht sagen. Vielleicht war sie insgeheim die größte Sünderin.

MARIE: Ich hab einmal nix in meine Kammer. Was ich haben möcht!

BROSAM: Könnte es nicht auch anders sein, Marie? Ein braver Mann wird Sie ehelichen.

MARIE: Brauch keinen Mann, brauch ich nicht.

BROSAM: Bedenken Sie auch, was Sie sagen? Ein Mensch allein irrt fürchterlich durch die Nacht. Ein Mensch allein ist eitel. Auch Sie, gute Marie. Da kommt ein braver Mann daher und greift nach dieser arbeitsamen Hand. Marie führt ihm das Haus. Und er? Er schafft das tägliche Brot herbei. So leben sie friedlich und bescheiden mitsammen. Vielleicht ist dieser Mann nicht weit, Marie!

MARIE: Weiß schon. Ich brauch kein Mann, ich. Daß ich immer streit.

BROSAM: Gute Marie, werden Sie nie auf die rechte Bahn Ihres Herzens zurückfinden?

MARIE: Bei diese Herrschaften nie, gar nie! Früher haben sie sich vertragen. Jetzt tuns streiten ganzen Tag. Immer das Singen. Kein laßt andern singen. Jeder will singen. No, und so viel redn tuns. Immer redns mitnand. Und wenns aufhören, fangens wieder an von vorn. Gleich ist Streit da. Muß ich kommen. Komm ich nicht, haun sich mit Händ. Ich brauch kein Mann. Was anders brauch ich! Ganz was anders brauch ich!

BROSAM: Gutes Kind, was Sie brauchen, ist sündhaft.

MARIE: So? War das früher vielleicht Sünd? Früher war das auch kein Sünd.

BROSAM: Es war auch früher eine Sünde. Die Menschen wußten es nur nicht. Heute wissen sie es.

MARIE: Wie kann auf einmal wissen? Das geht mir nicht ein in Kopf!

BROSAM: Glauben Sie mir, mein Kind, es war immer eine große Sünde. Es ist sogar die größte Sünde, und wenn Sie ihr frönen, wird Ihr Schicksal ein hartes sei. Der Herr versteht keinen Spaß.

MARIE: Auf einmal.

BROSAM: Immer! Immer! Aber früher waren die Menschen verblendet. Haben Sie Vertrauen zu mir, Marie!

MARIE: Geh weg, dummer Mensch, immer alte Geschichten, jeden Tag! Brauch ich nicht Mann! Ganz was anders brauch ich! Mein Spiegel brauch ich, was in Kammer war! Den haben s' mir fortgenommen. Spiegel brauch ich! Jetzt bin ich die Unordnung! Zehn Jahr bin ich die Unordnung! Ein Mann was mich so nimmt, will ich nicht! Daß Sie's nur wissen! Mann, was mich so nimmt, gehört auf Misthaufen! Jetzt bin ich die Unordnung! Mein Spiegel brauch ich! Auf Misthaufen kommen Sie, daß Sie's nur wissen, mit Unordnung in Frau! Ganz was anders brauch ich: Spiegel! Spiegel! Spiegel!

BROSAM *(sehr feierlich):* Sie sollen Ihren Willen haben, Kind. Ich hab Ihnen eine Medizin mitgebracht, eine sehr gefährliche Medizin. Diese Medizin wird Sie von allen sündhaften Wünschen heilen. Da ist ein Spiegel. Nehmen Sie ihn! Und wenn er Sie morgen nicht brennt wie Höllenfeuer, dann geb ich Ihre Seele auf, Marie! *(Er verläßt die Küche)*

MARIE: Geht schon. *(Sie beschäftigt sich mit dem Spiegel)*

*Links auf der Bühne wird es hell, und man sieht das Speisezimmer bei* KALDAUNS. *Durch den dunkeln Korridor, der Küche und Speisezimmer trennt, geht jemand weg.*

LYA KALDAUN *(steht allein beim Tisch):* Eine unangenehme Person. Das soll lieber Abtritt putzen gehn. Und so was will zu einer Dame in Dienst! *(Es klopft)* Herein!

MILLI KREISS *(tritt ein):* Darf ich bitten, Gnädigste?

LYA: Sie sind die Fünfte heut. Da stellen sich Mädchen vor, was soll ich sagen? Werden Sie mich auch enttäuschen?

MILLI: Die Zeit wird es lehren, die Gnädigste.

Lya: Sehr gut, die Zeit. Wie heißen Sie denn?

Milli: Milli, wenn ich bitten darf.

Lya: Auch ein Name; Milli! Ein Brechmittel von einem Namen. Jeder zweite Dienstbote heißt Milli heut. Ich brauch eine Zofe.

Milli: Wie gesagt, die Gnädigste.

Lya: Milli. Wo kriegt man nur so einen Namen her?

Milli: Eine gütige Fee hat ihn mir in die Wiege gelegt.

Lya: Die gütige Fee hätt ich gern gesehn. War ein Waschweib wohl, und die Barchentwäsche hat sie angehabt.

Milli: Ich hab selber das Gefühl, die Gnädige.

Lya: Gütige Fee! Wie stellen Sie sich das vor, eine Fee?

Milli: Wie die gnädige Frau, wenn ich bitten darf.

Lya: Wie ich?

Milli: Genau wie die gnädige Frau. Eine schöne Frau ist wie die Sonne und scheint für jedermann.

Lya: Jedermann? Wie kommen Sie darauf?

Milli: Es heißt eben so.

Lya: Sagen Sie, warum bin ich wie eine Fee?

Milli: Gnädigste haben Augen wie Sterne, einen Rosenmund . . .

Lya: Und die Haare?

Milli: Die Haare schwarz wie die Nacht im Orient.

Lya: Sagen Sie, was denkt sich so ein Mann von mir?

Milli: Die Männerwelt ist Ihnen ewigen Dank schuldig, Gnädigste.

Lya: Aber sagen wir: was Besondres. So ein Wirtschaftsführer.

Milli: Alles beehrt sich hinter Ihnen her.

Lya: Also ein Wirtschaftsführer auch.

Milli: Wie gesagt, schöne Frau.

Lya: Waren Sie schon in Stellung?

Milli: Es ist das erste Mal, wenn ich bitten darf.

Lya: Ich möcht mir nämlich jemand abrichten. Für mich persönlich. Wie alt sind Sie?

Milli: Ich bin noch jung, aber lang nicht so jung wie die gnädige Frau.

Lya: Auf wie alt schätzen Sie mich?

Milli: Höchstens 23. Kann sein 21. Kann sein 22. 23 nehm ich zurück. 23 kann nicht sein. Das war ein Irrtum von mir. Ich bitte verbindlichst um Entschuldigung.

LYA: Was sagen Sie? Das ist Ihr Ernst?

MILLI: Wie gesagt, bitte schön.

LYA: Also Sie waren noch nie in Stellung. Haben Sie was angestellt zu Haus? Ich mein, weil Sie weg wollen. Sie kriegen
mir doch hoffentlich kein Kind!

MILLI: Ausgeschlossen, meine Gnädigste, ganz ausgeschlossen.

LYA: Also warum?

MILLI: Mit einem Wort, ich vertrag mich nicht.

LYA: Hab ich mir gedacht. Sind Sie anspruchsvoll?

MILLI: Nein, wenn ich bitten darf.

LYA: Sie passen mir ganz gut. Sie sind die erste. Nur der Name
eben. Milli vertrag ich nicht.

MILLI: Darf ich Ihnen ein Rätsel zum Lösen aufgeben, schöne
Frau?

LYA: Was fällt Ihnen ein?

MILLI: Nur einen neuen Namen für mich.

LYA: Was glauben Sie?

MILLI: Die preisgekrönte Lösung lautet: Leonie.

LYA: Leonie. Das ist mir zu hoch.

MILLI: Das ist viel zu hoch. Ich bitte verbindlichst um Entschuldigung.

LYA: Was glauben Sie noch?

MILLI: Mary, wenn ich bitten darf.

LYA: Mary laß ich mir gefallen. Also gut. Sind Sie frech?

MILLI: Die Zeit wird es lehren, die Gnädigste.

LYA: Sie sind für mich persönlich, Mary, aber, da heißt es flink
sein. Unsere Marie, die Köchin, geben wir bald weg. Die wird
uns zu alt. Dreizehn Jahre haben wir das schon im Haus. Ich
find, wir haben genug für sie getan. Mein Mann ist sprachlos.
Ewig geht das nicht. Wir sind nicht gesonnen. Bis wir die
Marie weggeben, übernehmen Sie auch die Küche. Sie haben
ja keine Arbeit mit Fensterputzen. Was sagen Sie, wie schwer
es die Mädchen früher hatten!

MILLI: Darf ich um eine verehrte Gunst bitten, schöne Frau?

LYA: Was wollen Sie noch?

MILLI: Es gibt ein Lied, das heißt: Ich küsse Ihre Hand, Madam.

LYA: Ich versteh schon.

*Milli stürzt auf Lyas Hand zu und küßt sie*

MARIE *beschäftigt sich mit ihrem Spiegel. Nach einem ersten langen Blick schüttelt sie den Kopf. Sie holt einen Lappen, nimmt das sehr kleine Spiegelchen her und putzt es gründlich wie ein großes, schweres Gerät. Der zweite Blick steigert ihre Unzufriedenheit. Sie putzt heftiger und mit fahrigen Bewegungen, die Wut verraten. Im Augenblick, da Milli Kreiss der Gnädigen links die Hand küßt, stampft Marie zornig auf:* A was, falsch ist er! Falsch! *Milli Kreiss entfernt sich durch den Korridor. Es wird dunkel links. Marie versucht sich wieder am Spiegelchen. Da klopft es an der Küchentür. Sie steckt den Scherben rasch ein und ruft:*
Wer ist?

FRANZI NADA *(tritt ein):* Ham S' was zum Essen für mich, Fräuln Marie?

MARIE: So, Nada Franzi. Ja, hab ich was.

FRANZI: Jetzt hab ichs in die Knie schon, das Reißen. Das Kreuz spür i a beim Gehn. I glaub alleweil, i fall um. Ja, das Alter, Fräuln Marie, das ist schon ein Kreuz.

MARIE: Geh weg.

FRANZI: Neue Zähn müßt i habn. Da schaun S' her, Fräuln Marie. Net ein' Zahn hab i net. Habn S' gsehn, Fräuln Marie? Net, daß glaubn wegn meiner. I mein ja nur, für wenn i den Franzl triff. Der kennt mi do nimmer ohne die Zähn.

MARIE: Geh weg. Da hast Essen.

FRANZI: Was glaubn S'. Jetzt hab ich ihn scho verlorn: Vierzig Jahr! Da möcht er mi nimmer kennen. Weil i bin scho gar alt, Fräuln Marie. Net ein' Zahn hab i net. Das müssen S' selber sagen. Jetzt eine andre möcht sich giften. I gift mi net. Weil er braucht mi do gar net kennen. I kenn ihm ja doch!

MARIE: Geh, iß schon, dummes Mensch! Immer alte Geschichten jeden Tag! Sitzt sie fünf Jahr in Loch für Bruder und fangt sie wieder an mit Bruder.

FRANZI: Ja, im Loch war ich fünf Jahr – für ihm. Fortgenommen habns' ihm, beim Feuer. Wissen S' noch das große Feuer was war? Ich such ihm, weil ein Dienstmann, der hat viel z'tun bei so ein' Fest. Ich such und such. Jetzt passen S' gut auf, Fräuln Marie. Ich spür ihm dort. Wissen S', für den Franzl hab ich so ein gutes Gspür, sonst net, für ihm hab ich das gute Gspür. Das glauben S' jetzt net. Passen S' gut auf, Fräuln Marie: Ich komm zu dem Feuer. Grad wie ich beim Feuer bin, find ich ihm. Das war vor zehn Jahrn. Dazumal waren es akrat dreißig

Jahr. Ich find ihm, und grad, wie ich ihm find, kommt ein feiner Herr, ein feiner Herr, und nimmt ihm mir fort, »Rauber!« schrei ich, »Laßts ihm auße! Auslassen! Rauber! Tuts ihm nix! Auslassen!« »So«, habn die Herren gsagt, »wer nicht hören will, muß fühlen. Jetzt kommen Sie auf fünf Jahr ins Loch.« »Gut«, sag ich, »aber mein Bruder, den gib ich net her, mein Bruder net, mein Bruder net, na!«

MARIE: Geh, schrei net, Franzi, iß schon! Kommt Herr, schmeißt di auße.

FRANZI: Ich hab wieder kein Appetit net. Jetzt sagen die Leut: Kannst ihm denn gar nicht vergessen, Nada Franzi? Nein, sag ich, nein! Ihm kann ich nie vergessen! Wissen S', Fräuln Marie, er macht alles, wie ichs ihm sag. Von die Herrschaften heischt er ja viel zu wenig. So ein guter Dienstmann, was er is, der tragt was, das möchten S' net glaubn. Franzl, sag ich, du mußt mehr heischen. Blöd darfst net sei. Die lachen di ja aus, die Herrschaften. No, und er? Jetzt passn S' gut auf, Fräuln Marie. Da heischt er gleich, was ihm gebührt. Ja, er kennt mich halt. Er weiß, i meins ihm gut.

MARIE: Kennst das, Nada Franzi? *(singend)* In der Nacht, in der Nacht, wenn die Liebe erwacht.

FRANZI: Wie geht denn das weiter?

MARIE: Kenn i net. Muß noch lernen. In der Nacht, in der Nacht, wenn die Liebe erwacht.

FRANZI: Ja, wer singt denn des bei euch z'haus?

MARIE: Sing ich ganz alleine. Das ist mein Lied. Singt sonst niemand. Was glaubst, ich sing fremde Lied? Geh weg, dummes Mensch, immer mit Bruder!

FRANZI: Ich hab auch ein Lied. Kennen S' das, Fräuln Marie? Du, du, nur du allein! Das hab ich mir ganz allein ausgedacht. *(Sie singt, immer aufgeregter, mit alter, brüchiger Stimme)* Du, du, nur du allein! Wissen S', das ist für den Franzl! Du, du, nur du allein!

MARIE: Schön ist. Hab ich noch nie gehört. Kann mirs net merken, alle Lieder was sein.

FRANZI: Wissen S' Fräuln Marie, immer geh i net betteln. Ich wird noch reich!

MARIE: Geh weg reich du, zu was du!

FRANZI: Das muß sein, Fräuln Marie. Ich muß doch sparen fürn Franzl. Was tut der auf seine alten Tage? Wissen S', wie alt der is, Fräuln Marie? Jetzt passen S' gut auf, Fräuln Marie, der is alt: Achtzig vorüber. Achtzig vorüber. Eine Kraft hat der in sich, man möchts gar net glauben! Aber einmal hört sich das auf, die Kraft, das geht net ewig so weiter. Da kann er do net so dastehn ohne nix! Sehn S', Fräuln Marie, da spar ich für ihm. Er hat nur mich, sonst hat er niemand. Niemand. Wissen S', was i brauchet, Fräuln Marie? *(sehr geheimnisvoll)* Ein' Scherbn brauchet i!

MARIE: Scherbn du! Geh weg, was machst mit Scherbn?

FRANZI: In die Häuser geh ich! Ein Geld verdien ich mir! Ganz reich kann eins werdn damit! I mein so ein' kleinigen Scherbn, ein' Spiegel halt wie man sagt. Jetzt such ich fünf Jahr so ein Scherbn und find kein!

MARIE *(zieht ihr Spiegelchen aus der Bluse):* Da hast, Nada Franzi, Spiegel.

FRANZI: Jessas, das Fräuln Marie! Das liebe, gute Fräuln Marie! Jetzt hat die ein' Scherbn! Ja wo habn S' denn des her, den Scherbn? Ja, ghört der ehrlich mein, der Scherbn! Um Gottes willen, das kann i do net nehmen, ein' Scherbn! Das liebe, gute Fräuln Marie! Ja, wo habn S'denn des her, den Scherbn?

MARIE *(wild):* Falsch ist er! Dreck ist er! Spiegel das? Dreck das? Brauch ich nicht Dreck! Falsch brauch ich nicht! Glaubst, schau ich so aus! Gar nie schau ich so aus! *(Sie zeigt, ohne sich wieder darin zu besehen, auf den Spiegel, den Franzi schon fest in der Hand hält)* In der Nacht, in der Nacht, wenn die Liebe erwacht!

EGON KALDAUN *(der zu Mittag heimkommt, auf dem Korridor draußen):* Kind, du kannst tanzen wie meine Frau.

FRANZI *(respektiert eine Weile staunend den Ausbruch der Marie. Dann überläßt sie sich ihrer Freude. Sie tanzt, den Spiegel offen auf der Hand, in der Küche kreischend auf und ab):* Du, du, nur du allein!

MARIE *(immer noch wild):* In der Nacht, in der Nacht, wenn die Liebe erwacht!

EGON *(öffnet, rascher und heftiger, als man es von ihm erwarten würde, die Küchentür):* Marie, ich habs Ihnen schon hundertmal gesagt, Sie sollen nicht singen, ganz einfach!

FRANZI *(versteckt rasch ihren Scherben):* Jessas, der gute, liebe gnä' Herr, so ein feiner, so ein lieber, so ein guter gnä' Herr!

EGON: Was hat das Bettelweib in der Küche zu suchen?

FRANZI *(tänzelt an ihn heran)*: Du, du, nur du allein!

EGON: Also, das fehlt noch. Singen auch, nicht nur betteln! Das singt, das untersteht sich ganz einfach und singt! Du, du, nur du allein! Betteln, gut. Aber singen, singen! Bin ich aus Luft? Ich bin nicht gesonnen! Die Lya hätt das erleben müssen! Sie fliegen heut zum letzten Mal! Du, du, nur du allein! Was heut alles singt, Vettel, unverschämte! Wie alt sind Sie denn? Ganz einfach, das hat keine Scham im Leib! Wenn ich Sie noch einmal beim Singen erwisch – ich übergeb Sie eigenhändig der Polizei! Du, du, nur du allein! Ich werd euch geben, du, du, nur du allein! *(Er schlägt auf die alte Franzi los)* Alles singt! Alles singt! Alles singt! Die Lya! Die Kinder! Die Marie! Das Bettelweib! Alles singt! Ganz einfach! Bin ich aus Luft? Ich bin nicht gesonnen! Erst wasch dir das schmierige Maul sauber, Vettel, alte! Ganz einfach, dann sing! Du, du, nur du allein! Umbringen könnt ich das! Und Sie, Marie, Sie gehn jetzt zum letzten Mal!

MARIE: Solln schon sehn wie ich geh! Heiraten tu ich, daß Sie's nur wissen, heiraten!

EGON *(wischt sich die Hände ab, geht hinaus, schlägt die Tür zu und brüllt)*: Kind, du kannst tanzen wie meine Frau!


## Auf der Straße

BARLOCH *stößt heftig mit* GARAUS *zusammen. Sie sehen einander sehr ähnlich. Barloch ist aber arm und abgerissen. Garaus wie immer, elegant und gepflegt.*

GARAUS: Passens S' a bißl auf, ja! Ich finde!

BARLOCH: No, no.

GARAUS: Das hab ich grad gern, anstoßen.

BARLOCH: Tut mir leid, Herr. Gschehn ist Ihner ja nix.

GARAUS: Schaun S' her, den Mantel habn S' mir verdrückt. Weil ich das so gut leiden kann.

BARLOCH: Wird schon net so arg sein!

GARAUS: Da hört sich aber doch alles auf! Was fällt Ihnen denn eigentlich ein? *(Er schaut sich, jetzt erst, den Frechling an und fährt bei seinem Anblick zusammen)* Ja, wie – wie kommen denn Sie daher!

BARLOCH: Auf meine zwa Beiner. Des muß i schon sagn. Sie kommen mir bekannt vor.

GARAUS: Ja, Sie mir auch. Ich finde. Wie schaun Sie nur aus! Ja, genieren Sie sich denn gar nicht? Der Anzug! *(Er befühlt Barlochs Anzug)*

BARLOCH *(befühlt den Anzug von Garaus):* Erlauben schon. I weiß gar net, wie ich dazu komme. Sündteuer!

GARAUS: Gelungen ist das. Jetzt sagen Sie mal »Ah!«.

BARLOCH: Ah!

GARAUS: Stimmt. Die Zähne stimmen. Sehr merkwürdig. Könnten S' den Kopf nicht ein bißerl – ich mein, herhalten?

BARLOCH: No, warum denn net? *(Sie halten einander die Köpfe entgegen und befühlen sich gegenseitig. Barloch, der selber keinen hat, nimmt Garaus den Hut herunter)*

GARAUS: Identisch. *(Barloch setzt sich den Hut auf)* Schon gar mit dem Hut.

BARLOCH: No, und mit dem Mantel erst! Jetzt passen S' auf! *(Er zieht Garaus wie einem kleinen Kind den Mantel aus und legt ihn sich selber an)* No?

GARAUS: Immens! Ich finde. Eine Freude seit Jahren.

BARLOCH: Ja, wenn ich des früher gwußt hätt!

GARAUS: In derselben Stadt. Da ist man sich so nah. Ein Vergnügen!

BARLOCH: Bei die Zeiten!

GARAUS: Daß man sich früher nicht getroffen hat!

BARLOCH: Ein reines Wunder!

GARAUS: Josef, natürlich?

BARLOCH: No was denn?

GARAUS: Man soll nicht heiraten. Einmal geh ich aus ohne das Weib, und schon passiert was Gutes. Ich finde. Die richtet nämlich grad ein Bad für mich her, und da bin ich allein spazieren heut.

BARLOCH: Ich sag auch: die Weiber! Mich haben die Weiber reingelegt – das können S' Ihner gar net vorstelln!

GARAUS: No ja, natürlich. Versteht sich. Das ist identisch.

BARLOCH: Junggeselle soll man bleiben! Dann hat man ein Glück.

GARAUS: Ich schmeiß ja meine hinaus. Bei der ersten Gelegenheit.

BARLOCH: Ich auch. So ist es, außeschmeißen!

GARAUS: Man könnte sich öfters treffen. Wie gehts mit dem werten Befinden?

BARLOCH: An der Gesundheit fehlt nix. Da schaun S' her!

*(Er zeigt seine Muskeln)*

*Garaus zeigt seine*

BARLOCH: No ja.

GARAUS *(blickt auf Barlochs Schuhe)*: Mit den Schuhen, das kapier ich ja nicht.

BARLOCH: Schaun S' lieber net hin! Zahlt si net aus.

GARAUS: Das muß ich aber sagen, Verehrtester! Solche Schuhe! Ich finde.

BARLOCH: Ja, was glaubn S'! Mein halben Lohn muß ich jetzt hergeben. Da ist so ein Erpresser, ein dreckiger. Der kriegt meinen halben Lohn! Derschlagen könnt ich das Luder!

GARAUS: Was? Wieso? Lohn?

BARLOCH: No, mein Lohn halt. Ich bin doch Packer.

GARAUS: Ich finde. Sehr merkwürdig. So. Sie könnten mir jetzt meinen Hut wiedergeben, Herr! Ich frier auf dem Kopf, und verkühlen mag ich mich nicht. Schon gar nicht vor meinem Bad. Den Mantel gebn S' auch!

BARLOCH: Was? Das haben Sie mir geschenkt, Herr! Den Hut habn S' mir selber gschenkt. Den Mantel habn S' mir auch gschenkt. Die Schuh hab ich gar net wolln!

GARAUS: Machen S' kein Theater daher! Ich hab keine Zeit.

BARLOCH: Sie san teppert im Kopf, Herr! I bin keine Vogelscheuchn net, daß S' mi anziehn und ausziehn!

GARAUS: Ich hab mich in Ihnen getäuscht. Das ist bitter. Ein großer Schmerz. Ich weiß gar nicht, ob ich das überleben tu. Aber geben S' jetzt meinen Mantel und meinen Hut her!

BARLOCH: Da können S' lang warten!

GARAUS: Ich mach Sie aufmerksam! Man kennt mich genau. Ich übergeb Sie der Polizei. Das Zeug haben S' gstohlen! Das kann Ihnen jedes Kind sagen.

EMILIE FANT *(kommt die mittlere Straße heruntergestürzt)*: Mein Kind! ich suche mein Kind! Wo ist mein Kind? So kann ich nicht arbeiten! Mein Kind! Haben Sie mein Kind gesehn? Oh, Herr Direktor.

GARAUS: Da staunen S', was? Nicht mal den Hut ziehn kann ich heut. Ich probiers nämlich grad aus. Der Mann da hat ihn. Ich finde.

DIE FANT: Herr Direktor, werden Sie mir nicht untreu!

GARAUS: Da hab ich andre Sorgen! Wie geht's Geschäft?

DIE FANT: Ich hab alle Hände voll zu tun. Der François ist mir
wieder davon. Nicht soviel kann ich haben von dem Kind.
Arbeit Tag und Nacht! Tag und Nacht! Tag und Nacht! Wenn
ich ihm was sag, ist er beleidigt. Ich könnt doch was haben
von dem Kind!

GARAUS: Ja, auf Fremde darf man sich nicht verlassen. Da wird
man von hinten und vorn bestohlen.

DIE FANT: Sehn Sie, das sag ich ihm. Ich kann noch von Glück
reden, wenn ich ihn einmal in die Kasse krieg. Ich werd mir
doch nicht wen Fremden in die Kasse tun. Da wird man von
hinten und von vorn bestohlen. Jetzt muß ich ihn suchen
gehn! Und in der Kasse sitzt mir jemand Bezahlter!

GARAUS: Ich verstehe Sie sehr gut, Frau Fant. Ich hab jetzt auch
so was Schreckliches erlebt.

BARLOCH *(wirft ihm Mantel und Hut hin):* Ich scheiß auf Ihren
Dreck. Ich geh auch so! Glaubn S', ich brauch den Dreck!
*(Ab)*

DIE FANT: Den kenn ich doch. Dritte Klasse, natürlich. Ein
häufiger Gast. Ein einfacher Arbeiter, ein guter Kunde.
Pünktlich wie die Uhr. Trägt den ganzen Lohn gleich zu uns.

GARAUS: Ich geb Ihnen einen guten Rat. Nehmen Sie sich vor
dem in acht! Das Gesicht täuscht. Ich hab auch erst geglaubt.
Aber schaun S' sich jetzt die eigenen Kleider von dem Mann
an. Das kann man doch nicht!

DIE FANT: Stimmt, Herr Direktor, sehr wahr, Herr Direktor
haben ja immer recht. Mein Sanatorium wird ihm in Zukunft
verboten. Wie Sie wünschen.

GARAUS: Sie sind eine vernünftige Frau. Aber ich sag Ihnen, was
ich eben erlebt hab! Grad jetzt. Direkt schrecklich! Ich fürcht,
ich überleb es nimmer.

DIE FANT: Kommen Sie zu uns, Herr Direktor. Bei uns ist
Stimmung, bei uns ist Schick, da finden Sie, was Sie wollen.
Ihre Wünsche sind uns Befehl. Ohne Sie sind unsere Luxus-
kabinen verwaist.

GARAUS: No ja. Vielleicht komm ich heut später. Jetzt hab ich
nämlich eine Wut. Und baden muß ich heut auch noch. Ich
fürcht, ich hab mich verkühlt. Haben Sie nicht auch so das
Gefühl: der Mann ist Photograph?

DIE FANT: Stimmt. Das Gefühl hab ich immer gehabt! Wie er Ihnen nur ähnlich schaut! Dem müßt man das Handwerk legen.

GARAUS: So ist es. Ich hab schon einmal einer Photographin das Handwerk gelegt. Fünf Jahre hat die dazumal gekriegt. Aber der da, der scheint mir viel gefährlicher. Ein Erpresser!

DIE FANT: Sie werden recht haben, Herr Direktor, Sie haben recht. Beehren Sie uns bald wieder. Den François haben Sie nicht gesehn?

GARAUS: Ich hab andre Sorgen im Kopf, liebe Frau. Sie werden schon so freundlich sein und Ihr Bürscherl selber suchen. Ich weiß ja wirklich nicht, ob ich das überleb. Ich fürcht, ich überleb es nicht.

DIE FANT *(von fern)*: Mein Kind! Wo ist mein Kind! Haben Sie mein Kind gesehn! Mein Kind!


# Ein sehr schmales Kabinett

*von spartanischer Einfachheit. Das Bett, das den größten Teil des Räumchens füllt, sieht aus, als wäre es noch nie benützt worden. Auf einem harten Holzstuhl sitzt aufrecht und steif* FRITZ SCHAKERL, *vor sich hinstarrend, unbeweglich.* HEDI, *seine Braut, steht hinter seinem Stuhl, Angst und Verzweiflung in Gestalt und Zügen.*


HEDI: Geh, sei gscheit!
*Schakerl schweigt*
HEDI: Geh, Burschi, geh, sei gscheit!
*Schakerl schweigt*
HEDI: Was du nur alleweil hast! Geh, Burschi, geh, sei gscheit!
*Schakerl schweigt*
HEDI: I hab dir do nix tan. Fritzl hab i dir net gsagt. Fritz hab i dir auch net gsagt. Burschi – da hast doch nix gfunden dabei. Was du nur alleweil hast! Friedrich!
*Schakerl zuckt leise*
HEDI: Friedrich! Hörst mi denn net? Friedrich!
*Schakerl zuckt*
HEDI: Friedrich! Friedrich!
*Schakerl zuckt*
HEDI: Jetzt, das kannst auch net sagen, warums d' nix redst?

*Schakerl schweigt*

HEDI: Friedrich, du mußt in d'Schul! D'Schul fangt gleich an. Hörst denn net, d'Schul!

*Schakerl schweigt*

HEDI: Du kannst doch net ausbleiben einfach! Wanns d' net krank bist, kannst doch net ausbleiben!

*Schakerl schweigt*

HEDI: Hörst mi denn net, Friedrich? I kann doch net alleweil mit mir selber reden. Vier Tag hab i jetzt scho das Gfrett mit dir. Wann i nur wüßt, was d'hast! Verstehst mi denn net? *(leise weinend)* Rein sterben könnt i vor Angst!

*Schakerl schweigt*

HEDI *(sehr plötzlich)*: Friedrich! Friedrich! Um Gottes willen! Du mußt in d'Sitzung! Die waren heut da ausrichten, die Sitzung ist früher. Rein vergessen hab i's jetzt ghabt, vor lauter Angst! Um Elf ist Sitzung. Sitzung, Friedrich, Sitzung!

*Schakerl zuckt wieder, bei Nennung seines Namens*

HEDI: Das geht net ohne dich, Friedrich. Du bist was Besondres dabei. Die haben gsagt: wenn du net kommst, ist die ganze Sitzung zum Teufel. Friedrich, die Sitzung! Die Sitzung ist zum Teufel, wenn du net kommst. Die brauchen dich. Ohne dich können s' nix machen. Friedrich! Friedrich! *(Sie schluchzt)*

*Schakerl zuckt auch nicht mehr, sobald sie schluchzt*

HEDI: Magst den Doktor haben? I geh den Doktor holen. Rein sterben könnt i vor Angst!

FRANZI NADA *(tritt ein, eine große Schachtel mit Zündhölzern unterm Arm)*: Brauchen S' was, liebes Fräulein? Wenn Sie vielleicht was brauchen?

HEDI *(weinend)*: Den Doktor brauchet i. I trau mi net. Wann i den Doktor hol, is es aus mit uns, sagt er alleweil. Und i kann do net alleweil mit mir selber redn. Vier Tag redt er jetzt kein Wort!

FRANZI: Warten S', warten S', Fräulein. I wer' schon schaun. I schau schon.

*Sie geht geschäftig auf Schakerl zu, rückt ihn auf dem Stuhl zurecht, drückt ihn auf Schultern und Kopf, hebt ihn beim Kinn, haut ihm mit dem Finger über die Nase, boxt ihm mit ihrer kleinen alten Faust in die Brust. Er bleibt starr, wie er die ganze Zeit über war. An der häßlichen Alten, die nicht einmal seinen vollen Vornamen kennt, wird er womöglich noch starrer.*

FRANZI: Da können S' nix machen, Fräulein. Da nutzt kein Doktor nix. Da kann kein Doktor nix nutzen. Da hilft gar nix. Wissen S', was der hat? Jetzt passen S' gut auf, Fräulein! Der hat: die Spiegelkrankheit.

*Hedi hat bisher den Atem angehalten. Bei »Spiegel« bricht sie in lautes Schluchzen aus.*

FRANZI: Da müssen S' schaun, daß S' ein Spiegel kriegen. Sonst wird der nimmer gsund, und dann können S' ihn ganz weggeben. Weil ohne Spiegel wird der nimmer gsund, und da können S' ihn zu gar nix mehr brauchen. I kenn des. Jetzt hab i das gsehn: schon oft. Da braucheten S' halt ein' Spiegel, Fräulein. Sonst nutzt nix.

HEDI *(schluchzend)*: Wo nimm ich ihn her? Wo nimm ich ein' Sp-sp-spiegel her? Ich hab doch kein'!

FRANZI: Ein' Spiegel können S' scho kriegen. Kost halt gar viel Geld.

HEDI: Hab ich keins, Geld. Der Fritzl hat nie ein Geld. Der braucht alles für die Sitzungen. Da ist nie ein Kreuzer im Haus.

FRANZI: No ja. Sie sein ja gar arm! Jetzt habn S' net einmal die zehn Schilling. Weil grad so viel kostet die Behandlung. Zehn Schilling.

HEDI: Nix hab i. Gar nix. Der is schon so, der Fritzl.

FRANZI: No ja. Wenn S' mi net verraten, i hätt' ein' da. Aber verraten S' mi net. I machs Ihnen so. Es kostet Sie gar nix, weils gar so ein Armitschkerl san.

HEDI *lacht und weint zugleich*

FRANZI *macht sich an die Arbeit. Sie zieht den kleinen, runden Scherben hervor, geht, ihn vorsichtig in der Hand versteckt haltend, von hinten an Schakerl heran, steigt auf einen Schemel und hält ihm, über die Schulter, nicht ohne Anstrengung, den Spiegel plötzlich vors Gesicht)*: Jetzt rufen Sie ihm, Fräulein!

HEDI *(immer lauter)*: Friedrich! Friedrich! Friedrich!

*Schakerl belebt sich. Er sieht sich. Er erwacht. Aus einem Stein wird ein dürrer Baum.*

HEDI: Friedrich! Du mußt in die Sitzung! Friedrich!

FRANZI *verharrt unbeweglich, wie der Spiegel in ihrer Hand*

SCHAKERL *(wie aus einem Traum)*: Ich muß in die Sitzung! Ich hab keine Zeit!

FRANZI: Der is scho gsund! *(Sie springt vom Schemel herunter)*

Verraten S' mi net, Fräulein! Für Ihner kosts nix. Leben S'
wohl. Verraten S' mit net! *(Sie humpelt flink aus dem Kabinett.
Hedi schweigt)*

SCHAKERL *(springt plötzlich auf):* Wer war jetzt da?

HEDI: Aber niemand. Traumt hast.

SCHAKERL: Ein Spiegel war da. Wer war das?

HEDI: Geh, red nix. Nix war da.

SCHAKERL: Wie oft hab ich dir schon das Lügen verboten?

HEDI *schweigt*

SCHAKERL: Du gibst zu, daß du gelogen hast?

HEDI *schweigt*

SCHAKERL: Welche Strafe hast du verdient?

HEDI *schweigt*

SCHAKERL: Welche Strafe hab ich ein für allemal für das Lügen
bestimmt?

HEDI: Mit mir kannst machen, was d' willst. Das Weiberl mußt
in Ruh lassen. Die hat di gheilt. Spiegelkrank warst. So krank
warst. Wann die net kommen war, i weiß gar net, was i gmacht
hätte.

SCHAKERL: Wie hat sie ausgesehen?

HEDI: Das kann i dir net sagn. I hab ihr versprochen, ich verrat
sie net.

SCHAKERL: Dein Versprechen mußt du halten. Ich hab nichts
versprochen. Ich werde sie zu finden wissen.

HEDI: Und wenn das rauskommt, daß sie dich geheilt hat?

SCHAKERL: Ich bin Viertschaftsführer. Ich werde sie zu finden
wissen. »Weiberl« hast du gesagt. Das genügt.


## Auf der Straße

*Links auf seinem alten Standplatz* FRANZL NADA. *Rechts, sehr ängstlich und wie auf dem Sprung,* FRANZI NADA. *Die Mittelstraße kommt
trällernd* FRANÇOIS FANT *daher:* Ich küsse Ihre Hand, Madam!
Dieser Friseur geht mir auf die Nerven. Jetzt hat er mein Lied
genommen. – *Er bleibt vor einem Fenster stehen, trällert wieder sein
Lied, niemand erscheint. Er sagt: »Elegant« und geht weiter. Auf der
Hauptstraße angelangt, blickt er erst nach rechts, dann nach links, und
fängt, kaum hat er die beiden Nadas erblickt, laut zu lachen an. Ein
hartes, nüchternes Lachen. Dann wendet er sich Franzl zu.*

Lieber Freund, wissen Sie das Neueste?

NADA: Jessas, der schöne junge gnä' Herr! Jetzt hab ich Ihner scho so lang net gsehn, der schöne junge gnä' Herr!

FANT: Lieber Freund, heut gibts nix. Ich frag Sie lieber was. Wissen Sie das Neueste? Ich hab was für Sie!

NADA: Ja was denn, schöner junger gnä' Herr, ja was denn?

FANT: Die Todesstrafe ist verhängt worden. Auf das Schmeicheln nämlich. Wer auf frischer Tat beim Schmeicheln ertappt wird – no, dem passiert eben ein Malheur. Wir haben lang genug darum gekämpft. Sehn Sie, das ist etwas für Sie. Das geht Sie was an.

NADA: Ja, da kann unsereins rein krepieren, schöner junger gnä' Herr, rein krepieren kann unsereins. Sie machen ein' Spaß.

FANT: Die heilige Wahrheit. Mein Ehrenwort. Was Sie machen sollen? Lieber Freund, ich kann mich ja nicht um alles scheren. Da käm ich ja weit. Was, Konkurrenz haben Sie auch gekriegt da drüben? Sie, ich geh Ihnen mit der Kundschaft weiter! Kann die was drüben? *(Er wendet sich Franzi zu)*

FRANZI: Daß Sie nicht vielleicht glauben, schöner junger gnä' Herr, schmeicheln tu ich net.

FANT: No, was tun Sie schon?

FRANZI: In die Häuser geh ich.

FANT: Also Sie schmeicheln in den Häusern.

FRANZI: Gar net schmeicheln tu ich, junger gnä' Herr. Ich bin für die Krankheiten. In die Häuser geh ich. Ein schönes Geld verdien ich damit. *(Sehr geheimnisvoll)* Wissen Sie, Ihnen kann ichs ja sagen. Ich spar mir mein Geld für mein Bruder, den Dienstmann. Mein Bruder, den wern S' ja kennt habn.

FANT: Den Dienstmann, natürlich. Der ist doch gestorben.

FRANZI: Der is net gstorbn, junger gnä' Herr.

FANT: Natürlich ist der gestorben. Was wissen Sie?

FRANZI: Der is net gstorbn. Ich weiß es aus einer sehr einer sichern Quelle. Alt is er halt. Das ist keine Schand. Sie werdn auch einmal alt.

FANT: Ich kann Ihnen meine Quelle ja sagen. Das Manderl drüben hat Ihren Bruder gut gekannt. Der hat mirs auch gesagt, daß er gestorben ist. Fragen Sie ihn selber!

FRANZI: Der? Dem glaubn S' nix. Das ist ein Schmeichler! Ein Schmeichler ist das, junger gnä' Herr! Wenn Sie wolln, ich sags ihm ins Gesicht. Ich fürcht mi net. Vor dem net, ein Schmeichler! *(Sie geht auf Franzl zu)* Schmeichler! Schmeichler! Aufghängt gehörst! Aufgehängt!

NADA: Was hast di' da her zu stellen! Da ist mein Platz!

FRANZI: Dein' Platz, den brauch i net! Was machst auf dein' Platz? Jetzt passen S' gut auf, junger gnä' Herr: der steht auf sein' Platz und schmeichelt!

NADA: Die hat gar nix zum Reden! Die soll nix reden! Wissen S', was die macht, junger gnä' Herr: die geht in die Häuser. Mit ein' Spiegel geht die! Die hat ein' Spiegel!

FRANZI: Schmeichler! Schmeichler! Aufghängt ghörst! Aufgehängt!

NADA: Geh, zeig, wo's dein' Scherbn hast, geh!

FANT: Nur so weiter! Nur so weiter! Freßts euch einander auf. Elegant.

SCHAKERL *(taucht auf)*: Weiberl! Aha! *(Er geht auf Franzi zu und packt sie)* Sie sind verhaftet!

FRANZI: Den müssen S' packen, gnä' Herr, ein Schmeichler, der steht auf sein' Platz und schmeichelt. Den ganzen Tag schmeichelt er auf sein' Platz. I kenn ihm, i hab ihm zugschaut. Schmeichler! Schmeichler! Aufghängt ghörst! Aufgehängt!

FANT: Den übernehm ich, Herr Viertschaftsführer. Sehr angenehm, wenn Sie gestatten.

SCHAKERL: Abführen!

FANT: Sie sind auf frischer Tat ertappt. Sie werden Ihrem verdienten Schicksal entgegengeführt.

NADA: I hab doch nix gmacht, schöner junger gnä' Herr! Unschuldig bin i. I hab doch nix gmacht, schöner junger gnä' Herr!

FANT: Soeben schmeicheln Sie wieder. Sie haben zweimal hintereinander »schön« gesagt. Leider seh ich mich gezwungen, gegen Sie auszusagen.

NADA: Ja was geschieht denn jetzt mit mir, schöner junger gnä' Herr? I bin doch unschuldig, schöner . . .

FANT: Aufgehängt werden Sie. Da kann ich Ihnen nicht helfen. Das hätten Sie sich früher überlegen müssen.

NADA *(schreiend)*: Und der, der geschieht nix! Die geht in die Häuser! Ein' Spiegel hat die!

SCHAKERL: Das lassen Sie meine Sorge sein. *(Zur Franzi)* Geben Sie den Scherben her!

*Der Alte wird von François Fant abgeführt. Man hört ihn noch lange jammern.*

FRANZI: Kennen S' mi denn nimmer, junger gnä' Herr? I hab Ihnen doch gheilt. So krank waren S'. Das können S' Ihner gar net vorstelllen, so krank waren S'. Das Fräulein weiß es eh, das Fräulein Braut im Kabinett. Wann ich Ihnen net gheilt hätt, wärn S' heut no krank!

SCHAKERL: Sie geben also zu, daß Sie einen Scherben besitzen. Sie gehen einem unerlaubten Gewerbe nach.

FRANZI: I hab halt ein Bruder, junger gnä' Herr, für den muß ich sorgen. Mein Bruder ist das. Der kann net verhungern auf seine alten Tage. Dienstmann war er.

SCHAKERL: Ich weiß alles! Sie sind vorbestraft. Sie sind seinerzeit wegen unbefugten Photographierens zu fünf Jahren schweren Kerkers verurteilt worden. Ich habe Sie erkannt. Ich habe Sie damals persönlich der Polizei übergeben. Ich werde es heute wieder tun. Die Vorstrafe wirkt strafverschärfend.

FRANZI *(läßt den Scherben fallen):* I hab doch gar kein' Scherben, junger gnä' Herr.

SCHAKERL: Sie haben soeben einen Scherben fallen lassen. Sie halten mich wohl für blind, was? Ausnahmsweise will ich Gnade für Recht ergehen lassen. Machen Sie, daß Sie fortkommen. Wenn ich Sie wieder betreffe, ist es aus mit Ihnen.

FRANZI: I dank vielmals junger gnä' Herr, i dank vielmals, so ein lieber, so ein guter, so ein feiner junger gnä' Herr! *(Sie humpelt eiligst davon. Ihre Dankesbeteuerungen vermischen sich mit dem fernen Jammern ihres Bruders)*

SCHAKERL *(hebt mit allen Zeichen des Ekels den Scherben auf):* Pfui! W-w-was g-g-geschieht d-d-damit? *(Er stottert wieder)*

*Ein riesiges, weißgekacheltes Badezimmer. Die Wanne ist in den Boden eingelassen, so daß nichts die Gleichmäßigkeit der Kacheln stört.*

GARAUS, *der eben aus dem Boden gestiegen ist, steht allein im Bademantel da und führt Gespräche mit seiner Haut, die er behutsam und zärtlich abreibt*

Ich sag es bis zum letzten Atemzug. Ein Mann steht dafür ein. Das ist die Überzeugung. Mannhaft. Denn was ist das heutzutage, ein Mensch? Ein Mensch ist sein Ebenbild. Was sagst? Kusch! Sein Ebenbild. Ja, und ein Mensch ohne Ebenbild bringts zu nichts. Die Zeitungen schwimmen von Blut. Das sind Nachrichten. Ein Unglück kommt aufs andere. Ein Unglück allein, das gibts schon nimmer. Da hat sich einer aufgeschnitten, und dort ist einer verblutet. Das unschuldig vergossene Blut. Das rote Blut. Lauter junges Blut. Das stinkt zum Himmel. Ich finde. Blut ist ein roter Saft. Gut, meine Herren, von mir aus, Saft. Aber was tut ein Mensch ohne den roten Saft? Zugrund geht er! Was sagst? Kusch! Er geht zugrund. Ich bin imstand und wart mit einem Beispiel auf. Weil ich das grad so gut leiden kann. Die Leut sollen schaun. Mit Blut da hört sich schon alles auf. Mein Blut hab ich einmal, und blöd bin ich nicht. Ein andrer vielleicht. Ich nicht. Sie sind von der Polizei? Bitte, mein Herr, überzeugen Sie sich. Sie finden im ganzen Haus kein Objekt. Was das Herz begehrt, das finden Sie nicht. Aber wissen Sie, was Sie finden, mein Herr, da werden S' schaun! Wissen Sie es schon? Blutnachrichten! Was sagst? Kusch! Blutnachrichten! Hiermit übergeb ich Ihnen feierlich die Zeitung vom gestrigen Tage. Da steht eine Überschrift. Ich bitte zu schauen. Der Blutsonntag. Der gestrige Tag hat bedauerlicherweise zahlreiche neue Opfer gefordert. Wieder sind 98 Menschen einem tückischen Geschick zum Opfer gefallen. Sie warfen das Leben mit leichter Hand dahin. Es hatte ihnen nichts mehr zu bieten. Die gemeinsame Einäscherung findet Mittwoch statt. Zur Teilnahme ladet höflichst ein: das Rettungskomitee. Und was haben die davon? Ein feuchtes Grab in der . . . Was sagst? Kusch! Ein feuchtes Grab in der Erden. Jetzt wart ich eine Stunde schon aufs Wasser. Natürlich, das Wasser ist noch net warm. Wieder einmal nicht warm. Daß sie mir mein Wasser bringt! Ja, warum net gar. Das fällt ihr gar net ein. Ich soll mich wohl kalt rasieren? Ich finde! Daß es blutet, mit dem kalten Wasser. Ich dank schön. Weil ich das grad so gut leiden kann. Bluten! Ich und Blut! Mein Wasser! Ich will mein Wasser! Hast es schon wieder verschüttet? No, die kann was erleben! Mein Wasser! *(Es klopft)* Herein!

*Die Tür öffnet sich leise.* SCHWESTER LUISE, *sehr verängstigt, mager und bleich, tritt mit einem Waschbecken in der Hand ein. Während sie es auf ein Tischchen niederstellt, schweigen beide mit ernstem Gesicht. Dann herrscht er sie an:*

Wie lang muß ich noch rufen? Ich hab das satt! Diese Schlamperei in meinem Haus hab ich satt!

LUISE: Ich hab viermal geklopft, Herr Direktor. Ich wars nur aufwärmen. Bitte verzeihen Sie mir, Herr Direktor. Es soll nie wieder geschehn.

GARAUS: Du willst behaupten, ich hab dich nicht gehört? Das ist ein Blödsinn. Ich hab Ohren, und ich hab nichts gehört. Ich sag Schlamperei. Aber ich hab jetzt keine Zeit. Die Zeit ist mir viel zu kostbar für deinen Blödsinn. Wo hast denn – no, du weißt!

LUISE: Sofort, Herr Direktor, sofort. *(Sie huscht davon)*

GARAUS: Jetzt werden wir ja sehn, ob ich dem gleichschau. Man kann sich auch täuschen, und auf der Straße gar. Kommt so ein Lump daher, ohne Mantel, ohne Hut, mit zerrissenen Schuhn, lauter Lumpen hat er an, noja, so ein Lump, und behauptet, ich schau ihm gleich. Da täuschen Sie sich, Herr, sag ich, mit gewohnter Ruhe. Ich hab so eine Art, das Gebrüll mit so ein' Lumpen, das kann ich nicht leiden. Sie täuschen sich, Herr, Ihnen schau ich schon gar net gleich. Ich finde. Was tut er? Er wird frech und fordert von mir mein Herzblut. Ich kann aber Blut nicht leiden. Ich bin nicht für das viele Blut. Es geht auch ohne das viele Blut. Rot, wie man sagt. So ein Blödsinn. Was geht mich der Blödsinn an? Ich sorg mich für das Elend. Bei mir gibt es keinen Blutsonntag. Bei mir einmal nicht. *(Mit plötzlich sehr zärtlicher Stimme)* Da ist sie ja. Mein gutes Weiberl. Ich hab ja doch ein gutes Weiberl. Was bringts mir denn da, das Weiberl?

*Luise erscheint in der Tür. Sie hält in beiden Händen etwas, das einem Säugling gleicht, so umständlich und sorgfältig scheint es eingepackt. Sie kriecht damit auf Garaus zu, es ist, als ob sie Zehe vor Zehe setzen würde.*

GARAUS: Was bringts mir denn da; ich möcht wetten, das Weiberl bringt mir da was, no was denn? Sie schaut auch nicht rein, warum schauts net rein, er hat ihrs verboten. Wer hats verboten? Er hats verboten. Was hats denn da so schön eingepackt, immer schön eingepackt, man kann gar nicht vorsichtig genug sein. Der Mensch denkt, Gott lenkt. Auf einmal ist die ganze Schönheit beim Teufel. No so gib schon! Aufessen könnt ichs grad, mein Kuscherl, mein Gutes, no was hats denn eingepackt so schön, für den großen Buben, da hat ihm die Mutter was mitgebracht. Geh, gib, gar so lange brauchst net umeinand machen, aufessen könnt ichs, geh, gib, mein Kuscherl, mein herzigs. Was hat denn das Kuscherl da aufgehoben, für den Buben, den großen, hat es das aufgehoben?

*Schwester Luise wickelt indes aus einer Unmenge von Tüchern, in die er eingepackt ist, einen kleinen Spiegel. Während der zärtlichen Worte des Mannes sieht man es manchmal blitzen. Er nimmt ihn in beide Hände, streichelt mit der einen, dann mit der andern Hand darüber und brüllt plötzlich:*

Wa-as? Ein Sprung! Der Spiegel hat einen Sprung!

*Er hebt die Faust und läßt sie mit voller Wucht auf das Haupt seiner Frau niederfallen. Sie bricht zusammen, man weiß nicht, ob von selbst, oder von ihm getroffen.*

## Die Straße bei Nacht

*Es ist so still, daß man die wenigen Lichter fürchtet. Sie erlöschen. Vielleicht geht es schon gegen Morgen. Auf seinen Stelzen schleicht* FRITZ SCHAKERL *heran, ein peinliches Unternehmen. Er sieht sich sehr oft um, bückt sich bis zum Boden und schnüffelt. Die Rechte hält er zur Faust geballt. Der Arm hängt starr und lang wie ein Stock. Zuweilen klopft er damit auf den Grund. Hinter ihm sind Stimmen her.* »Halt!« »Was tun Sie da?« »Wollen Sie leugnen?« »Hüten Sie sich!« »Sie werden beobachtet!« »Hüten Sie sich!« *Diese Stimmen stottern. Er findet die alte Stelle, die er sucht, denn er kniet am Boden und gräbt mit der Linken ein Loch. Die Stimmen von überall schwellen an zu stotternden Chören. Bei jedem Stoß fährt sein Kopf hoch, seine Faust öffnet sich kurz, und es blitzt darin der Spiegelscherben. Er will ihn tief in der Erde, er gräbt und gräbt. Doch die Stimmen untergraben seinen Mut. Er schleudert den Scherben ins Loch, schüttet mit vollen Armen die Erde wieder hinein, springt auf und hetzt, von Stimmen erkannt, davon. Der Wind läßt bald nach. Es regnet in Strömen, und der Morgen graut. An der Stelle, wo der Spiegel vergraben liegt, hat sich eine* REGENPFÜTZE *gebildet.*

THERESE KREISS *öffnet ihren Laden. Sie nähert sich leise der Pfütze. Sie hört ein Geräusch, bekreuzigt sich und hastet in den Laden zurück.* MILLI *will ihre Mutter auf einen Sprung besuchen. Die Pfütze sticht ihr ins Auge. Sie kniet davor nieder und fährt sich rasch einmal übers Haar. Da hört sie schon Schritte, springt auf und davon. Ihre Mutter besucht sie nicht.* WONDRAK *kommt die Straße herunter gestürzt. Er bemerkt die*

*Pfütze und verzieht höhnisch das Gesicht. Er blick bald zum Laden der Kreiss hinüber, bald auf die Pfütze und sieht aus, als werde er gleich »Dreck« sagen. Er spuckt aber nur in die Pfütze und stürzt davon. Fräulein Mai trippelt daher. Sie kommt einkaufen. Vor der Pfütze, in die Wondrak gespuckt hat, bleibt sie verzückt stehen. Die Witwe Weihrauch taucht auf und zählt ihr Geld nach. Sie ist damit noch nicht fertig, da streckt Anna Barloch ihre Hand hervor und nimmt der Weihrauch das ganze Geld ab. Erst jetzt erkennen beide Fräulein Mai vor der Pfütze, die fühlt sich beobachtet und trippelt erbost in den Laden. Rechts kommt S. Bleiss von seinem Nachtgeschäft heim. Er bemerkt die Damen und geht in einem weiten Bogen um die Pfütze herum. Die Weihrauch und Anna Barloch hängen sich ineinander ein und machen verzweifelt kehrt. Die Kreuzung belebt sich, Mehr Menschen erscheinen. Alle starren zur Pfütze hinüber. Niemand wagt sich an sie heran. Es ist heller Tag.*

# DRITTER TEIL

## Ein hoher Vorraum

*dessen Wände mit dunkelrotem Samt belegt sind. In der Kasse auf einem kleinen Podium links sitzt* EMILIE FANT, *eine Reklame für Fett oder Seife, alles starrt und glänzt an ihr. Mit unerschöpflichem Lächeln und kalten Augen mustert sie die lange Schlange von Menschen, die vor der Kasse angestellt sind. Es ist unmöglich, Gesichter auszunehmen. Die Männer haben den Hut tief ins Gesicht gedrückt, den Mantelkragen hochgestellt, die Frauen halten das Taschentuch vors Gesicht, manche haben sich einen Schal ums Haupt gewickelt. Niemand spricht. Jeder ist für sich allein da. Es ist, als hätten alle schwarze Kleider an und lösten sich Karten zu einem Begräbnis. In der Mitte der Schlange etwa steht ein einziges Paar. Eine Frau mit einem Kopftuch hält einen Mann sehr fest bei der Hand und zieht ihn allmählich zur Kasse vorwärts. Hie und da zupft jemand seine Kleidung hastig zurecht. Auf Niesen erwidert der Raum mit empörter Stille. – Rechts vorn in einer grellroten Portiersuniform mit spiegelnden Metallknöpfen steht* WENZEL WONDRAK, *einladend schön.*

DIE FANT: Wünschen Zweite, mein Herr? Kann ich sehr empfehlen.

HERR: Was kostet Zweite?

DIE FANT: 12.60 Zweite. Ist sehr zu empfehlen.

HERR: Und was kostet Dritte?

DIE FANT: Sie können auch Dritte. Das ist dann 6.40. Wie Sie wünschen. Es zwingt Sie niemand.

HERR: Geben Sie mir Dritte. Ganz einfach.

*Er bekommt rasch eine Karte, zahlt und geht nach links ab*

DIE FANT: Der nächste Herr, bitte. Pardon, bitte meine Dame? *Eine kleine tiefverschleierte Dame haucht Emilie Fant einige unvernehmliche Worte in den Mund*

DIE FANT: Aber, versteht sich. Zweite, die Dame wird doch nicht ... *(Sie bekommt die Karte, zahlt und geht)* Die nächste Dame bitte.

EINE GROSSE STARKE FRAU *mit sehr männlicher Stimme:* Gehn S', gebn S' mir ein' guten Rat! Es ist nie das Richtige bei mir. Ich bin zu breit nämlich. Wissen S', wie breit ich bin? Das möchten S' gar net glauben, wie breit ich bin!

DIE FANT: Bei mir finden Sie alles. Sie haben nur zu wählen.

FRAU: Ja, das ist net so einfach. Ich bin dicker wie Sie, glaubn S' das?

DIE FANT: Ich für meine Person löse immer zwei Karten. Am besten zweimal Erste.

FRAU: Was, Sie kostet das auch was? Jetzt hab i gmeint, Sie dürfen umsonst.

DIE FANT: Ich bin eine einfache Angestellte, meine Dame.

FRAU: Gehn S', jetzt hab i gmeint, das Geschäft ghört Ihnen!

EINE SCHARFE MÄNNERSTIMME HINTEN: Beeilen Sie sich etwas, ja!

EINE NÜCHTERNE VORN: Ich mach Sie aufmerksam!

EINE DERBE: Drah di!

EINE FRAUENSTIMME: Wir haben unsere Zeit nicht gestohlen!

FRAU: No, so geben S' mir halt zweimal Dritte. Die könnens gar nimmer erwarten, die Herrschaften.

DIE FANT: Nehmen Sie lieber Zweite! Ich meins Ihnen gut. Ich hab nichts davon.

FRAU: Ich nehm immer zweimal Dritte. Basta. Schluß.

FANT: 12.80 also. Wären mit Zweiter besser davongekommen. Der nächste Herr, bitte.

*Heinrich Föhn noch im Mantel, aber offen und ungeniert, kommt von rechts vorn auf den Portier zu, der ihm strahlend den Weg vertritt*

DIE FANT *(bemerkt das und ruft hinüber):* Wondrak, der Herr Doktor passiert! Der Herr Doktor hat Luxus mit Apparat.

WONDRAK: Weiß ich, meine Herrschaften, weiß alles, ich weiß.

*Heinrich Föhn geht durch den Vorraum nach links*

DIE FANT: Meine Verehrung, Herr Doktor. Wurden schmerzlich vermißt gestern bei uns. Sind nicht krank, will ich hoffen, der Herr Doktor. Wär ja arm.

FÖHN: Ach, bloß eine kleine Unpäßlichkeit. *(Ab)*

DER MANN MIT DER NÜCHTERNEN STIMME: Braucht man sich das gefallen zu lassen?

DIE FANT: Bitte vielmals um Entschuldigung. Die Frau ist schon so. Ihre Frau Vorgängerin. Das denkt immer nur an sich.

DER NÜCHTERNE: Andre können das auch. Man kann mit der Kundschaft weitergehn.

DIE FRAUENSTIMME: Wir haben unsere Zeit nicht gestohlen.

DIE FANT: Sie werden nirgend so reell bedient. Überzeugen Sie sich selbst. Sie kommen wieder. Was belieben zu nehmen, mein Herr?

DER NÜCHTERNE: Einmal Dritte. Als Mitglied des Rettungskomitees genieße ich 50 Prozent Ermäßigung.

DIE FANT *(wütend)*: 3.20! *(Der Nüchterne zahlt und geht)* Die nächste Dame, bitte!

DAME: Unerhört! Wir haben unsere Zeit nicht gestohlen.

DIE FANT: Sie sind die Dame, die sich das letzte Mal eingeschlichen hat. Sie haben unsere Firma geprellt.

DAME: Was sagen Sie?

DIE FANT: Ich hab Sie mir gemerkt. Ich erkenne Sie genau. Verlassen Sie sofort unser Sanatorium!

DAME: Einmal Erste, ja. Ich bin nicht gesonnen. Ewig diese Warterei!

DIE FANT: Einmal Erste, 25, bitte sehr, meine Dame.

DAME: Also endlich. Es gibt noch was Besseres auf der Welt wie Sie. *(Zahlt und geht)*

DIE FANT *(lauter):* Daß Sie mir die Dame nicht mehr hereinlassen, Wondrak! Die hat uns jetzt schon zweimal geprellt. Das dritte Mal hab ich sie erwischt.

DIE DERBE MÄNNERSTIMME: Wozu ist die Polizei da?

*Einige lachen, aber nur kurz. Die meisten rücken ängstlich auseinander*

DIE FANT: Der nächste Herr, bitte.

*Vor der Kasse taucht plötzlich zu aller Erstaunen ein Junge auf*

JUNGE: Was kostet Dritte?

DIE FANT: Soviel Geld hast du gar nicht, du Laubub. Geh lieber heim, aber rasch, ja?

JUNGE: Und was kostet Zweite?

DIE FANT: 12.60. So ein Frechdachs! Hat dich der Papa geschickt?

JUNGE: Bitte, dann nehme ich Erste!

DIE FANT: Nicht möglich! Ja, hast du denn so viel Geld?

JUNGE: Genau 25. Zählen Sie's nach.

DIE FANT: Da muß ich aber sagen! Ein kleiner Prinz! Das hat ja Augen wie glühende Kohlen. Abküssen könnt man das Prinzchen. Ein indischer Fürstgemahl! Heißt du schon Sie?

JUNGE: Sie können auch du sagen, wenn's Ihnen Spaß macht!

DIE FANT: Man traut sich ja gar nicht! *(Er bekommt seine Karte. Solche Erster Klasse gibt sie langsamer aus)* Der nächste Herr, bitte!

*Josef Garaus wohlverpackt in Mantel und Hut, kommt von vorn rechts auf den Portier zu*

DIE FANT *(bemerkt ihn sofort)*: Wondrak, der Herr Direktor passiert! Der Herr Direktor hat Luxus mit Kur.

WONDRAK: Weiß ich meine Herrschaften, weiß alles, ich weiß.

*Garaus geht nach links*

DIE FANT: Meine Verehrung, Herr Direktor. Sind mir also doch nicht untreu geworden, was?

GARAUS: Warten S' erst, bis ich gestorben bin.

DIE FANT: Aber Herr Direktor, ich flehe Sie an!

GARAUS: Unsereins lebt auch nicht ewig, Frau Fant. *(Links ab)*

DER DÜRRE MANN MIT DER SCHARFEN STIMME: So!

DIE FANT: Sie wünschen, mein Herr?

DER DÜRRE *(bläst Luft zu den Lippen hinaus)*: Phii!

DIE FANT: Wie bitte?

DER DÜRRE: Phii!

DIE FANT: Ich verstehe den Herrn nicht. Darf ich Ihnen vielleicht Erste, mein Herr?

DER DÜRRE: Nein!

DIE FANT: Dann Zweite. Bitte 12.60

DER DÜRRE: Nein!

DIE FANT: Sie wollen Dritte. Können Sie haben. Hätten Sie rascher sagen können, lieber Herr!

DER DÜRRE: N-n-nein!

DIE FANT: Ja, also was wollen Sie eigentlich, mein Herr? Die Leute warten ja, wie Sie sehen!

DER DÜRRE: H-h-hüten Sie sich!

DIE FANT: Ihretwegen kann ich die Leute nicht weggehn lassen. Soviel verdienen wir nicht, wie Sie wissen werden.

DER DÜRRE: H-h-hüten Sie sich! *(Er geht nach rechts zurück und stellt sich hinten wieder an. Die Leute sind unruhig geworden)*

DIE FANT: Man möcht glauben, wir sammeln Reichtümer! Wir werden uns nicht kränken um den Herrn!

*Das Paar ist vor der Kasse angelangt*

DIE FRAU MIT DEM KOPFTUCH *(zu dem Mann)*: Geh weg, jetzt komm schon! Feig!

DER MANN: Nein! Nein!

Die Frau mit dem Kopftuch: Hochzeitsreise hast du gesagt. Was sagst du? Immer falsch!

Die Fant *(mißtrauisch):* Zweimal Dritte, bitte?

Die Frau mit dem Kopftuch: Geh weg. Dritte auf Hochzeitsreise! Zweimal Zweite! Daß Sie's nur wissen: Hochzeitsreise!

Die Fant: Immerhin wieso? 25.20!

Die Frau mit dem Kopftuch: Da nimm schon! *(Sie zahlt und zieht den Mann mit sich fort)*

Die Fant: Ich empfehle mich. *(Zu Wondrak hinüber)* Merken Sie sich, Wondrak! Ein armer Mensch hat auch ein Herz. Da kann man sich nur ein Beispiel nehmen!

Wondrak *(während es dunkel wird):* Weiß ich, meine Herrschaften, weiß alles, ich weiß.

Ein Automat: Beehren Sie uns bald wieder.

*Es ist stockfinster. Man vernimmt ein Scharren wie von vielen unsicheren Schritten. Menschen tasten den Boden mit Händen und Füßen ab. Es können aber auch Tiere sein. Ein Wolf heult plötzlich:* Au! Au! *Andere fallen ein:* Au! Au!

Was ist das?

Au! Au!

Still, um Gottes willen, still!

Ich will nicht!

Ich ersticke!

Licht! Licht!

Ein Automat: Haben Sie keine Angst. Hier sind Sie sicher.
*Für eine ganz kurze Zeit wird es still, nur das Scharren hält an und sammelt sich zu einer Stimme:* Geh schon! No geh schon!

Ich kann nicht!

Au! Au!

Kusch, zum Teufel!

Ich hab Angst!

Wer ist das?

Au! Au!

Ein Automat: Haben Sie keine Angst. Sie sind hier unter der Erde.

*Das Scharren hat aufgehört. Jemand schreit:*

Ich falle!

Der Boden!

Ooooo!

Nicht! Nicht!

Verbrecher!

Schweigen Sie!

Licht! Licht!

Ooooo! Ooooo!

EIN AUTOMAT: Haben Sie keine Angst, Sie sind schon am Ziel. *Jetzt sind es lauter Wölfe, und sie heulen vor Hunger und Angst:*

Ooooo! Ooooo!


EIN AUTOMAT: Achtung! Achtung!


*Es wird strahlend hell. In einem grellen* Spiegelsaal *sitzen stumm an die zwanzig Menschen. Zwei Spiegelgalerien laufen von rechts und von links auf den Hintergrund zu und treffen sich dort in einer breiten Doppeltür. Vor jedem Spiegel sitzt regungslos ein Mensch, die Arme hart in die Hüften gestemmt, die Ellbogen spitz und gehässig gegen die Nachbarn gekehrt. Niemand spricht. Niemand atmet. Die Luft ist wie aus Glas.* FRANÇOIS FANT *gleitet lautlos von vorn nach hinten, von hinten nach vorn. Der Boden wie seine Sohlen sind aus Gummi. Mit einem ebensolchen Lächeln nickt er in jeden Spiegel hinein. Er begrüßt die Bilder seiner Gäste. Rechts vorn sitzt* FRITZ SCHAKERL, *so steif wie er will, und darf gar nicht stottern.* KALDAUNS ÄLTESTER *neben ihm geht in seine Klasse. Er wird betreut von seiner Mutter* LYA, *diese von ihrer Zofe* MILLI *links.* BARLOCH *hält sich mit dem einen Ellbogen seine Frau* ANNA *vom Leib, mit dem anderen* S. BLEISS, *den Hausierer. Die* WITWE WEIHRAUCH *hat es sich auf zwei Stühlen zugleich recht unbequem gemacht, doch wagt sie es nicht, sich zu rühren. Ganz hinten* FRÄULEIN MAI *in Schwarz. Links von der Doppeltür die* SECHS JUNGEN MÄDCHEN. EGON KALDAUN *hat die gekündigte* MARIE *zur Nachbarin. Marie aber hält den* PREDIGER BROSAM *mit Mühe fest. Er gefällt sich offenbar nicht und sieht aus, als ob er gern entfliehen würde.* THERESE KREISS *neben ihm macht sich mit dem Teufel vertraut. So wäre hier alles in gehöriger Ordnung beisammen. Nur weiß es niemand. Bis auf Marie und ihren Prediger, die auf der Hochzeitsreise sind, ahnt keiner, wen er da im Saale hat. Jeder wäre über seinen Nachbarn zu Tode erschrocken, doch Ellbogen sind blind und die Augenblicke teuer bezahlt.*

EINE LUXUSKABINE *desselben Etablissements.* GARAUS *wird vor einem großen Spiegel von* FRITZ HELD *rasiert.*


HELD: Darf ich verbindlichst fragen, ob das Messer gefälligst schmerzt?

GARAUS: Das kann ich noch nicht sagen. Das muß ich mir erst überlegen.

HELD: Ich bin bereit, es schwarz auf weiß mit einem andern zu probieren.

GARAUS: Und wenn das andre weh tut? Da hab ich dann was davon.

HELD: Herr Direktor, bei mir ist das ausgeschlossen. Meine Messer sind insgesamt stumm wie das Grab.

GARAUS: Grab, zu dumm, Grab. Was hat ein Messer mit einem Grab zu tun?

HELD: Verzeihung, Herr Direktor gestatten. Ich red, wie mir der Volksmund gewachsen ist. Ich nehme ergebenst die Blödheit zurück.

GARAUS: Probieren können Sie schon. Ich hab das gern: Spüren. Nur weh tun vertrag ich nicht. Ich kann eben kein Blut sehn. Blut vertrag ich nicht.

HELD: Bravo! Ich persönlich bin auch gegen das Augenausstechen. Herr Direktor sind darin präzis genau wie ich.

GARAUS: No, no. Ich finde.

HELD: Womit ich mir den Herrn Direktor um Himmels willen nicht zu vergleichen erlaube.

GARAUS: Das könnt mir grad noch fehlen.

HELD: Apropos fehlen. Wie fühlen sich Herr Direktor heut sonstwie? Herr Direktor sind so einsilbig heut, wenn ich bitten darf.

GARAUS: Ja, eben. Ich fühl mich ja net gar so arg schlecht, solang ich in diesen Hallen weile. In diesen heiligen Hallen. Aber kaum hat man den Fuß vor die hohe Pforte gesetzt, no, da fühlt man sich schon wie gerädert. Die vielen Enttäuschungen. Ja, die Jugend ist heut kein Spaß.

HELD: Warum, ich bitte sehr, Herr Direktor sind noch ein junger Mensch. Jünger man kann nicht.

GARAUS: Dagegen kann ich nur sagen: Und die Sorgen?

HELD: Ein kleines Techtel, ein kleines Mechtel, und alles wird wieder gut, ich finde.

GARAUS: Jetzt werden S' net unverschämt! Das machen Sie mit wem andern! Gratis stehen Sie nicht da. Sie haben gar nichts zu finden. Ich finde. Und überhaupt, was weiß ein ordinärer Angestellter wie Sie von Sorgen?

HELD: Ich gestehe untertänigst, ein Versager auf allen Linien zu sein.

GARAUS: Ein Mensch ohne Geld kennt keine Sorgen. Was kriegen Sie schon gezahlt? Ein Trinkgeld werden S' kriegen. No, da haben Sie auch keine Sorgen. Das ist doch logisch. Ich finde.

HELD: Eine tüchtigste Gnädigste, die Frau Fant, das muß man ihr lassen!

GARAUS: Die Frau, die hat was. Jeden Tag, wenn ich vorbeikomm, stehn die Leute vor der Kassa angestellt, so lang.

HELD: Wenn Herr Direktor erst wüßten!

GARAUS: Was, wenn ich wüßte? Was wissen denn Sie?

HELD: Das verrat ich aber nur persönlich. Es kostet mich sonst den Kopf.

GARAUS: No.

HELD: Ich fleh Sie an, Herr Direktor!

GARAUS: No.

HELD: Da gibt es nämlich drei Klassen. Erste sozusagen, Zweite allerdings und auch Dritte. Der Preis ist jeweils um hundert Perzent erhöht.

GARAUS: Das gehört sich auch so.

HELD: Immerhin, Herr Direktor, der Schlager kommt jetzt. Die Leut sitzen alle im selben Saal. Und dieselben Spiegeln haben s' auch. Stellen S' sich das vor, wenn ich bitten darf. Da hat einer für das Vergnügen 6.40 bezahlt und der, was ihm daneben sitzt, zahlt 25. Für dasselbe Vergnügen.

GARAUS: Und da merkt keiner was! Die Person imponiert mir. Immens!

HELD: Jetzt ist das Etablissement zehn Jahre alt, genau zehn Jahr, und es hat noch keiner was gemerkt. Zehn Jahr steh ich schon hier, und seit ich weiß, war noch nie ein Anstand. Die Leut sind versunken wie im Lied vom Glück. Kennen Herr Direktor das Lied vom Glück? Die Leut sind nicht so, wie der Herr Direktor sind.

GARAUS: No, mir könnt das nie passieren.

HELD: Würd es auch gar nicht wagen, die Frau Fant. Bei den Luxusherrschaften, sagt sie, da bietet sie was. Ein Luxusmensch weiß, was er will für sein Geld. Die Andern, warum sind sie so dumm?

GARAUS: Da kann man nur sagen: Hochachtung.

HELD: Wenn nur das Unglück mit dem Sohn nicht wär. Der Herr François sind ein Taugenichts.

GARAUS: Ein Unglück muß der Mensch haben. Ja, wenn die
Sorgen nicht wären! Ich frag Sie jetzt was. Da werden Sie
staunen. Aber ich frag Sie was: Haben Sie einen Mord auf dem
Gewissen? Ja oder nein?

HELD: Da kann ich zur Erwiderung anvertrauen: Täglich zwölf.

GARAUS: So Witze passen sich nicht, wenn ich von mir rede. Ich
finde!

HELD: Herr Direktor können keiner Fliege ein Zuleid antun.
No, wie gar einem Menschen. Herr Direktor besitzen, wenn
ich bitten darf, ein kolossal goldenes Herz.

GARAUS: Da haben Sie ja recht. Aber wenn ein Mensch Sie bis
aufs Blut sekkiert?

HELD: Da kann was passieren. Bei jedermann. Nur bei Ihnen
nicht.

GARAUS: Ah was! Das muß anders werden! Das muß alles anders
werden!

EINE DONNERNDE STIMME: Ja, Leichtsinn, dein Name heißt
Weib! Du bringst uns um die herrlichsten Früchte! Du raubst
uns der sauren Mühe Schweiß! *(Beifall)*

GARAUS: Er hat recht. Ich muß schon sagen. Er hat recht.

HELD: Herr Direktor, ich bin ratlos.

GARAUS: Sind Sie ruhig, ja!

DIE DONNERNDE STIMME: Was ich brauch, das hab ich zu Haus!
So geht es nicht weiter. Die Welt geht zugrund! *(Tosender
Beifall)*

HELD: Ich versteh das nicht, wieso . . .

GARAUS: Ja, was verstehen denn Sie schon von solchen Sachen?
So geht es nicht weiter. Die Welt geht zugrund. Es muß alles
anders werden.

DIE DONNERNDE STIMME: Sollen wir unser Leben lang an den
Folgen eines kleinen Fehlers tragen? Laßt das Vergangene
vergangen sein! Der Sinn für alles Echte und Unverfälschte,
für alles Unverlogene und Wahre, für alles Makellose und
Reine muß wiedergeboren werden und wiedererstehen.
*(Beifall)*

HELD: Daß man das so gut hört! Ich weiß ehrlich nicht recht.

GARAUS: Jetzt reden Sie schon wieder von sich! Sie interessieren
mich ja gar nicht, Herr!

HELD: Herr Direktor, man könnt sich umbringen, so recht
haben. Rasiert werden hier wie im Paradies. Aber auf dem

Mundwerk, da stimmt was nicht. Wenn ich einen Rat wagen dürfte, Herr Direktor sind einsilbig heut und deprimiert, nehmen sich doch einmal Luxus mit Seele! Versuchen und lassen sich kommen! Eine tadellose Dame, elegant, Ärztin und prompt aus der besten Gesellschaft, mit hochgebildeten Reden. Die Leut gehn krank und gebrochen rein, wenns rauskommen, sind sie unschuldig wie ein neugeborenes Kind.

GARAUS: Unschuldig?

HELD: Ja, ich meine nur, wie man sagt. Lassen sich die Dame kommen, Herr Direktor! Bei Luxus kommt sie. Ich fleh Sie gefälligst an. Mein Kompliment, Herr Direktor, wünschen wohl rasiert zu haben. Mein Kompliment, ich schicke die Damer herüber.

## Die Luxuskabine nebenan

HEINRICH FÖHN *steht vor einem Spiegel in Lebensgröße und spricht. Die Wänder dieser Kabine sind von oben bis unten mit großen, runden Löchern versehen. In seiner Linken hält Föhn einen kleinen, handlichen Apparat mit mehreren Knöpfen, der durch eine Leitung an die Wand angeschlossen ist.*

FÖHN: Kolossale Summen, ungeheure Gelder, werden fortwährend und unaufhörlich verschwendet und vertan. Das Volk aber darbt und hungert. Wir wollen nicht darben, und wir wollen nicht hungern. *(Er drückt, aus den Löchern der Wände klatscht es)* Jeder soll nach seiner Fasson selig werden. Sind wir nicht mündig und erwachsen? Aber wie sind diese Herren? Eine Hand wäscht die andre. Tu mir nichts, tu ich dir nichts. Ja, Leichtsinn, dein Name heißt Weib! Du bringst uns um die herrlichsten Früchte! Du raubst uns der sauren Mühe Schweiß! *(Er drückt, Beifall)* Wären wir Mädchen und jung dazu, so hätten wir Sinn und Verständnis dafür. Leider sind wir es nicht und können es nicht sein. Diesen unlauteren Wettbewerb mit kolossalen Mitteln, diese Schmutzkonkurrenz zu niedrigen Preisen gilt es zu vernichten und auszurotten! *(Er drückt mehrmals, tosender Beifall)* Lassen wir die faulen Fische! Es kommt kein Vergnügen dabei heraus. Glauben Sie mir, mancher könnte Wirtschaftsführer sein, der es heute nicht ist. Es kann der Frömmste nicht in Frieden leben, wenn es dem bösen Nachbarn nicht gefällt. *(Er drückt, großer Beifall)* Auch die schönsten und standhaftesten Männer sind durch sorgsame Pflege und gute Küche gefesselt und sogar gewonnen worden. Geht die Liebe nicht durch den Magen? Solange wir leben, lieben wir! Es ist immer das alte vergessene Lied. Kein Wesen ist allein auf der Erde. Kein Geschöpf befindet sich allein in der Welt. *(Er drückt, der Beifall ist schwächer)* Ein Mensch ist keine Vogelscheuche, und besondere Menschen wie wir schon gar nicht! Wir tragen ein edles Bild im Herzen. Wann wird es wahrhaft unser sein? Der Engländer hat ein weltberühmtes Sprichwort: my home is my castle – was ich brauch, das hab ich zu Haus! *(Er drückt, der Beifall ist schwach)* So geht es nicht weiter! Die Welt geht zugrund! *(Er drückt, der Beifall ist kaum vernehmlich)* Sollen wir unser Leben lang an den Folgen eines kleinen Fehlers tragen? Laßt das Vergangene vergangen sein! Reichen wir uns die Hände! Kein Teufel kann uns trennen! *(Er drückt. Es kommt kein Beifall. Er drückt und drückt. Er stampft wütend auf. Es ist umsonst. Er geht zur Tür und zieht das Notsignal, eine grelle Alarmglocke. Dann geht er nervös in der Kabine auf und ab und spricht, jetzt ohne Pathos, rasch vor sich hin)* Der Sinn für alles Echte und Unverfälschte, für alles Unverlogene und Wahre, für alles Makellose und Reine muß wiedergeboren werden und wiedererstehen. Denn nur der Schöne weiß, was schön, nur der Starke, was stark ist. Und das Alte, das man erledigt und abgetan glaubte, kehrt siegreich und strahlend wieder. Verachtet mir das Alte nicht! Was wären wir ohne das Alte? Ehre Vater und Mutter! Ägypter und Babylonier, Assyrer und Perser, Griechen und Römer sind zugrunde gegangen, mächtige Reiche, gewaltige Mächte ...

WONDRAK *(stürzt herein)*: Ist was gschehn am Spiegel?

FÖHN: Ah da ist er ja, der Portier. Sagen Sie, was ist heute mit dem Klatschapparat los? Ich drücke und drücke, und es kommt nichts heraus. Ich halt das nicht aus. Ich bin schon ganz nervös. Krank wird man in eurem Sanatorium!

WONDRAK: Sehr wahr, Herr Doktor, sehr wahr, kolossal wahr!

FÖHN: Sie glauben es vielleicht nicht. Sie können mir glauben. Ich bin zu feinfühlig. Ich habe zu lange gewartet, bis ich geläutet habe. Ich wollte Ihnen nicht noch mehr Arbeit aufhalsen. Viel zu feinfühlig bin ich mit euch! Probieren Sie doch selbst! Da!

WONDRAK: Sehr gern, Herr Doktor, sehr gern. *(Er drückt)*

FÖHN: Sehn Sie! Es kommt kein Beifall heraus. Es kommt kein Beifall! Jetzt fängt die eine Wand an, ganz schwach. Die drüben klatscht überhaupt nicht. Die hat heut im ganzen drei- oder viermal geklatscht, höchstens. Ich bin verzweifelt. Können Sie das nicht selbst regulieren?

WONDRAK: Probieren kann ich, Herr Doktor, probieren werd ich, Herr Doktor, aber ob, ob es nützt?

FÖHN: Habt ihr denn keinen Ersatzapparat? Eine Schande ist das! Ein solcher Betrieb und kein Ersatzapparat! Richten Sie der Fant aus, daß ich ernstlich böse bin. Zehn Jahre komm ich täglich her. Einen treueren Gast habt ihr gar nicht, na ja, der Direktor, den ich immer unten treffe, das ist ein Trottel, der zählt nicht. Sagen Sie der Fant, ich bin außer mir vor Empörung! Binnen fünf Minuten hat der Apparat zu funktionieren! Ich weiß nicht, was ich sonst tue! Ich bin außer mir!

WONDRAK: Sehr wahr, Herr Doktor, kolossal wahr! *(Er stürzt hinaus)*

*Die Luxuskabine nebenan wird wieder hell.*

LEDA FÖHN-FRISCH: Ich fürchte, Herr Direktor, Sie denken zuviel. Lassen Sie sich jetzt einmal gehen. Strengen Sie sich gar nicht an. Ich weiß, Sie haben so viel wichtige Dinge im Kopf. Ein Mann in Ihrer verantwortlichen Stellung! Das ist nur natürlich. Kein Mensch wird Ihnen einen Vorwurf draus machen. Das versteht sich von selbst. Das geht gar nicht anders bei Ihnen. Aber wenn Sie mir einen Gefallen tun wollen, mir persönlich – Sie sagen doch, daß ich Ihnen sympathisch bin –, dann lassen Sie sich jetzt einmal ganz gehen, denken Sie an nichts. Ruhn Sie sich aus. Warten Sie, vielleicht setzen Sie sich besser so. *(Sie dreht seinen Stuhl um, so daß er dem Spiegel den Rücken kehrt)*

GARAUS: Das wär gar nicht schlecht, wenn man sich einmal ausspannen könnte, so von Herzen.

LEDA: Und jetzt, sitzen Sie gut? Ich denke, ja, jetzt erzählen Sie mir ganz einfach, was Ihnen so durch den Kopf geht.

GARAUS: Ja wenn das so einfach wäre, meine Gnädige.

LEDA: Ich will Ihnen helfen. Dazu bin ich ja da. Erinnern Sie
sich, einmal, da waren Sie schon ein großer Bub, und da
hatten Sie was angestellt, etwas Schreckliches, etwas ganz
Schreckliches, vor dem Papa hatten Sie Angst, überhaupt
gegen den Papa hatten Sie manchmal einen solchen Haß, da
kamen Sie zur Mutter und legten den Kopf auf ihren Schoß
und beichteten.

GARAUS *(schluckend):* Der große Bub, der war ich, ja, ich war
immer der große Bub.

LEDA: Sehn Sie, ich hab das schon früher gewußt und kenn Sie
gar nicht. Sie werden sehn, wieviel ich weiß. Sagen Sie mir
ruhig, was Ihnen durch den Kopf geht, ich weiß ja doch alles
– ob Sie's jetzt selber sagen oder nicht, es ist nur, damit wir
rascher vorwärtskommen.

GARAUS: Meine Frau ist dahingeschieden. Da dran muß ich
denken.

LEDA: Sehn Sie! Das wußte ich, und ich wußte auch, warum Sie
so traurig sind.

GARAUS: No, hören Sie, wenn mir die Frau gestorben ist! Da soll
ich net einmal traurig sein!

LEDA: Hören Sie, großer Bub. Sie können doch nichts dafür, daß
Ihnen die Frau gestorben ist. Sterben muß jeder. Das ist ein
Naturgesetz. Die Naturgesetze sind ewig. Sie können doch
gar nichts dafür, verstehen Sie, wenn Sie was dafür könnten,
läge die Sache anders, aber ich weiß alles, und ich weiß auch,
daß Sie nichts dafür können.

GARAUS: No, natürlich kann ich nichts dafür.

LEDA: Wenn Sie dafür könnten, wären Sie ein Mörder. Sieht ein
Mörder so aus? Im Ernst, drehen Sie sich einmal um und
betrachten Sie sich genau im Spiegel. Sieht ein Mörder so aus?
Ja, oder nein? Wenn Sie andrer Meinung sind, wenn Sie da das
Gefühl haben sollten, daß ein Mörder so aussehen kann, dann
sagen Sie es ruhig, ich bin Ihnen nicht böse, es kann nicht
jeder derselben Meinung sein. Ich für mich privatim könnte
schwören, daß ein Mörder unter gar keinen Umständen so
aussieht.

GARAUS: Da haben Sie ganz recht.

LEDA: Sie werden noch drauf kommen, daß ich immer recht
habe. Wissen Sie, was ich jetzt weiß? Ich sags Ihnen auf den

Kopf zu, erschrecken Sie nicht, ich muß es Ihnen sagen, nehmen Sie sich zusammen! Es ist nicht so arg.

GARAUS: Warum denn? Warum? Ich habe ein reines Gewissen.

LEDA: Trotzdem sage ich Ihnen direkt auf den Kopf zu: Sie schauen nicht gern in den Spiegel!

GARAUS *(nach Luft schnappend)*: Ja – nein – wie – ich finde!

LEDA: Fassen Sie sich! Ich meine es ja nicht bös mit Ihnen. Ich bin kein Untersuchungsrichter. Ich bin Arzt. Ich bin sogar Ärztin.

GARAUS: Da hört sich doch alles auf! Da . . . Ich werde jetzt gehen.

LEDA *(drückt ihn auf den Stuhl hinunter)*: Dableiben, schön dableiben! Dummer großer Bub, wer wird so mißtrauisch sein? Das ist keine Sünde, und das ist auch kein Verbrechen. Ein Mensch ist doch nicht verpflichtet, gern in den Spiegel zu schaun. Es ist zwar ein Naturgesetzt, daß der Mensch das gern tut, aber Ausnahmen bestätigen die Regel. Warum sollten Sie nicht grade die Ausnahme sein? Sie sind nicht eitel. Ist da was dabei?

GARAUS: No, eben. Da ist doch gar nichts dabei.

LEDA: Sie sind augenblicklich nicht eitel. Sie haben keine Lust dazu, sich in Ihrer jetzigen Verfassung zu sehen. Früher war es natürlich anders. Früher hatten Sie Spiegel gern, wie jeder andere Mensch. Sie verzeihen übrigens, daß ich das verpönte Wort hier so offen ausspreche. Sie empfinden das vielleicht als unanständig. Etwas sträubt sich in Ihnen dagegen, daß jemand – und schon gar eine Frau – ein solches Wort in den Mund nimmt. Aber ich bin auf Ihre Heilung bedacht. Alles andere ist mir gleichgültig. In Ihrem persönlichsten Interesse muß ich die ekelhaftesten Dinge offen beim Namen nennen.

GARAUS: Ja, ekelhaft ist das schon.

LEDA: Sehn Sie. Ich weiß auch, daß Ihnen das ekelhaft war. Jetzt, wo wir uns darüber geeinigt haben, können wir leichter weitermachen. Sie schaun also gar nicht gern in den Spiegel. Wissen Sie, daß Sie jetzt sogar rot geworden sind?

GARAUS: Schon möglich. Man geniert sich ja.

LEDA: Sie fangen an, sich vor mir zu fürchten, weil ich alles weiß. Hören Sie gut zu, Sie brauchen sich nicht zu fürchten. Sehn Sie, das spricht doch nur für Ihre Anständigkeit, daß Sie nicht gern in den Spiegel schaun. Sie haben Hemmungen.

Aber diese Hemmungen sind nicht unüberwindlich. Seit Ihre
Frau gestorben ist, mögen Sie von Spiegeln nichts mehr wissen. Sie kommen zwar in unser Sanatorium, ein dunkles
Etwas treibt Sie her, aber wo Sie einen Spiegel erblicken,
wenden Sie sich haßerfüllt ab. Ist es so?

GARAUS: Ja, ich hab das nicht gern, Spiegel.

LEDA: Seit dem Tod Ihrer Frau ist etwas zerbrochen.

GARAUS *(brüllt):* Sehr richtig!

LEDA: Geben Sie sich keiner Täuschung hin! Unser Gedächtnis
trügt uns oft. Wir verwechseln oft Ursache mit Wirkung. Sie
haben jetzt das Gefühl, daß das alles schon früher passiert ist;
daß Sie schon zu Lebzeiten Ihrer Frau an nichts mehr Freude
hatten; daß der Spiegel, Urbild aller Freude des Menschen, ja,
ja, schauen Sie nur, da kann ich Ihnen nicht helfen, es ist so,
Sie haben also das Gefühl, daß dieser Spiegel in Ihnen früher
zerbrochen ist und die Frau dann starb. Sie fürchten, am Tode
Ihrer Frau mitschuldig zu sein, weil das Unglück mit dem
Spiegel schon vorher passiert war. Aber es ist nicht so, glauben Sie mir, alles, was Sie darüber denken, ist falsch erst ist
Ihre Frau gestorben, und dann zerbrach der Spiegel.

GARAUS: Sehr richtig! Sehr richtig!

LEDA: Sehen Sie. Sie sind ganz unschuldig! Sie können gar
nichts dafür! Sie haben nie was dafür gekonnt!

DONNERNDE STIMME: Eine Hand wäscht die andre. Tu mir
nichts, tu ich dir nichts!

GARAUS: Ich finde!

LEDA: Lassen Sie sich nicht stören. Das ist nur mein Mann.

GARAUS: Was will der Kerl schon wieder?

LEDA: Da scheint etwas am Klatschapparat nicht zu funktionieren. Das ist nur mein Mann. Lassen Sie sich nicht stören. Wir
machen ruhig weiter.

DONNERNDE STIMME: Kolossale Summen, ungeheure Gelder
werden fortwährend und unaufhörlich verschwendet und
vertan. Das Volk aber darbt und hungert.

GARAUS: Der soll sich lieber die Windeln waschen, das grüne
Bürscherl. Was versteht der von der Wirtschaft!

LEDA: Hören Sie lieber nicht hin! Das ist nur mein Mann. Wissen
Sie, was diese Luxuskabine mit Apparat mich täglich kostet?
Ich sage es Ihnen lieber nicht. Aber machen wir weiter!

GARAUS: Man versteht ja sein eigenes Wort nicht!

DONNERNDE STIMME: Glauben Sie mir, mancher könnte Wirtschaftsführer sein, der es heute nicht ist. Es kann der Frömmste nicht in Frieden leben, wenn es dem bösen Nachbarn nicht gefällt. Kein Wesen ist allein auf der Erde! Kein Geschöpf befindet sich allein in der Welt! Ehre Vater und Mutter! Ägypter und Babylonier, Assyrer und Perser, Griechen und Römer . . .

LEDA: Ich verstehe das nicht. Das kommt ja gar nicht von nebenan. Der geht auf dem Gang herum. Das geht doch nicht. Der stört uns den ganzen Betrieb.

GARAUS: Eine solche Frechheit ist mir noch nicht vorgekommen! Erziehen Sie sich das Bürscherl besser! Wie kommt man dazu! Man hat doch gezahlt!

EMILIE FANT *(kommt hereingestürzt):* Um Gottes willen, Frau Doktor, helfen Sie mir, Ihr Mann ist verrückt geworden, er tobt, ein Verrückter, bei mir, ein Verrückter!

GARAUS: Jetzt frag ich Sie, Frau Fant: Ist hier Luxus oder ist hier kein Luxus?

DIE FANT: Um Gottes willen, Herr Direktor, natürlich. Ich weiß nicht mehr, wo mir der Kopf steht, er macht mir das Etablissement kaputt, ich hab Angst, er schlägt auf meine Spiegel los, mein Kind ist nicht da, reden Sie mit ihm, ach, daß kein Mann da ist, niemand hilft mir! Arbeit Tag und Nacht, Tag und Nacht, Tag und Nacht. Frau Doktor, ich flehe Sie an, bändigen Sie ihn, Herr Direktor, ich flehe Sie an, helfen Sie mir, Herr Direktor, Sie können von mir haben was Sie wollen, bevor er auf die Spiegel losgeht! Das gibt ein Unglück! Das gibt ein Unglück!

GARAUS: Das werden wir gleich haben. Der soll es nur spüren, das Bürscherl! Ich bin nicht so. Aber jetzt werd ich so. Alle Zähne hau ich ihm kaputt, dem Dreckfink! Wissen Sie, wie ich das finde? Rücksichtslos!

LEDA: Das ist er immer, mein Mann. Er ist rücksichtslos.

DIE FANT: Mein Kind! Wo ist mein Kind? Hilf deiner Mutter, mein Kind!

*Alle drei stürzen auf den Gang hinaus*

*Im* SPIEGELSAAL *hat sich nichts geändert. Dieselben Menschen sitzen stumm da, den Blick starr auf ihr Bild gerichtet. François Fant geht lautlos auf und ab. Plötzlich hört man eine tobende* STIMME, *erst von ferne noch, doch sie nähert sich rasch*

Jeder soll nach seiner Fasson selig werden! Sind wir nicht mündig und erwachsen?

*Der junge Kaldaun zuckt*

Ja, Leichtsinn, dein Name heißt Weib! Du bringst uns um die herrlichsten Früchte. Du raubst uns der sauren Mühe Schweiß!

*Barloch zuckt*

Wären wir Mädchen und jung dazu, so hätten wir Sinn und Verständnis dafür. Leider sind wir es nicht und können es nicht sein.

*Die sechs Mädchen zucken*

Diesen unlauteren Wettbewerb mit kolossalen Mitteln, diese Schmutzkonkurrenz zu niedrigen Preisen gilt es zu vernichten und auszurotten.

*S. Bleiß zuckt*

Glauben Sie mir, mancher könnte Wirtschaftsführer sein, der es heute nicht ist. Es kann der Frömmste nicht in Frieden leben, wenn es dem bösen Nachbarn nicht gefällt.

*Fritz Schakerl zuckt*

Auch die schönsten und standhaftesten Männer sind durch sorgsame Pflege und gute Küche gefesselt und sogar gewonnen worden.

*Fräulein Mai zuckt*

Geht die Liebe nicht durch den Magen? Solange wir leben, lieben wir!

*Die Witwe Weihrauch zuckt*

Es ist immer das alte vergessene Lied.

*Egon Kaldaun zuckt*

Kein Wesen ist allein auf der Erde, kein Geschöpf befindet sich allein in der Welt.

*Maria und der Prediger Brosam zucken zueinander hin*

Ein Mensch ist keine Vogelscheuche und besondere Menschen wie wir schon gar nicht!

*Barloch zuckt heftiger*

Wir tragen ein edles Bild im Herzen. Wann wird es wahrhaft unser sein?

*Lya Kaldaun zuckt*

Der Engländer hat ein weltberühmtes Sprichwort: my home is my castle. Was ich brauch, das hab ich zu Haus. So geht es nicht weiter. Die Welt geht zugrund! Sollen wir unser Leben lang an den Folgen eines kleinen Fehlers tragen?

*Milli Kreiss zuckt*

Der Sinn für alle Echte und Unverfälschte, für alles Makellose und Reine, für alles Unverlogene und Wahre muß wiedergeboren werden und wiedererstehen. Denn nur der Schöne weiß, was schön,

*François Fant zuckt zusammen und horcht*

und nur der Starke, was stark ist!

*Barloch hebt beide Arme und packt seinen Spiegel*

Und das Alte, das man erledigt und abgetan glaubte, kehrt siegreich und strahlend wieder. Verachtet mir das Alte nicht!

*Anna Barloch zuckt*

Was wären wir ohne das Alte? Ehre Vater und Mutter!

*François Fant geht hinaus. Er läßt die Doppeltüre offen. Der Blick fällt in endlose Spiegelgalerien*

Ägypter und Babylonier, Assyrer und Perser, Griechen und Römer sind zugrunde gegangen; mächtige Reiche, gewaltige Mächte. Bis zum heutigen Tage ist noch jede Kultur an ihrer Undankbarkeit zugrunde gegangen! Haben denn unsere Eltern, unsere Vorfahren und Ahnen umsonst gelebt oder gar vergeblich? Jahrhunderte, Jahrtausende und Aberjahrtausende schauen und blicken auf uns herab! Der Franzose, nicht faul, hat auch ein Sprichwort: qui vivra, verra. Der Mensch soll seine Augen offen haben!

*Alle zucken durcheinander*

Dieses Recht lassen wir uns nicht nehmen! Wir lassen es uns aber auch nicht rauben! Ist es die Vergangenheit, ist es die Zukunft, die das von uns fordert und verlangt? Ich erwidere: Beide! Beide fordern und verlangen von uns, daß wir uns dessen entsinnen, was wir einmal waren, dessen gedenken, was wir einmal sein werden! Reichen wir uns die Hände!

*Alle schleudern ihre Arme vor. Jeder packt seinen Spiegel und reißt ihn aus der Wand. Alle springen hoch und schreien:*

Ich! Ich! Ich! Ich! Ich! Ich! Ich! Ich!

*Mit hocherhobenen Spiegeln stürzen sie nach vorn. Von rechts laufen Garaus und die Fant in den Saal und stellen sich mit flehentlichen Gebärden der Menge in den Weg. Ihre beschwichtigenden Worte verlieren sich im Lärm. Sie werden überrannt und bleiben liegen. Die Menge drängt rechts hinaus. Unzählige aus den hinteren Galerien drängen nach. Die spiegellosen Wände brechen zusammen und man ist wieder auf der*

# Straße

*Ein schwarzer Strom treibt auf ihr daher. Von allen Seiten fließen Menschen zu. Jeder hält einen Spiegel oder ein Bild von sich hoch. Von tosenden Ich-Rufen widerhallt die Luft.* ICH! ICH! ICH! ICH! ICH! ICH! ICH! ICH! *Es wird kein rechter Chor daraus. Auf einer Insel im Hintergrund erhebt sich langsam das Denkmal von Heinrich Föhn.*

ENDE

# Die Befristeten

# PERSONEN

FÜNFZIG
DER FREUND
DER KAPSELAN

EINER
EIN ANDERER
MUTTER, 32
JUNGE, 70
MANN, DR. 46
FRAU, 43
GROSSMUTTER
ENKELIN
DER JUNGE ZEHN
ZWEI KOLLEGEN
DAS PAAR
JUNGE FRAU beim Begräbnis ihres Kindes
ZWEI JUNGE HERREN, 28 und 88
ZWEI DAMEN
CHOR DER UNGLEICHEN
ZWEI GANZ ALTE FRAUEN, 93 und 96

# PROLOG ÜBER DIE ALTE ZEIT

EINER: Damals!

EIN ANDERER: Damals? Du glaubst an dieses Ammenmärchen!

EINER: Aber es war wirklich so. Du brauchst nur die Berichte von Augenzeugen einzusehen!

DER ANDERE: Hast du sie denn gelesen?

EINER: Natürlich. Darum erzähle ich es dir doch.

DER ANDERE: Und was stand darin?

EINER: Was ich dir eben gesagt habe. Ein Mann ging von zu Hause weg, um Zigaretten zu kaufen. »Ich bin in ein paar Minuten wieder da«, sagte er zu seiner Frau, »ich komme gleich.« Er trat zu der Haustür hinaus und wollte die Straße überqueren, das Geschäft lag gegenüber. Ein Auto kam plötzlich um die Ecke und stieß ihn nieder. Er blieb liegen. Doppelter Schädelbruch.

DER ANDERE: Und? Was weiter? Er wurde ins Spital geschafft und ausgeheilt. Er lag einige Wochen im Spital.

EINER: Nein. Er war tot.

DER ANDERE: Tot. Es war sein *Augenblick*.

EINER: Eben nicht. Das ist ja der Witz bei der Sache.

DER ANDERE: Wie hieß er denn?

EINER: Peter Paul.

DER ANDERE: Aber was war sein wirklicher Name?

EINER: Peter Paul.

DER ANDERE: Das will man mir immer einreden. Glaubst du denn wirklich, daß die Leute damals ohne rechte Namen leben konnten?

EINER: Ich sag dir, es war so. Sie hatten irgendwelche Namen und die Namen hatten gar nichts zu bedeuten.

DER ANDERE: Da hätte man die Namen einfach vertauschen können.

EINER: Gewiß. Es war gleichgültig, wie jemand hieß.

DER ANDERE: Und der Name hatte mit dem *Augenblick* nichts zu tun?

EINER: Nichts. Der *Augenblick* war unbekannt.

Der Andere: Ich verstehe es nicht. Du willst sagen, daß kein Mensch, kein einziger Mensch eine Ahnung davon hatte, in welchem Augenblick er stirbt?

Einer: Genau das. Kein einziger.

Der Andere: Jetzt sag einmal, ernsthaft: kannst du dir so etwas überhaupt vorstellen?

Einer: Ehrlich gesagt: nein. Darum finde ich es so interessant.

Der Andere: Aber das hätte doch niemand ausgehalten! Diese Unsicherheit! Diese Angst! Da hätte ich ja keine Minute Ruhe gehabt! Ich hätte an nichts anderes denken können. Wie haben diese Menschen gelebt? Wenn man nicht einmal einen Schritt vors Haus tun kann! Wie haben die Leute Pläne gemacht! Wie haben sie sich irgend etwas *vorgenommen*? Ich finde das furchtbar.

Einer: Das war es. Ich kann es mir genausowenig ausmalen!

Der Andere: Aber *glaubst* du es? *Glaubst* du, daß es so war?

Einer: Dazu studiert man doch Geschichte.

Der Andere: Geschichten – willst du sagen. Ich will dir gern glauben, daß es Menschenfresser gegeben hat . . .

Einer: Und Pygmäen . . .

Der Andere: Und Riesen, Hexen, Mastodonten und Mammute, aber das ist doch was anderes!

Einer: Wie soll ich es dir noch beweisen?

Der Andere: Ich habe es mir vielleicht nie klarzumachen gesucht. Es klingt *ungeheuerlich*! Es klingt unglaublich!

Einer: Und doch ist die Welt so weitergegangen.

Der Andere: Vielleicht waren die Leute viel dümmer als jetzt. Stumpfsinnig.

Einer: Du meinst wie Tiere. Die denken auch an nichts.

Der Andere: Ja. Die jagen, fressen und spielen, und was ihnen dabei geschehen kann, daran denken sie einfach nicht.

Einer: Da haben wir's schon ein bißchen weiter gebracht.

Der Andere: Ein bißchen? Das andere kann man gar nicht Menschen nennen.

Einer: Und doch haben die Leute gemalt und geschrieben und Musik gemacht. Es gab Philosophen und große Geister.

Der Andere: Lächerlich. Jeder armselige Schuster bei uns ist ein größerer Philosoph, denn er weiß, was mit ihm geschehen wird. Er kann sich seine Lebenszeit genau einteilen. Er kann planen ohne Angst, er ist seiner Spanne sicher, er steht so sicher auf seinen Jahren wie auf seinen Beinen.

EINER: Ich halte die Bekanntwerdung des *Augenblicks* für den größten Fortschritt in der Geschichte der Menschheit.

DER ANDERE: Es waren eben Wilde vorher. Arme Teufel.

EINER: Bestien.

# ERSTER TEIL

*Eine* MUTTER *läuft hinter ihrem kleinen* JUNGEN *her*

MUTTER: Siebzig, Siebzig, wo bist du?

JUNGE: Du holst mich ja doch nicht ein, Mutter!

MUTTER: Und du mußt mich immer außer Atem bringen.

JUNGE: Du rennst mir doch gern nach, Mutter.

MUTTER: Und du läßt mich gerne rennen, du böser Junge, du. Wo steckst du jetzt?

JUNGE: Auf dem Baum oben, ätsch, da kannst du mich nicht fangen.

MUTTER: Komm sofort herunter, du wirst fallen, die Äste sind morsch.

JUNGE: Warum soll ich denn nicht fallen, Mutter?

MUTTER: Du wirst dir weh tun.

JUNGE: Das macht doch nichts, Mutter. Warum soll ich mir nicht weh tun? Ein tapferer Junge fürchtet sich nicht vor Schmerzen.

MUTTER: Gewiß, gewiß. Es kann dir ein Unglück zustoßen.

JUNGE: Mir doch nicht, mir doch nicht. Ich heiße Siebzig.

MUTTER: Man kann nie wissen, es ist besser, man ist vorsichtig.

JUNGE: Aber Mutter, du hast es mir doch selbst erklärt.

MUTTER: Was habe ich dir erklärt.

JUNGE: Du hast gesagt, ich heiße Siebzig, weil ich siebzig Jahre alt werde. Du hast gesagt, du heißt Zweiunddreißig, weil du mit zweiunddreißig sterben mußt.

MUTTER: Ja, ja. Aber du kannst dir ein Bein brechen.

JUNGE: Mutter, darf ich dich etwas fragen?

MUTTER: Alles, mein Junge, alles.

JUNGE: Mußt du wirklich mit zweiunddreißig sterben?

MUTTER: Ja, natürlich, mein Junge. Das habe ich dir doch erklärt.

JUNGE: Mutter, weißt du, was ich ausgerechnet habe?

MUTTER: Was, mein Junge?

JUNGE: Ich werde achtunddreißig Jahre älter als du.

MUTTER: Gott sei Dank, mein Junge.

JUNGE: Mutter, wieviel Jahre wirst du jetzt noch leben?

MUTTER: Das ist zu traurig, mein Kind. Warum frägst du mich das?

JUNGE: Aber du wirst noch viele Jahre leben, nicht wahr, Mutter.

MUTTER: Nicht gar so viele.

JUNGE: Wie viele, Mutter, ich will wissen, wie viele.

MUTTER: Das ist ein Geheimnis, mein Kind.

JUNGE: Weiß es der Vater?

MUTTER: Nein.

JUNGE: Weiß es die Tante?

MUTTER: Nein.

JUNGE: Weiß es der Großpapa?

MUTTER: Nein.

JUNGE: Weiß es die Großmama?

MUTTER: Nein.

JUNGE: Weiß es der Herr Lehrer?

MUTTER: Nein.

JUNGE: Weiß es niemand? Auf der ganzen Welt niemand?

MUTTER: Niemand. Niemand.

JUNGE: O Mutter, ich will es wissen!

MUTTER: Warum quälst du mich? Es nützt doch nichts, wenn du es weißt.

JUNGE: Ich muß es wissen.

MUTTER: Aber warum? Warum nur?

JUNGE: Ich hab so Angst, Mutter. Alle Leute sagen, du stirbst jung. Ich will wissen, wie lange du mir noch nachrennst. Ich will dich schrecklich liebhaben. Ich habe Angst, Mutter.

MUTTER: Du sollst keine Angst haben. Du wirst ein tüchtiger, braver Mann werden, du wirst dir eine Frau nehmen und viele Kinder haben und noch viel mehr Enkel. Du wirst alt werden, siebzig, und wenn du stirbst, werden schon Urenkel um dich sein.

JUNGE: Ich mag sie aber nicht. Ich mag nur dich. Mutter, sag's mir!

MUTTER: Du sollst nicht so eigensinnig sein. Ich kann es dir nicht sagen.

JUNGE: Du hast mich nicht gern.

MUTTER: Ich hab niemand so gern wie dich, das weißt du.

JUNGE: Mutter, ich kann nicht schlafen, wenn du mir's nicht sagst.

MUTTER: Du bist ein schrecklicher Junge. Du hast bis jetzt auch immer geschlafen.

JUNGE: Das glaubst du. Das glaubst du. Ich stelle mich nur so. Wenn du aus dem Zimmer bist, mach ich die Augen auf und schau auf die Decke. Da zähl ich die Kreise.

MUTTER: Wozu? Du sollst lieber schlafen.

JUNGE: Aber das sind doch die Gutenachtküsse, die ich noch von dir bekomme. Ich zähl sie, ich zähl sie, jeden Abend zähle ich sie, aber es stimmt nie. Manchmal sind es furchtbar viele, manchmal sind es ganz wenige, – weißt du, ich seh nie gleich viele Kreise. Ich will wissen, wie viele es sind. Ich kann sonst nie mehr schlafen.

MUTTER: Ich will es dir sagen, mein Junge. Du bekommst noch mehr als hundert Gutenachtküsse von mir.

JUNGE: Mehr als hundert! Mehr als hundert! O Mutter, jetzt werde ich schlafen können . . .

## FÜNFZIG. SEIN FREUND

FÜNFZIG: Es ist das beste Alter. Ich glaube es nicht.

FREUND: Aber es hat bis jetzt noch immer gestimmt.

FÜNFZIG: Ich glaube es nicht. Ich kann dir einen einfachen Gegenbeweis geben. Du sagst, es hat jeder seinen *Augenblick* zur richtigen Zeit. Gib mir ein Beispiel!

FREUND: Ich brauche nur an meine eigene Familie zu denken. Mein Vater hieß Dreiundsechzig. Er war genau so alt, als es geschah. Meine Mutter gehört zu den Glücklichen. Sie lebt noch.

FÜNFZIG: Wie ist der Name deiner Mutter?

FREUND: Sechsundneunzig.

FÜNFZIG: So alt kann sie nicht sein. Gewiß. Aber das heißt doch nicht . . .

FREUND: Warte. Warte. Ich will dir etwas sagen. Ich hatte eine kleine Schwester, ein bezauberndes Geschöpf. Wir waren alle verliebt in sie. Sie hatte lange Locken und wunderbare, dunkle Wimpern. Es war hinreißend, sie zu betrachten, wenn sie die Augen aufschlug, sie tat das ganz langsam, und ihre Wimpern waren wie stille Flügel, die einen in die Höhe trugen, und während man leichter und leichter wurde, lag man zugleich, das war so sonderbar, im Schatten zu ihren Füßen.

FÜNFZIG: Du sprichst wie von einer Geliebten.

FREUND: Sie war ein Kind. Ich war älter als sie. Ich war nicht der einzige, der sie vergötterte. Jeder, der in ihre Nähe kam, empfand sie als ein überirdisches Wesen.

FÜNFZIG: Und was wurde aus ihr?

FREUND: Sie lebt nicht mehr. Sie starb als junges Mädchen.

FÜNFZIG: Und wie hieß sie denn?

FREUND: Sie hieß Zwölf.

FÜNFZIG: Das hast du mir nie erzählt.

FREUND: Ich spreche nie von ihr. Ich habe es nie verwunden.

FÜNFZIG: *Wußte sie* alles?

FREUND: Darüber haben wir alle schon viel nachgedacht. Es ist nicht leicht, diese Dinge vor einem Mädchen geheimzuhalten. Sie sind neugierig und horchen auf die Gespräche der Erwachsenen.

FÜNFZIG: Ja. Sie haben immer dieses krankhafte Interesse für ihren Namen. Alle Kinder. Was sie ihre Mütter nur quälen, bis die ihnen alles gestehen!

FREUND: Aber bei meiner Schwester war es anders. Sie fragte nie. Vielleicht hatte sie eine Ahnung von ihrem frühen *Augenblick*, aber wenn sie sie hatte, so ließ sie sich nichts anmerken. Sie war so gleichmäßig für ein Kind. Sie ließ sich durch nichts in Eile versetzen. »Du bist zu spät für die Schule«, sagte man ihr. »Du mußt dich eilen.« »Ich hab Zeit, ich komm schon zurecht«, sagte sie. Und obwohl sie so langsam war, war sie nie zu spät.

FÜNFZIG: Das klingt sehr ausgeglichen für ein Kind in ihrem Alter.

FREUND: Das war es eben. Wir begriffen es nicht. Sie stritt nie. Sie nahm nie einem Kind etwas weg. Sie hatte keine besonderen Wünsche. Sie war über alles froh, was ihr vor die Augen kam, und betrachtete es auf ihre langsame, eindringliche Art. Ich glaube jetzt, das *Betrachten* war ihr Glück, so wie andere *lieben*, sah sie sich die Dinge lange an.

FÜNFZIG: Ich hätte sie gerne gesehen.

FREUND: O das ist lange her. Über dreißig Jahre.

FÜNFZIG: Da kannten wir uns noch gar nicht. Sie hatte wohl eine schwere Krankheit.

FREUND: Natürlich. Aber darüber sprechen wir jetzt nicht. Ich erzähle das nicht zum Vergnügen. Ich sage dir, wie sie hieß, und du weißt auch, daß es dann so kam.

FÜNFZIG: Ich zweifle dein Worte nicht an.

FREUND: Wie könntest du das? Du würdest mich auf den Tod beleidigen. Könnte ich über so etwas lügen?

FÜNFZIG: Nein. Natürlich nicht. Dazu ist es alles viel zu ernst. Aber ich möchte dich doch etwas fragen.

FREUND: Ja?

FÜNFZIG: Du wirst dich wundern, daß ich so unwissend bin, aber ich habe mich bis zum heutigen Tage geweigert, von diesen abstoßenden Gebräuchen Genaueres zu wissen.

FREUND: Es gibt nicht soviel zu wissen, wie du denkst.

FÜNFZIG: Warte. Warte. Du wirst über mich noch staunen. Aber sage mir jetzt: hast du schon je einen Menschen gekannt, der dir sein Alter anvertraut hat?

FREUND: Ich verstehe dich nicht. Was meinst du damit?

FÜNFZIG: Ich meine, was ich sage. Hat dir schon je ein Mensch gesagt, wie alt er wirklich ist?

FREUND: Ein lebender Mensch?

FÜNFZIG: Wer denn? Einer, der nicht lebt, kann es dir nicht gut sagen.

FREUND: Wenn ich dich nicht so gut kennte, würde ich sagen, du bist zurückgeblieben, von Geburt idiotisch, ein hoffnungsloser Kretin.

FÜNFZIG: Darum frage ich dich doch. Ich habe noch nie gewagt, diese Frage an einen Menschen zu stellen.

FREUND: Und darum stellst du sie mir.

FÜNFZIG: Ja. Im Vertrauen. Du wirst mich nicht verraten.

FREUND: Bestimmt nicht. Wenn ich das täte, kämst du unter Kuratel oder ins Irrenhaus.

FÜNFZIG: Gut, gut! Antworte auf meine Frage und mach dir keine Sorge um mein Irrenhaus. Ich frage dich nochmals: hat dir je ein Mensch sein Alter anvertraut?

FREUND: Nein, natürlich nicht. Das tut niemand. Niemand käme auf den Gedanken, daß man so etwas tun kann. Der letzte Lump hält mehr auf sich.

FÜNFZIG: Gut. Bitte halten wir das fest. Du kennst niemand, der so etwas je getan hat. Kein Mensch sagt, wie alt er ist.

FREUND: Nein. Keiner. Aber worauf soll das alles hinaus?

FÜNFZIG: Woher weiß man, ob der Augenblick stimmt? Vielleicht ist es alles ein Aberglaube.

FREUND *(lacht laut):* Das weißt du nicht? Das weißt du nicht? Du weißt wirklich nicht, was zuerst geschieht, wenn jemand stirbt? Der Eintritt des Todes muß offiziell erklärt sein. Wenn der zuständige Beamte das vor Zeugen getan hat, wird die versiegelte Kapsel eröffnet.

FÜNFZIG: Welche Kapsel?

FREUND: Du bist aber weltfremd! Die Kapsel, die du auf deiner Brust trägst. Du hast sie immer getragen, seit deiner Geburt. Sie ist so versiegelt, daß niemand sie öffnen kann. Der *Kapselan* oder Totenbeschauer ist der einzige, der das kann.

FÜNFZIG: Meinst du das? *(Er zieht eine kleine Kapsel unterm Hemd heraus und hält sie ihm hin)* Meinst du dieses Dingelchen da?

FREUND: Sei nicht so frivol. Ja. Ich meine dieses Dingelchen.

FÜNFZIG: Ich habe nie gewußt, wozu man das hat. Ich erinnere mich, daß man mir von klein auf eingeschärft hat, darauf aufzupassen. Meine Mutter pflegte mich damit zu erschrekken. Sie sagte, wenn ich das je verliere oder wenn das Leiseste damit geschieht, muß ich verhungern.

FREUND: Sie hatte schon recht, aber anders als du es damals verstehen konntest.

FÜNFZIG: Ich hielt das Ganze für ein Ammenmärchen.

FREUND: Aber hast du nie versucht, die Kapsel zu öffnen?

FÜNFZIG: Nein. So wenig, wie ich mir die Brust geöffnet habe.

FREUND: Du warst ein frommes Kind. Gut, daß du so fromm geblieben bist.

FÜNFZIG: Und wenn ich sie geöffnet hätte, was hätte ich schon darin gefunden?

FREUND: Deinen genauen Geburtstag. Dein genaues Sterbejahr. Sonst nichts. Die Kapsel wird dem Kind gleich nach der Geburtszeremonie umgehängt und nie mehr angerührt, bis der Totenbeschauer oder Kapselan sie wieder in die Hand nimmt.

FÜNFZIG: Und das genügt dann als Beweis?

FREUND: Es *ist* ein Beweis. Denn das Kind, sobald es sprechen und verstehen kann, erfährt von der Mutter, wie alt es ist. Es wird ihm unter schärfsten Strafandrohungen eingeschärft, daß es niemand etwas darüber sagen darf. Erinnerst du dich vielleicht nicht daran?

FÜNFZIG: Ja. Ja. Ich habe auch so einen Geburtstag, glaube ich.

FREUND: Wenn man in der Kapsel denselben Geburtstag findet, der dir bekannt ist, und wenn man dann am selben Tag gestorben ist – ist das nicht Beweis genug?

FÜNFZIG: Es beweist, daß der Mensch an seinem Geburtstag stirbt. Aber er könnte das auch aus Angst vor seinem Geburtstag . . .?

FREUND: Er weiß doch auch, wie alt er ist. Und aus der Kapsel läßt es sich beweisen. Sie enthält doch das Sterbejahr.

FÜNFZIG: Du überzeugst mich nicht. Der Tote sagt nichts mehr. Und der Kapselan könnte lügen.

FREUND: Der Kapselan? Der ist doch staatlich vereidigt! Seine ganze Stellung ist ja nur dazu gedacht, den Inhalt der Kapsel wahrhaftig zu lesen und bekanntzumachen.

FÜNFZIG: Er könnte auf eine Lüge vereidigt sein.

*Die Werbung*

MANN: Sie kommen mir bekannt vor.

FRAU: Ich habe Sie schon oft gesehen.

MANN: Wenn ich nur wüßte, woher ich Sie kenne?

FRAU: Denken Sie nach! Vielleicht kommen Sie darauf.

MANN: Ich zerbreche mir den Kopf darüber.

FRAU: Aber Sie erinnern sich nicht.

MANN: Es tut mir sehr leid. Ich bin von Natur nicht unhöflich.

FRAU: O nein! Im Gegenteil. Soll ich Ihnen etwas nachhelfen?

MANN: Das wäre sehr großmütig von Ihnen.

FRAU: Sie sind Doktor Sechsundvierzig.

MANN: Stimmt. Das bin ich. Sie kennen meinen Namen!

FRAU: Ich kenne und schätze ihn.

MANN: Sie – jetzt weiß ich es! Sie sind die Dame in der ersten Reihe!

FRAU: Vielleicht. Raten Sie weiter!

MANN: Nein, nein, Sie sind es! Sie sitzen immer in der ersten Reihe. Ich erinnere mich an Ihre Augen. Sie sehen mich immer so merkwürdig an. Ich weiß nicht, was es ist, aber Ihren Blick vergißt man nicht.

FRAU: Ich dachte, Sie haben mich gar nicht bemerkt. Sie schienen immer ganz bei der Sache.

MANN: Das bin ich auch. Aber Ihr Blick ist mir schon lange aufgefallen. Da ist etwas anderes.

FRAU: Was ist es?

MANN: Ich kenne Sie sonst gar nicht. Darf ich Sie um Ihren Namen bitten?

FRAU: Mein Name ist Dreiundvierzig.

MANN: Dreiundvierzig? Da sind wir uns sehr nahe.

FRAU: Ich weiß es schon lange, Doktor Sechsundvierzig.

MANN: Sagen Sie, bedeutet Ihnen so etwas auch so viel?

FRAU: Mehr als ich in Worte fassen kann. Darum habe ich mich immer in die erste Reihe gesetzt.

MANN: Sind Sie denn nur wegen des Namens zu mir gekommen?

FRAU: Ja. Aber ich bin wieder gekommen.

MANN: Auch wegen des Namens.

FRAU: Ja.

MANN: Sie waren nicht enttäuscht.

FRAU: O nein. Ich mußte Sie wiedersehen.

MANN: Haben Sie mir überhaupt zugehört?

FRAU: Ja. Ich habe Ihnen auch zugehört. Aber ich muß gestehen, daß ich mehr über Sie nachgedacht habe.

MANN: Über mich? Was gibt es da viel zu denken?

FRAU: Ihr Schicksal. Es war wie eine fixe Idee. Wie lange wird er noch so sprechen können? Wie lange? Wie lange? Wie lange? Ich konnte an nichts anderes denken. – Jetzt ist es heraus. Jetzt werden Sie mich verachten.

MANN: Haben Sie das immer, solche Gedanken?

FRAU: O nein! Die hatte ich nur, wenn ich vor Ihnen saß.

MANN: Das wundert mich aber sehr. Mein Name ist ja wirklich nichts Besonderes. Im Gegenteil, ich hatte immer unter diesem etwas mittelmäßigen Namen zu leiden.

FRAU: O ich weiß. Ich verstehe Sie sehr gut.

MANN: Und da haben Sie sich nie für noble, junge Herren interessiert?

FRAU: Für junge Achtundachtziger, meinen Sie?

MANN: Ja, – für ganz Hohe. Alle Frauen sind mit denen verrückt.

FRAU: Nein, dafür habe ich immer die größte Verachtung. Achtundachtziger sind aufgeblasen und dumm. Ich kenne einen, der mich nicht einmal grüßt. Er ist mir im Laufe der Jahre wiederholt vorgestellt worden, aber er hat mich noch nicht ein einziges Mal gegrüßt. Ich mag diesen Hochmut nicht.

MANN: Es gibt eben so Wenige . . . als junges Mädchen waren

Sie aber anders. Da hat Ihnen das bestimmt Eindruck gemacht?

FRAU: Nie! Ich schwöre es Ihnen. Nie! Ich habe die anderen
Mädchen nie verstanden. Was hat so ein Mensch schon gelei-
stet? Seine achtundachtzig Jahre kriegt er bei der Geburt
umgehängt, und das ist alles. Er braucht nichts mehr zu tun,
als seinen Namen spazierenzuführen und sich gut zu amüsie-
ren. Alles übrige kommt ihm von selber zugeflogen.

MANN: Das ist wahr.

FRAU: Ich mag leichtfertige Männer nicht. Ich mag Leute, die es
mit ihrem Namen *schwer* haben. Ein Mann wie Sie denkt nach.
Sie *müssen* nachdenken, sonst bringen Sie nichts fertig.

MANN: Aber ein Achtundachtziger hätte so viel mehr Zeit! Stellen Sie sich vor, was so ein Mensch alles tun könnte, wenn er
nur wollte.

FRAU: Ich glaube nicht daran. Sie sind alle herzlos. Sie *müssen*
herzlos sein.

MANN: Warum eigentlich?

FRAU: Es beginnt damit, daß so einer sicher weiß: er wird jeden
überleben, der ihm nahesteht. Nicht nur Eltern und die Leute
einer früheren Generation, – das wäre natürlich; aber auch
seine Geschwister, Freunde, Kollegen, Frauen und meist auch
seine Kinder. Sein Leben beginnt damit, daß er sich das sagt.
Wie kann er da jemand lieben? Wie kann er sein Herz an
jemand hängen? Mitleid kennt er nicht, er kann niemand helfen. Seine Jahre gehören nur ihm. Er kann keine verschenken.
Aber er will es auch gar nicht. Denn er wird natürlich so hart,
als wäre er der einzige Mensch auf der Welt. Und dafür wird er
dann noch bewundert! Ich verabscheue Achtundachtziger!
Ich hasse Achtundachtziger!

MANN: Sie sind eine ungewöhnliche Frau.

FRAU: Vielleicht bin ich es. Den Mann, den ich liebe, will ich
nicht überleben. Aber ich will auch nicht, daß er mich überlebt. Das ist nicht bloß Eifersucht, wie Sie vielleicht denken.

MANN: Nein, es ist ein sehr gesundes Gefühl.

FRAU: Man soll zusammen beginnen und zusammen enden. Ich
habe mir's zugeschworen: ich heirate keinen Mann, der mir
unter den Augen wegstirbt. Aber ich heirate auch keinen
Mann, der mir zusieht, wie ich sterbe. Wissen Sie, es *ekelt* mich
zu sehr.

MANN: Sie wollen einen doppelten Boden unter den Füßen haben. Es genügt Ihnen nicht, daß Sie über sich selber Bescheid wissen.

FRAU: Nein. Ich will meinen Mann so gut kennen wie mich selbst.

MANN: Sie suchen, wenn ich so sagen darf, nach dem *gemeinsamen Augenblick*.

FRAU: Nach dem gemeinsamen Augenblick.

MANN: Dazu setzen Sie sich in die erste Reihe?

FRAU: Ja.

MANN: Um zu sehen, ob er es wirklich ist?

FRAU: Ja.

MANN: Werden Sie immer in der ersten Reihe sitzen?

FRAU: Ja.

MANN: Auch wenn Sie es sicher wissen?

FRAU: Ja.

MANN: Auch wenn Sie seine Frau sind?

FRAU: Ja!

MANN: Mit demselben Auge?

FRAU: Ja! Ja!


FÜNFZIG UND DER KAPSELAN

KAPSELAN: Ich sehe sie alle. Ich bin dazu beauftragt. Es soll keinen Unfug geben. Der Bestand und die Sicherheit unserer Gesellschaft beruhen darauf, daß jeder seinen Augenblick einhält. Ich nenne es den Kontrakt. Bei der Geburt wird jedem sein Kontrakt umgehängt. Man wächst unter seinen Mitmenschen auf, man lebt unter ihnen. Man läßt sich die Vorteile dieses gemeinsamen Lebens gern gefallen. Nicht jeder verdient diese Vorteile. Aber es sind einem so und so viele Jahre zugesprochen worden und sie werden eingehalten.

FÜNFZIG: Gibt es keine Unfälle bei euch? Wenn jemand *vor* dem Augenblick in einen Eisenbahnunfall gerät.

KAPSELAN: Dann geschieht ihm nichts.

FÜNFZIG: Aber wie geht das zu?

KAPSELAN: Das eben ist mein Amt. Sie haben meinen Vortrag unterbrochen. Wie wollen Sie der Wahrheit auf den Grund kommen, wenn Sie nicht hören können?

Fünfzig: Ich bin etwas ungeduldig. Es geht um eine aufregende Frage. Entschuldigen Sie meine Ungeduld damit, daß diese Frage mich bis auf das äußerste erregte.

Kapselan: Diese Frage ist nicht wichtiger und aufregender als manche andere. Es ist ein Problem, das zur Zufriedenheit aller geregelt worden ist. Solange ich hier bin, wird keine Unordnung einreißen.

Fünfzig: Und wenn Sie nicht hier sind?

Kapselan: Dann wird ein anderer an meiner Stelle sein, auf das Heilige Gesetz vereidigt.

Fünfzig: Ich habe Sie vorhin unterbrochen. Sie sprachen davon, daß jeder seinen Kontrakt einhält.

Kapselan: Ja. Das gut jeder. Und jeder weiß, warum. Die Menschen haben erkannt, daß *fünfzig* sichere Jahre mehr wert sind als eine unbestimmte Anzahl unsicherer.

Fünfzig: Woher kennen Sie meinen Namen? Sie haben meinen Namen genannt.

Kapselan: Ich habe einen Instinkt für Namen. Man lernt einiges in unserem Amt.

Fünfzig: Sehen Sie allen Leuten an, wie sie heißen?

Kapselan: Ich sehe es meistens. Wenn ich nicht ganz sicher bin, äußere ich keine Vermutung.

Fünfzig: Wozu brauchen Sie dann eigentlich die Kapseln? Wenn Sie zu einem Toten berufen werden, genügt Ihnen doch ein Blick, um das Alter zu wissen.

Kapselan: Das stimmt. Aber der Ritus, auf den ich vereidigt bin, verlangt es anders.

Fünfzig: Ist es schon vorgekommen, daß jemand die Kapsel verloren hatte?

Kapselan: Sie fragen zuviel. Bestehen Sie auf einer Antwort?

Fünfzig: Ja. Ich will es wissen.

Kapselan: Es ist vorgekommen.

Fünfzig: Das ist furchtbar.

Kapselan: Wundert es Sie, daß wir auch unter uns Verbrecher haben?

Fünfzig: Verbrecher?

Kapselan: Verbrecher! Es ist das schwerste Verbrechen, das ein Mensch begehen kann, die Spuren seines Kontraktes aus der Welt zu schaffen. Durch den Kontrakt allein lebt er, ohne ihn wäre er nichts. Wer die Kapsel verschwinden läßt, will mehr

Jahre rauben, als ihm zukommen. Als ob ihm das etwas nützen würde!

FÜNFZIG: Aber er kann sie doch verloren haben! Beim Baden oder bei einem Feuer.

KAPSELAN: Das ist unwahrscheinlich. Denn jeder weiß, daß er ohne Kapsel nicht sein darf, und wenn sie verloren oder zerstört ist, hat er die tödliche Verpflichtung, sich zu melden. Wer das nicht tut, stellt sich außerhalb der Gesellschaft. Er *will* nur ohne Kapsel leben und ist ein *Mörder*.

FÜNFZIG: Also das ist ein Mörder! Ich habe mir unter einem Mörder immer etwas anderes vorgestellt.

KAPSELAN: Das was Sie sich vorgestellt haben, ist längst vorüber. Heute kann niemand einen anderen töten, es sei denn, er greift ihn im *Augenblick* an. Aber selbst wenn er ihn ersticht, ist er an seinem Tod nicht wirklich schuldig, denn in diesem Augenblick wäre er auf alle Fälle gestorben.

FÜNFZIG: Wie sonderbar. Warum aber bezeichnet man Kapsellose als Mörder?

KAPSELAN: Das ist nur aus der historischen Entwicklung zu erklären. Es ist zu Beginn dieser denkwürdigen Einrichtung vorgekommen, daß gewalttätige Gesellen aus der Hefe des Volkes andere angriffen, um ihnen ihre Kapseln zu rauben! Damals sind noch manche vor Schreck darüber gestorben. Gewalttätige Akte gegen Kapseln wurden mit dem Stigma des Mordes behaftet. Derselbe Ausdruck wurde dann im Laufe der Zeit auch auf die übertragen, die sich gegen ihre eigenen Kapseln vergingen.

FÜNFZIG: Es scheint wahrhaftig nichts Heiligeres mehr zu geben.

KAPSELAN: Es gibt nichts Heiligeres. Begreifen Sie das noch immer nicht?

FÜNFZIG: Ich fange an, es zu begreifen. Aber was geschieht nun wirklich, wenn Sie auf einen Jüngstverstorbenen stoßen, dem die Kapsel *fehlt*?

KAPSELAN: Versuchen Sie sich selber die Antwort zu geben.

FÜNFZIG: Sie *erraten* das Alter des Toten. Sie behelfen sich ohne die Kapsel. Sie verheimlichen, daß Sie nichts gefunden haben und tragen in das Register ein, was Ihr geübtes Auge Ihnen eingibt.

KAPSELAN: Glauben Sie, daß das eine unrechte Handlung wäre?

FÜNFZIG: Wie soll ich das sagen? Aber es scheint, daß ich richtig erraten habe.

*Kapselan schweigt*

FÜNFZIG: Und wenn Sie sich zufällig gerade in so einem Fall geirrt hätten? Sie werden zu jemand berufen, der soeben verschieden ist. Sie suchen nach der Kapsel. Sie haben sicher eine sehr geübte Hand – es ist, wie wenn Sie einen Schatz beim Toten zu finden hätten, in früheren Zeiten hätte man das Leichenschändung genannt, aber wir leben in einer höheren Kultur –, Sie suchen also flink den ganzen Überrest eines Menschen ab und bald, vielleicht in einer halben Minute, wissen Sie, daß keine Kapsel da ist. Sie sind betroffen, denn das passiert Ihnen gewiß nicht oft.

KAPSELAN: Sehr selten, Gott sei Dank.

FÜNFZIG: Aber Ihre Betroffenheit könnte Ihr Urteil trüben. Es könnte sein, daß Sie einmal erschrecken. Sie kommen zu einem sehr geachteten Mann, einem, der sich vielleicht die größten Verdienste um seine Mitmenschen erworben hat, und Sie entdecken plötzlich im Beisein aller Angehörigen, Freunde und Verehrer, daß der große, weitgeehrte, weitberühmte Mann ein Mörder war. Das kann einen schon erschrecken. Das kann selbst einen Beamten von Ihrer Würde und Ihrer Erfahrung erschrecken.

KAPSELAN: Warum sollte ich es leugnen? Es hat mich noch immer erschreckt.

FÜNFZIG: Es muß Sie sehr erschrecken. Es versetzt Sie in Panik. Denn in diesem Augenblick hängt alles von Ihrem Urteil ab. Vielleicht ist Ihr Auge getrübt. Vielleicht sind Sie krank.

KAPSELAN: Und wenn das alles so wäre, – was folgt daraus?

FÜNFZIG: Daß Sie vielleicht auf ein falsches Alter schließen. Daß Sie, in diesem Fall zumindest, nicht ganz sicher erfahren, ob der Mann im richtigen Zeitpunkt gestorben ist. Sein Kontrakt könnte für einmal nicht mit sich übereinstimmen.

KAPSELAN: Der Kontrakt stimmt immer. *Ich* mag mich irren. Ich habe ein hohes und erhabenes Amt. Aber ich bin kein Gott. Ich kann mich irren. Der Kontrakt irrt sich nie.

FÜNFZIG: Aber das ist es nicht, was ich wissen will. Sie sind verpflichtet, an die Gültigkeit des Kontraktes zu glauben. Aber Sie können nicht sagen, daß seine Genauigkeit in jedem einzelnen Falle erwiesen ist.

KAPSELAN: Das kann ich nicht. Aber das ist überflüssig.

FÜNFZIG: Nichts ist überflüssig. Denn wenn man beweisen könnte, daß Irrtümer in Kontrakten vorgekommen sind, könnte es auch vorkommen, daß einer länger lebt als sein Name lautet.

KAPSELAN: Ich weigere mich, Ihnen weiter zuzuhören. Sie sind auf dem besten Weg, ein Mörder zu werden. Ihre Kapsel juckt Sie auf der bloßen Brust. Sie wird Sie bald brennen. Sie sind nicht der erste, der so zu mir gesprochen hat. Sie sind nicht der erste, der seine Tage als gemeiner Mörder endet. Ich warne Sie! Es ist schade um Sie. Es ist ein Jammer.

FÜNFZIG: Meine Kapsel brennt mich nicht auf meiner Brust. Sie werden Sie dort finden. Ich weiß, daß Sie in Ihrem Privatleben Hundertzweiundzwanzig heißen. Seien Sie beruhigt. Sie werden meine Kapsel an ihrem Orte finden. Mich brennt mein Name. Mich brennt jeder Name. Mich brennt der Tod.

GROSSMUTTER UND ENKELKIND

ENKELIN: Und wo gingen die Leute dann hin, Großmutter?

GROSSMUTTER: Sie stiegen auf ein Schiff, aber das Schiff war sehr voll. Der Kapitän sagte: »Ich habe zu viele Passagiere.« Aber die Leute waren alle so verzweifelt, sie wollten alle aus der gefährlichen Gegend weg, und sie taten dem Kapitän so leid. Er hatte ein gutes Herz und er dachte an seine eigenen Kinder zu Hause. So ließ er sie alle einsteigen, und wie die Leute in den anderen Dörfern sahen, daß der Kapitän so gut war, kamen sie alle gelaufen und baten und jammerten, und der Kapitän gab nach und nahm sie alle auf. Da waren es aber wirklich viel zu viele, und als das Schiff auf dem hohen Wasser war, begannen sie sich zu fürchten. Ein Sturm war im Anzug, die Wolken waren schwarz und die vielen Leute wurden nur so hin- und hergeworfen. Der Kapitän sah, daß sie alle verloren waren, wenn das Schiff nicht erleichtert würde. Er rief mit mächtiger Stimme: »Wir sind verloren! Zwei Dutzend Passagiere müssen über Bord! Freiwillige vor! Wer opfert sich für die andern?« Aber das war gar nicht leicht, denn das Meer ging hoch und niemand mochte ins Wasser.

ENKELIN: Es war ihnen zu naß, Großmutter, das Wasser, gell?

GROSSMUTTER: Es war auch gefährlich. Es war der sichere Tod.

ENKELIN: Es war der sichere Tod. Großmutter, was heißt das?

GROSSMUTTER: Das war in alten, alten Zeiten. Damals, wenn etwas Gefährliches geschah, waren die Menschen gleich tot.

ENKELIN: Gleich?

GROSSMUTTER: Ja, gleich.

ENKELIN: Aber war dann das der *Augenblick*, Großmutter?

GROSSMUTTER: Nein, eben nicht. Damals konnte das immer geschehen. Die Leute wußten nicht, wann. Da ging ein kleines Mädchen auf der Straße spazieren und stieß sich den Kopf an und war tot.

ENKELIN: Da hatte es sich weh getan. Ich hab mir auch schon weh getan.

GROSSMUTTER: Aber bei dir wird's immer wieder gut. Damals mußte es nicht gut werden, da konnte es sich so weh tun, daß es starb.

ENKELIN: Gell, so weh kann ich mir gar nicht tun, Großmutter.

GROSSMUTTER: Nein, das kannst du nicht.

ENKELIN: Und wenn ich überfahren werde?

GROSSMUTTER: Dann kannst du ein Bein verlieren.

ENKELIN: Dann hab ich nur ein Bein?

GROSSMUTTER: Dann hast du nur ein Bein und bekommst ein zweites Bein aus Holz, damit niemand es später merkt.

ENKELIN: Und dann lebe ich glücklich ewig weiter.

GROSSMUTTER: Nicht ewig. Bis zu deinem *Augenblick*.

ENKELIN: Großmutter, wann ist mein *Augenblick*?

GROSSMUTTER: Das weißt du doch, das hab ich dir schon oft gesagt.

ENKELIN: Ich hab's vergessen.

GROSSMUTTER: Gar nicht hast du's vergessen.

ENKELIN: Doch. Ich hab's vergessen.

GROSSMUTTER: Das sagst du nur, weil du's wieder von mir hören willst, du kleine Schwindlerin.

ENKELIN: Bitte, ich bin eine Schwindlerin, aber wenn ich zugebe, daß ich eine Schwindlerin bin, sagst du mir dann, wann mein Augenblick ist?

GROSSMUTTER: Sag lieber du's.

ENKELIN: Ich kann nicht rechnen.

GROSSMUTTER: Aber du mußt es lernen.

ENKELIN: Hilfst du mir?

GROSSMUTTER: Ich helfe dir gern, aber du mußt selber auch etwas dazu tun.

ENKELIN: Gut. Wir rechnen es zusammen aus.

GROSSMUTTER: Und was mit den Leuten auf dem Schiff passiert ist, willst du gar nicht mehr wissen?

ENKELIN: Ach, weißt du, das sind dumme Leute.

GROSSMUTTER: Dumm? Ja warum denn dumm?

ENKELIN: Die kennen sich doch gar nicht aus. Die trauen sich nicht einmal ins Wasser. Die haben ja Angst vor dem Wasser. Ich könnte gleich ins Wasser springen.

GROSSMUTTER: Dir würde eben nichts geschehen.

ENKELIN: Die waren dumm, die Leute damals. Es ist eben ein Märchen.

GROSSMUTTER: Du hast doch Märchen gern.

ENKELIN: Aber ich hab sie gern von gescheiten Leuten. Hätte der Kapitän ins Wasser springen können?

GROSSMUTTER: Er hätte schon können.

ENKELIN: Wäre ihm was passiert?

GROSSMUTTER: Ja, natürlich wäre ihm was passiert. Er wäre umgekommen. Alle wären umgekommen. Das war damals so. Wenn niemand sie retten kam, kamen sie um.

ENKELIN: Siehst du, sogar der Kapitän! Das war eine dumme Zeit.

GROSSMUTTER: Du lebst lieber jetzt, gell?

ENKELIN: Ich lebe viel, viel lieber jetzt, Großmutter. Jetzt gibt es keine Riesen und keine Menschenfresser und die Leute kommen nicht immer um. Gell, du weißt, wann dein *Augenblick* ist, Großmutter?

GROSSMUTTER: Ja, natürlich weiß ich es, das weiß jeder, mein Kind.

ENKELIN: Sagst du mir's? Sag's mir! Sag's mir! Bitte, bitte sag's mir! Ich will's wissen, sag's mir! Ich werde immer brav sein und meine Aufgaben machen. Ich werde immer folgen. Ich werde nie mehr naschen, wenn du's mir sagst. Ich sag nie mehr eine Lüge! Bitte sag's mir, bitte, bitte!

GROSSMUTTER: Ja, was dir einfällt, du kleiner Narr! Das sagt doch niemand. Was glaubst du, wenn die Leut es alle wüßten. Die möchten ja mit Fingern auf einen zeigen.

ENKELIN: Aber warum denn, Großmutter? Ich weiß es auch bei mir.

GROSSMUTTER: Aber das behält jeder schön für sich. Darüber spricht niemand. Das ist ein Geheimnis. Ein Kind plaudert das vielleicht aus. Aber das ist eben nur ein Kind. Ein Großer sagt so was nie. Das gehört sich nicht. Das wäre ja eine Schande!

ENKELIN: Großmutter, wenn ich es niemand sage, – bin ich dann groß?

GROSSMUTTER: Ja, wenn du zu niemand mehr davon sprichst, wenn du es ganz für dich behältst, immer, dann bist du groß.

ENKELIN: Und wenn ich mit dir darüber rede?

GROSSMUTTER: Wenn du's gar nicht für dich behalten kannst, ist es besser, du redest mit mir. Aber einmal wirst du so groß sein, daß du zu niemand darüber sprechen mußt. Dann bist du wirklich groß.

ENKELIN: Zu überhaupt niemand. Gar niemand auf der ganzen Welt?

GROSSMUTTER: Zu gar niemand auf der ganzen Welt.

ENKELIN: Auch nicht zu meiner Puppe?

GROSSMUTTER: Zur Puppe auch nicht.

ENKELIN: Großmutter, ich fang heute an. Ich weiß genau, wann mein Augenblick ist. Glaubst du, daß ich es weiß?

GROSSMUTTER: Natürlich glaub ich es.

ENKELIN: Ich rechne es nicht mehr aus, auch mit dir nicht. Ich bin schon ganz groß, gell. Jetzt bin ich ganz groß?

GROSSMUTTER: Ja, jetzt bis du's.


FÜNFZIG *geht über die Straße,*
*da fliegt ihm ein Stein an den Kopf; dann folgt noch einer, ein dritter,*
*ein vierter*


FÜNFZIG: Wer wirft da mit Steinen? Wer wirft hier mit Steinen? He! Was soll das heißen? Wollt ihr wohl aufhören? Wartet nur, bis ich euch erwische! Ich krieg euch schon! Ich werd euch schon finden. Aufhören! sag ich, aufhören! So eine Frechheit! *(Er bemerkt einen Jungen hinter einem Pfeiler)* Bist du das? Wo sind die anderen? Was fällt dir eigentlich ein?

JUNGE: Ich hab's nicht getan.

FÜNFZIG: Was hast du da in der Hand?

JUNGE *(läßt rasch ein paar Steine fallen):* Nichts.

FÜNFZIG: Da! Du hast doch eben ein paar Steine fallen lassen.

JUNGE: Ich hab keine geworfen.

FÜNFZIG: Wer denn sonst? Wo sind die andern?

JUNGE: Es ist niemand da.

FÜNFZIG: Du hast keine Freunde?

JUNGE: Nein. Ich bin ganz allein.

FÜNFZIG: Dann hast du die Steine geworfen.

JUNGE: Ich hab's nicht getan.

FÜNFZIG: Lügen tust du auch noch. Wenn du schon Steine wirfst, kannst du auch den Mut haben, es zuzugeben. Sonst bist du ein Feigling.

JUNGE: Ich bin kein Feigling.

FÜNFZIG: Dann gib zu, daß du die Steine geworfen hast.

JUNGE: Ich hab sie geworfen.

FÜNFZIG: Das ist besser. Und warum hast du geworfen?

JUNGE: Weil ich darf.

FÜNFZIG: Was soll das heißen? Warum darfst du Steine werfen?

JUNGE: *Ich* darf. Ich darf alles.

FÜNFZIG: Ja wer hat dir das erlaubt?

JUNGE: Meine Mutter.

FÜNFZIG: Und das soll ich dir glauben? Du lügst schon wieder.

JUNGE: Ich lüg nicht. Ich bin kein Feigling.

FÜNFZIG: Dann laß mich deine Eltern fragen. Führ mich zu deinen Eltern!

JUNGE *(kommt hervor, gibt ihm die Hand und sagt zutraulich):* Ich führ Sie hin, wollen Sie kommen? Es ist nicht weit.

FÜNFZIG: Hast du denn keine Angst vor deinen Eltern?

JUNGE: O nein! Ich hab keine Angst. Ich hab vor niemand Angst.

FÜNFZIG: Du wirst aber bestraft werden. Ich werde ihnen sagen, was du getan hast.

JUNGE: Kommen Sie nur! Sie können's sagen. Meine Mutter tut mir nichts. Mein Vater tut mir auch nichts.

FÜNFZIG: Du bist ein sonderbarer Junge.

JUNGE: Warum bin ich sonderbar?

FÜNFZIG: Was sagt dein Lehrer dazu, wenn du Steine wirfst?

JUNGE: Ich hab keinen Lehrer.

FÜNFZIG: Du gehst doch in die Schule. Da hast du einen Lehrer.

JUNGE: Ich geh in keine Schule, ich hab keinen Lehrer.

FÜNFZIG: So. Das soll ich dir glauben. Ein Junge in deinem Alter geht immer in die Schule.

JUNGE: Ich geh aber nicht.

FÜNFZIG: Warum denn nicht? Bist du krank?

JUNGE: O nein, ich bin nicht krank.

FÜNFZIG: Das hätte ich auch kaum gedacht, nach deinem Steine-
werfen, du kommst mir hübsch gesund vor.

JUNGE: Ich bin nie krank.

FÜNFZIG: Warum gehst du dann nicht in die Schule?

JUNGE: Weil ich nicht will.

FÜNFZIG: Und deine Eltern wollen nicht, daß du in die Schule
gehst?

JUNGE: O nein.

FÜNFZIG: Kannst du denn lesen und schreiben?

JUNGE: Nein. Ich mag das nicht.

FÜNFZIG: Deine Eltern wollen nicht, daß du lesen und schreiben
lernst?

JUNGE: Ich mag das nicht. Ich hab keine Lust.

FÜNFZIG: Und was wirst du machen, wenn du groß bist?

*Junge schweigt*

FÜNFZIG: Hast du darüber einmal nachgedacht? Alle anderen
Jungen werden Bücher lesen, und dich wird man auslachen.

*Junge schweigt*

FÜNFZIG: Macht dir das nichts, wenn du von allen ausgelacht
wirst?

JUNGE: Die lachen mich ja gar nicht aus.

FÜNFZIG: Aber bis du größer bist! Dann werden alle glauben, du
bist dumm.

JUNGE: Ich bin aber nicht dumm.

FÜNFZIG: Das mußt du eben beweisen. Dazu geht ein Junge in
die Schule.

JUNGE: Ich muß nicht.

FÜNFZIG: Ja was mußt du denn eigentlich?

JUNGE: Ich muß nichts.

FÜNFZIG: Aber dafür darfst du Steine werfen. Du stehst so auf
der Straße und wirfst den ganzen Tag Steine.

JUNGE: Ich darf alles.

FÜNFZIG: Du bist der sonderbarste Junge, der mir je untergekommen ist. Wie heißt du denn?

JUNGE: Ich heiße *Zehn*.

ERSTER: Ich kann damit nicht fertig werden.

ZWEITER: Du gibst dir nicht genug Mühe.

ERSTER: Aber ich plag mich doch sehr. Ich versuche alles. Ich bin den ganzen Tag bei der Arbeit und die halbe Nacht dazu. Ich esse kaum, ich schlafe kaum, du mußt es mir doch ansehen, daß ich mich übernehme.

ZWEITER: Ja. Wenn ich dich genauer ansehe, so muß ich dir recht geben. Du siehst gar nicht gut aus. Du arbeitest viel zuviel.

ERSTER: Und doch sage ich dir, ich kann nicht damit fertig werden.

ZWEITER: Aber wie ist das möglich? Vielleicht bist du zu anspruchsvoll.

ERSTER: Ich kann es nicht schaffen. Ich werde nicht fertig werden.

ZWEITER: Aber das hängt doch nur von dir selber ab.

ERSTER: Das sagt sich leicht.

ZWEITER: Wirst du gestört? Hast du keine Ruhe bei der Arbeit?

ERSTER: Ich habe vollkommene Ruhe. Bessere Arbeitsbedingungen könnte ich mir gar nicht wünschen.

ZWEITER: Ich verstehe es nicht. Worüber klagst du dann eigentlich?

ERSTER: Ich habe zu wenig Zeit.

ZWEITER: Aber warum denn?

ERSTER: Hast du je darüber nachgedacht, wie alt ich sein könnte?

ZWEITER: Nein, das tu' ich nie. Ich hasse Indiskretionen. Ich zerbreche mir nie den Kopf darüber, wie alt meine Freunde sind. Es ist ein Geheimnis, und es soll ein Geheimnis bleiben. Ich habe viel zuviel Respekt vor der *Persönlichkeit* des Menschen, um mich in solche Sachen zu mischen. Ein Mensch ist für mich etwas *Unantastbares*.

ERSTER: Aber du weißt, wie ich heiße.

ZWEITER: Natürlich, das weiß jeder. Ich kann meine Ohren nicht vor dem verschließen, was öffentlich bekannt ist. Ich weiß, wie alt du werden wirst; aber ich weiß nicht, wie alt du bist. Das ist ein Geheimnis. Ich finde es sehr gut, daß jeder dieses Geheimnis für sich hat. Es gibt dir die Freiheit, dein Leben genau so einzuteilen, wie du es für richtig hältst.

ERSTER: Glaubst du?

ZWEITER: Ja. Niemand kann dir vorschreiben, was du mit dir tust. Denn niemand weiß, wieviel Jahre du noch zu leben hast. Du aber weißt es und kannst nach deinen Verhältnissen leben. Mit einem bestimmen Kapital Leben kommt man zur Welt. Es nimmt nicht ab, es nimmt nicht zu. Man kann dir nichts davon rauben, es ist unveräußerlich auf deinen Namen geschrieben. Du kannst es nicht hinauswerfen, denn du bekommst es nur in Jahresraten ausbezahlt. Es ist dir allein bekannt, wieviel du hast; so kann dir niemand dreinreden. Alles hängt davon ab, daß du dich nach deiner Decke streckst. Verstehst du es dir einzuteilen, so hast du was von deinem Leben. Du mußt einfach wissen, was du mit deiner Zeit kaufst. Es ist deine Schuld, wenn du es dir schlecht einteilst.

ERSTER: Aber man kann sich etwas sehr Großes vornehmen und einfach damit nicht fertig werden.

ZWEITER: Dann hast du dich eben übernommen. Das ist deine eigene Schuld. Warum hast du kein Augenmaß für das, was du beginnst.

ERSTER: Alles läßt sich nicht einteilen. Eine Arbeit kann während ihrer Ausführung wachsen.

ZWEITER: Dann muß man seine Pläne revidieren und einschränken.

ERSTER: Das kann ich nicht. Ich bin zu sehr damit verwachsen. Ich muß so weitermachen, wie ich sie begonnen habe.

ZWEITER: Da kann dir niemand helfen.

ERSTER: Es quält mich mehr, als ich sagen kann. Ich sehe das Ende deutlich vor mir. Ich bin sicher, daß ich nicht fertig werde.

ZWEITER: Das ist sehr bedauernswert.

ERSTER: Du weißt nämlich nicht, wie alt ich schon bin. Ich habe immer jünger ausgesehen, als ich bin. Es ist ganz furchtbar, wie das täuscht!

ZWEITER: So. Wirklich.

ERSTER: Ich will es dir sagen. Ich will dir mein Alter sagen. Du wirst staunen.

ZWEITER: Ich will es aber nicht wissen.

ERSTER: Aber wenn ich es dir freiwillig sage?

ZWEITER: Ich will es nicht wissen. Ich habe dir schon gesagt, daß ich Indiskretionen hasse. Es ist schon traurig genug, daß ein Mensch soweit kommt und sein größtes Geheimnis preisgeben will! Aber ich bin nicht gern ein Komplize. Ich mache bei solchen Sachen nicht mit.

ERSTER: Es würde mich sehr erleichtern. Du wirst vielleicht ein wenig erschrecken. Aber du würdest verstehen, warum ich so beunruhigt bin. Ich *kann* nämlich nicht mehr fertig werden, unter diesen Bedingungen. Ich will es dir sagen.

ZWEITER: Ich verbiete dir, eine solche Mitteilung an mich zu richten! Dein Alter interessiert mich nicht. Ich würde auch gar nicht erschrecken. Ich lehne es ab, über solche Dinge zu erschrecken. Es ist verbrecherisch, andere Menschen und schon gar Freunde mit solchen Privatsachen zu belästigen. Behalte deine Jahre für dich.

ERSTER: Wenn es noch wenigstens Jahre wären!

ZWEITER: Du wirst immer unverschämter! Ich werde keine von deinen Andeutungen verstehen. Es gibt nämlich Leute, die *lügen* und ihre Freunde mit phantastischen Geständnissen über ihr Alter zu beeindrucken versuchen. Eine Art von Hochstapelei, die dir nicht unbekannt sein dürfte.

ERSTER: Aber du tust mir bitter unrecht. Ich wollte es einfach einem Menschen sagen. Niemand will es wissen. Jeder rennt davon, wenn ich damit anfange. Ist es denn so furchtbar zu wissen, wie alt ein Mensch ist?

ZWEITER: Nein. Es mag an sich nicht so furchtbar sein. Aber der Grund, der Grund, der dich dazu treibt, es zu sagen, ist furchtbar. Du willst dich darüber beschweren, daß du bald sterben mußt. Du willst Mißstimmung unter die Menschen tragen. Du möchtest gern, daß andere ebenso unzufrieden sind wie du.

ERSTER: Aber wieso denn? Ich denke doch nur an meine Arbeit!

ZWEITER: Das glaubst du selber nicht. Ich kenne diese Schliche. Du gehst herum und suchst nach einem Opfer. Du bist zu schwach, das ruhig für dich zu tragen, was jeder andere trägt. Du bist feig und verächtlich. Du fürchtest dich vor deinem Augenblick. Du bist ein Monstrum.

ERSTER: Feig und verächtlich. Ein Monstrum. Ich fürchte mich vor meinem Augenblick.

SIE: So kurz!

ER: Aber wir sehen uns wieder.

SIE: Sehen wir uns wieder?

ER: Ja. Wir lieben uns.

SIE: Aber wir sehen uns wieder?

ER: Warst du nicht glücklich?

SIE: Glücklich – oh – glücklich!

ER: Dann kommst du wieder.

SIE: Ich weiß es nicht.

ER: Du kränkst mich. Wie kannst du mich so kränken?

SIE: Ich will dich bestimmt nicht kränken. Ich liebe dich sehr.

ER: Dann sag mir, wann du wiederkommst.

SIE: Ich weiß es nicht.

ER: Du mußt es wissen.

SIE: Quäl mich nicht. Ich kann nicht.

ER: Warum kannst du mir's nicht sagen? Was hindert dich?

SIE: Frag mich nicht soviel.

ER: Aber ich kann nicht leben, wenn ich nicht weiß, wann du
wiederkommst! Ich muß es wissen! Ich will es wissen! Ich laß
dich nicht weg, wenn du mir's nicht sagst. Ich sperr dich hier
ein. Ich laß dich nicht hinaus. Ich halte dich gefangen.

SIE: Das wird wenig nützen.

ER: Du läßt dich nicht von mir einsperren?

SIE: Nein.

ER: Eben war alles noch so schön. Du bist zu mir gekommen.
Ich habe noch keinen Menschen so liebgehabt wie dich.

SIE: Das sagt man. Das denkt man.

ER: Ich sag's nicht. Ich denk's nicht. Ich weiß es. Ich kann ohne
dich nicht leben.

SIE: Du wirst es versuchen müssen.

ER: Ich weiß, daß ich es nicht kann.

SIE: Man kann mehr als man denkt.

ER: Vielleicht könnte ich es eher, wenn ich nur wüßte, warum
du nicht wiederkommst.

SIE: Bist du sicher, daß es dann leichter für dich wäre?

ER: Ja. Leicht wäre es nie. Es bricht mir das Herz. Aber vielleicht ist es ein Grund, für den du nichts kannst. Vielleicht
liegt es nicht in deiner Macht.

SIE: So ist es. Es liegt nicht in meiner Macht. Ich kann dich nicht wiedersehen.

ER: Aber vielleicht glaubst du das nur. Vielleicht kann ich etwas tun. Ich tu' alles, um dich wiederzusehen. Alles. Sag's mir nur! Sag's mir!

SIE: Du kannst nichts tun.

ER: Das gibt es nicht. Ein Mensch muß nur wollen, und er kann alles! Alles ist in unserer Macht, alles!

SIE: Ein Kinderglaube.

ER: Du bist doch heute gekommen. Du hast es möglich gemacht. Warum nicht morgen! Warum nicht morgen!

SIE: Morgen geht es nicht.

ER: Dann übermorgen. Ich werde morgen den ganzen Tag an dich denken, wenn ich dich nur übermorgen sehen kann. Ich werde aufbleiben. Ich werde zwei Nächte nicht schlafen gehen. Ich werde dich vor mir sehen, unaufhörlich, ohne auszusetzen, ohne dein Bild einen Augenblick aus meinen Augen zu lassen, wenn du nur dann kommst!

SIE: Augenblick.

ER *(erschrickt):* Augenblick. Warum sagst du das? Was meinst du?

SIE: Ich habe nichts gesagt.

ER: Doch! Doch! Du hast etwas Furchtbares gesagt.

SIE: Was habe ich gesagt?

ER: Augenblick.

SIE: Das habe ich gedacht. Habe ich es gesagt?

ER: Ja. Was hast du gemeint?

SIE: Ich wollte dich nicht erschrecken.

ER: Nichts kann mich erschrecken. Sag's nur! O sag's nur!

SIE: Morgen ist mein Geburtstag.

ER: Dein Geburtstag.

SIE: Mein *letzter* Geburtstag – verstehst du.

ER: Dein letzter Geburtstag. Warum hast du das getan?

SIE: Darum bin ich gekommen. Darum bin ich zu dir gekommen.

FÜNFZIG *und eine* JUNGE FRAU *beim Begräbnis ihres Kindes*

FÜNFZIG: Junge Frau! Junge Frau! Ich muß mit Ihnen sprechen! Erschrecken Sie nicht, junge Frau! Ich weiß nicht, wer Sie sind. Ich weiß nicht einmal Ihren Namen. Aber ich weiß, dies ist das Begräbnis Ihres Kindes. Antworten Sie mir, junge Frau, ich beschwöre Sie! Antworten Sie mir! – Sie haben Ihr Kind verloren?

JUNGE FRAU: Ja.

FÜNFZIG: Es war sehr jung.

JUNGE FRAU: Ja.

FÜNFZIG: Wie alt war es?

JUNGE FRAU: Sieben.

FÜNFZIG: Sie sind sehr verzweifelt.

JUNGE FRAU: Nein.

FÜNFZIG: Sie haben es sehr geliebt?

JUNGE FRAU: Ja.

FÜNFZIG: Und Sie sind nicht verzweifelt?

JUNGE FRAU: Nein. Gar nicht.

FÜNFZIG: Warum nicht?

JUNGE FRAU: Ich wußte, wann es sterben wird. Ich wußte es immer.

FÜNFZIG: Aber da waren Sie sehr verzweifelt, während es noch lebte?

JUNGE FRAU: Nein.

FÜNFZIG: Tat es Ihnen gar nicht leid, daß es so jung sterben muß?

JUNGE FRAU: Ich wußte es seit seiner Geburt.

FÜNFZIG: Hätten Sie gern etwas dagegen getan?

JUNGE FRAU: Das kann man nicht.

FÜNFZIG: Haben Sie es versucht?

JUNGE FRAU: Nein. Das tut niemand.

FÜNFZIG: Aber wenn Sie nun die erste gewesen wären, die es versucht hätte?

JUNGE FRAU: Ich, als einzige? Nein!

FÜNFZIG: Sie würden nie etwas tun, was Sie als einzige tun?

JUNGE FRAU: Ich hätte mich geschämt.

FÜNFZIG: Geschämt. Wofür?

JUNGE FRAU: Man hätte mit Fingern auf mich gezeigt. Alle hätten gesagt: die ist nicht recht im Kopf.

FÜNFZIG: Aber wenn Sie es gerettet hätten? Wenn es Ihnen gelungen wäre, es ein Jahr länger am Leben zu erhalten?

JUNGE FRAU *(voller Entsetzen):* Das ist Diebstahl! Das ist ein Verbrechen!

FÜNFZIG: Warum ist das ein Verbrechen?

JUNGE FRAU: Das ist eine Lästerung.

FÜNFZIG: Warum ist das eine Lästerung?

JUNGE FRAU: Seine Zeit ist vorausbestimmt. *Ein Jahr!*

FÜNFZIG: Können Sie sich ein solches Jahr vorstellen?

JUNGE FRAU *(immer noch voll Entsetzen):* Ich hätte mich immer-
während gefürchtet. Es wäre mir vor dem Kind unheimlich
gewesen. Ich hätte geglaubt, ich habe mein eigenes Kind gestohlen. Ich habe noch nie gestohlen. Ich würde nie stehlen.
Ich bin eine ehrliche Frau. Ich hätte es versteckt halten müssen. Man hätte es mir angesehen, daß ich etwas Gestohlenes
im Hause halte.

FÜNFZIG: Aber es war Ihr Kind? Wie können Sie Ihr eigenes
Kind stehlen?

JUNGE FRAU: Ich hätte das Jahr gestohlen. Es kam ihm nicht zu.
Es war sieben! Mit einem solchen Diebstahl auf dem Gewissen!

FÜNFZIG: Und wenn es nur ein Monat gewesen wäre?

JUNGE FRAU: Ich kann es mir nicht vorstellen. Je länger ich
darüber nachdenke, umso furchtbarer erscheint es mir!

FÜNFZIG: Und einen Tag? Ein einziger Tag? Wenn Sie es einen
einzigen Tag länger hätten haben können? Ein Tag. *Ein Tag* ist
so kurz!

JUNGE FRAU: Ich habe Angst vor Ihnen! Sie sind ein Verführer!
Sie wollen mich in Versuchung führen. Aber ich gebe Ihnen
nicht nach. *Ein Tag!* Ein ganzer Tag! Jede Minute hätte ich
geglaubt, man kommt mich holen. Ich habe dem Kind immer
gut zu essen gegeben. Ich habe auf mein Kind geschaut. Es
war hübsch angezogen. Es sah netter aus als jedes Kind in der
Nachbarschaft. Man hat es gelobt. Man hat es bewundert. Es
war immer alles in Ordnung mit dem Kind. Das wird Ihnen
jeder bezeugen. Fragen Sie alle, die hier beim Begräbnis sind!
Fragen Sie die Nachbarn! Rufen Sie doch die Nachbarn zusammen, wenn Sie daran zweifeln. Ich habe alles getan, was
eine Mutter tun soll. Ich habe nichts versäumt. Viele Nächte
konnte ich nicht schlafen, wenn es nach mir rief. Ich habe ihm
nie ein böses Wort gegeben. Ich habe es geliebt. Das wird
jeder bezeugen.

FÜNFZIG: Ich glaube es. Ich glaube es.

Erster junger Herr: Was tun wir heute?

Zweiter junger Herr: Was wir heute tun? Dasselbe denk ich, dasselbe wie immer.

Erster junger Herr: Und das wäre?

Zweiter junger Herr: Rat einmal!

Erster junger Herr: Was meinst du?

Zweiter junger Herr: Nichts.

Erster junger Herr: Ja. Nichts. Es ist immer nichts.

Zweiter junger Herr: Es war immer nichts.

Erster junger Herr: Und es wird immer nichts sein.

Zweiter junger Herr: So ist das Leben.

Erster junger Herr: *Diese* Langeweile! *Diese* Langeweile!

Zweiter junger Herr: Aber das war immer so.

Erster junger Herr: Es kann früher nicht so langweilig gewesen sein.

Zweiter junger Herr: Warum nicht?

Erster junger Herr: Weil niemand es ausgehalten hätte.

Zweiter junger Herr: Was kann denn so sehr anders gewesen sein? Es waren immer Menschen, immer auf dieselben Dummheiten aus, aus kläglichen Appetiten zusammengesetzt, manchmal groß verkleidet.

Erster junger Herr: Natürlich war es ganz anders. Kannst du dir vorstellen, was es hieß, jemand *umzubringen*?

Zweiter junger Herr: Nein. Das kann ich nicht. Über solche barbarische Dummheiten sind wir hinaus.

Erster junger Herr: Dummheiten! Dummheiten! Ich gäb was drum, wenn ich jemand umbringen könnte!

Zweiter junger Herr: Was hindert dich daran?

Erster junger Herr: Was mich daran hindert? Alles! Ich weiß zuviel. Ich weiß, daß es nicht an mir liegt, ob der Mensch, den ich angreife, umkommt oder nicht. Tu ich es im unrechten Augenblick, so kommt er nicht um. Was immer ich tue, von mir hängt nichts ab. Der nichtswürdigste Mensch ist vor mir geschützt.

Zweiter junger Herr: Das ist wahr. Aber das ist es gerade, worauf wir so stolz sind.

Erster junger Herr: Stolz. Aber ich sehne mich nach der Zeit, da man seinen Feind *stellen* und regelrecht *befördern* konnte. Kannst du dir das vorstellen: ein *Duell*!

ZWEITER JUNGER HERR: Ja, das muß schön gewesen sein.

ERSTER JUNGER HERR: Du wußtest nie, was geschehen wird. Nichts war sicher. Vielleicht trifft's dich, vielleicht trifft's den anderen.

ZWEITER JUNGER HERR: Manchmal trifft's keinen.

ERSTER JUNGER HERR: Umso besser. Dann kann man wieder jemand anderen herausfordern.

ZWEITER JUNGER HERR: Einmal trifft es dann doch.

ERSTER JUNGER HERR: Und wenn du triffst, weißt du, du hast ihn getötet, du selbst, niemand hat sich eingemischt, es war ein klarer Fall, du hast den Mann getötet.

ZWEITER JUNGER HERR: Aber dann? Dann mußtest du dich verstecken oder flüchten. Dann warst du ein Mörder.

ERSTER JUNGER HERR: Gut, warum nicht! So ein Mörder wär ich gern. Da wüßte ich wenigstens, warum ich so heiße.

ZWEITER JUNGER HERR: Nicht so wie heute.

ERSTER JUNGER HERR: Heute? Was ist ein Mörder heute? Ein ganz gewöhnlicher Kapseldieb! Das heißt Mörder! Sein Opfer läuft weiter munter herum, er aber heißt großartig Mörder. Weißt du, das finde ich empörend. Wenn man schon niemand umbringen kann, dann soll man doch wenigstens das Wort dafür in Ruhe lassen!

ZWEITER JUNGER HERR: Ich hab mir das auch schon gedacht. Aber es ist eben so.

ERSTER JUNGER HERR: Das Fatale ist, daß man nichts dagegen unternehmen kann. Man ist an Händen und Füßen gebunden. Da man niemand töten kann, kann man auch nie mehr etwas ändern.

ZWEITER JUNGER HERR: Du hast recht. Das ist mir noch nie eingefallen.

ERSTER JUNGER HERR: Es wird also in alle Ewigkeit so bleiben.

ZWEITER JUNGER HERR: In alle Ewigkeit. Und du wirst nie jemand töten können.

ERSTER JUNGER HERR: Nie. Es ist zu dumm!


ZWEI DAMEN


ERSTE DAME: Was schätzt du? Du schätzt gut!

ZWEITE DAME: Ich würde sagen, ein schwaches Jahr.

ERSTE DAME: Du glaubst, sie hat noch ein Jahr?

ZWEITE DAME: Ein schwaches Jahr. Vielleicht nur ein halbes.

ERSTE DAME: Sie macht Andeutungen, daß sie mehr hat. Manchmal sagt sie mir sechs, manchmal sagt sie mir sieben.

ZWEITE DAME: Phantastisch! Sie will, daß man das herumverbreitet.

ERSTE DAME: Sie sagt mir's immer ins Ohr und beschwört mich, sie nicht zu verraten.

ZWEITE DAME: Sie baut auf deine Indiskretion.

ERSTE DAME: Weißt du, daß sie noch auf einen Mann hofft?

ZWEITE DAME: Was? Mit einem Jahr? Daß ich nicht lache! Ein Mann spuckt sie nicht an. Mit einem Jahr! Kein Mann nimmt sie so. Da könnte sie die größte Schönheit sein, mit einem Jahr nimmt sie niemand. Wenn du ein Mann wärst, würdest du eine Frau mit einem Jahr nehmen?

ERSTE DAME: Weißt du, mancher Mann wäre froh.

ZWEITE DAME: Ich kenne diese Kurzmänner! Eine Frau, die etwas auf sich hält, läßt sich mit so was nicht ein. Kurzmänner sind für mich Verbrecher.

ERSTE DAME: Weißt du, es gibt sehr charmante Kurzmänner. Ich hab einen Cousin, der gerade wieder eine niedere Frau geheiratet hat. Er sagt, es ist ein dummes Vorurteil. Er würde nie eine andere Frau nehmen. Wenn sie stirbt, wird er sich wieder eine niedere Frau nehmen. Eine niedere Frau gibt sich mehr Mühe, um ein gutes Andenken zu hinterlassen. Eine niedere Frau will ein schönes Leben haben, weil sie nicht warten kann. Eine niedere Frau, sagt er, ist immer in einer heimlichen Panik. Sie weiß, daß sie es nicht weiter bringen kann und begnügt sich mit dem, was sie hat. Eine niedere Frau stellt weniger Ansprüche.

ZWEITE DAME: Aber das ist doch alles ein Unsinn. Eine niedere Frau will das Leben genießen, weil sie es nicht besser versteht. Sie will jeden Tag ausgehen, sich unterhalten. Sie will neue Liebhaber und neue Toiletten. Sie ist verschwenderisch, was geht es sie an, was nachher ist.

ERSTE DAME: Das hab ich alles auch geglaubt. Mein Cousin sagt, daß ich mich irre. Er ist jetzt das vierte Mal mit einer niederen Frau verheiratet. Sein Motto ist: Hände weg von hohen Frauen! Stelle dir vor, sagt er, die Ehe ist schlecht und es ist eine hohe Frau. Ob der Mann es mit ihr aushält oder nicht, sie hat Ansprüche bis in weiß Gott welches Alter.

ZWEITE DAME: Und wenn er nun glücklich ist mit einer niederen Frau und es bald zu Ende ist, hat er das Nachsehen und kann nach einer neuen suchen. Ich gebe zu, es gibt auch anständige niedere Frauen, hie und da, aber für den, der an eine solche geraten ist, ist es noch ärger. Die nächste wird nicht ebenso sein, das kannst du mir glauben.

ERSTE DAME: Er sagt, wenn man Erfahrung hat, kann einem nichts passieren. Er ist sehr vorsichtig in seiner Wahl. Er hat sich die nächste schon ausgesucht. Die ist übrigens noch niederer, sagt er. Für die nächste dann hat er sich noch nicht ganz entschieden, aber da hat er auch jemand im Aug.

ZWEITE DAME: Das denkt er sich alles schon aus, während die anderen leben?

ERSTE DAME: Ja natürlich. Das ist der große Vorteil. Er sucht sie sich genau aus. Wie lange will ich mit der nächsten leben, frägt er sich, und wenn er sich einmal darüber im klaren ist, kann er sich umschauen und suchen.

ZWEITE DAME: Ja aber um Gottes willen, warten denn diese Weiber alle auf ihn?

ERSTE DAME: Natürlich. Wenn er sich mit ihnen verlobt! Er ist ungeheuer beliebt. Auf den würde jede ein Dutzend Jahre warten. Aber es dauert nie so lange. Er hat ein herrliches Leben. Er ist entschlossen, durch zwei Dutzend Ehen zu gehen.

ZWEITE DAME: Das kommt mir alles sehr übertrieben vor. Woher weiß er überhaupt, wie alt seine Bräute sind?

ERSTE DAME: Er hat einen ganz guten Blick, weißt du. Den hat er natürlich, weil er Erfahrung hat. Es ist eine Art Sport bei ihm, das richtige Alter zu erraten. Er ist so begehrt, daß manche Frauen ihm ihr Alter geradezu *sagen*, von selber.

ZWEITE DAME: Dazu könnte mich kein Mann kriegen. Das müssen schon sehr schamlose Frauen sein.

ERSTE DAME: Du warst eben nie verrückt genug.

ZWEITE DAME: Und anlügen tut ihn keine?

ERSTE DAME: Es kommt schon vor. Manche machen sich älter, aus Eifersucht.

ZWEITE DAME: Aus Eifersucht?

ERSTE DAME: Ja, da war eine, die ihm zu verstehen gab, daß sie zwei Jahre vor sich hatte und in dieser Meinung nahm er sie zur Frau. Du kannst mir glauben, daß sie entsetzlich verliebt in ihn war. Das ist immer so bei ihm. Es war abgemacht, daß

er sich während der Ehe nach ihrer Nachfolgerin umsieht. Sie
hielt den Gedanken daran fast nicht aus, aber sie hatte darauf
eingehen müssen, sonst hätte er sie nicht geheiratet. Er, wie es
seine Art ist, sah sich gut und gründlich um und fand eine, die
ihm als Nachfolgerin paßte. Sie gab ihr Jawort, betrachtete
sich als verlobt und harrte – aber nicht geduldig. Der letzte
Geburtstag seiner Frau kommt heran. Er, taktvoll und
freundlich – du mußt wissen, er ist kein Unmensch –, nimmt
an, daß sie stirbt. Er wartet den ganzen Tag bis spät in die
Nacht – es passiert nichts. Er legt sich zu Bett und denkt,
wenn er am nächsten Morgen aufwacht, wird es soweit sein
und die Frau wird nicht mehr aufstehen. Aber am nächsten
Morgen öffnet er seine Augen und sieht seine Frau, wie sie
kopfschüttelnd und mit grüblerischer Miene im Schlafzimmer auf und ab geht. ›Was soll das heißen?‹ fragt er sie. ›Ich
habe mich geirrt‹, sagt sie, ›ich bin jünger als ich dachte. Es ist
erst nächstes Jahr.‹ Er konnte nichts machen. Er wußte, daß
sie gelogen hatte. Aber sie blieb noch ein ganzes Jahr mit ihm,
zum größten Ärger der Nachfolgerin, die sich geprellt vor-
kam. Es war eine komische Geschichte, alles sprach damals
davon. Sicher hast du auch davon reden gehört.

Zweite Dame: Das ist alles schon möglich. Er mag ein amü-
santes Leben haben. Aber ich nenne das nicht Liebe. Wahre
Liebe gibt es nur mit hohen Frauen, da kannst du sagen, was
du willst. Zu einer wahren Liebe braucht man Zeit. Man muß
sich kennenlernen, viel miteinander erlebt haben, einander
blind vertrauen. Fünfzig Jahre Ehe sind mein Ideal.

Erste Dame: Da bist du auch gegen niedere Männer.

Zweite Dame: Natürlich bin ich es. Ich bin gegen alles Niedere.
Ich war immer fürs Hohe.

Erste Dame: Ich verstehe nicht, wie du mit solchen Ansprü-
chen durchs Leben kommst.

Zweite Dame: Ich habe sie immer gehabt. Für mich ist immer
nur das Teuerste gut genug. Ein Mann, der nicht wenigstens
Achtundachtzig heißt, heißt nichts für mich.

Erste Dame: Schau, im großen und ganzen hast du ja recht.
Aber man lernt Kompromisse machen. Ich war auch einmal
wie du. Und was hab ich dann zum Schluß gemacht?

Zweite Dame: Du hast einen mittleren Herrn geheiratet.

Erste Dame: Ich bin auch mittel.

ZWEITE DAME: Gerade das Mittlere ist mir am meisten verhaßt. Da hätte ich es schon besser gefunden, du hättest einen ganz niederen Menschen geheiratet, irgend einen Zwanziger oder Dreißiger, und hättest dich dann später zu einem großen Leben angeschickt.

ERSTE DAME: Ich bin ein Gewohnheitsmensch. Ich gewöhne mich an einen Mann und mag dann keinen anderen. Ich bin nicht romantisch.

ZWEITE DAME: Ja, das merke ich. Du bist eben bloß ein mittlerer Mensch.

ERSTE DAME: Gar so hoch bist du selber auch nicht, weißt du!

ZWEITE DAME: Ich bin mit meinem Namen ganz zufrieden. Ich bin immerhin um fünfzehn Jahre besser als du, nicht?

ERSTE DAME: Du brauchst es mir nicht unter die Nase zu reiben.

ZWEITE DAME: Nein, ich will dich nicht kränken, aber du mußt verstehen, daß wir über vieles anders denken. Wir sind von Haus aus verschiedene Naturen. Ich bin hoch, du bist mittel, da ist eben nichts zu machen.

FÜNFZIG *ist vor versammeltem Volke ausgestellt*

*Der Kapselan in schwerem Ornat steht neben ihm und spricht laut, so daß alle es hören können*

FÜNFZIG: Es ist nicht mein Augenblick!

KAPSELAN: Du irrst dich! Dein Augenblick ist gekommen.

FÜNFZIG: Er ist nicht gekommen. Ich weiß, wie alt ich bin.

KAPSELAN: Dein Gedächtnis trügt dich.

FÜNFZIG: Prüfe mein Gedächtnis! Prüfe es! Du wirst sehen, daß es stimmt!

KAPSELAN: Es ist nicht an mir, dein Gedächtnis zu prüfen. Vielleicht hast du es noch, aber dein Augenblick ist da.

FÜNFZIG: Wie kann mein Augenblick da sein, wenn mein Gedächtnis stimmt und ich mein Alter kenne.

KAPSELAN: Du bist falsch unterrichtet worden. Ein Kind wird manchmal irregeführt. Es gibt Mütter, die das Gesetz nicht befolgen. Es gibt zum Glück nicht viele solcher Mütter.

FÜNFZIG: Aber woher weißt du es? Wie hast du erfahren, daß meine Mutter mich irregeführt hat?

KAPSELAN: Ich weiß es.

FÜNFZIG: Hat sie es dir gesagt? Du kennst sie nicht. Sie ist noch am Leben. Du kennst nur Tote.

KAPSELAN: Er lästert. Es ist Zeit, daß er zu lästern aufhört.

VOLK: Er lästert! Er lästert!

KAPSELAN: Du hast ein Begräbnis gestört. Das Gesetz verurteilt dich zum *öffentlichen* Augenblick.

FÜNFZIG: Aber *ich* fordere euch auf, die Hinrichtung um einen Tag zu verzögern! Ihr wißt, daß es sein muß. Ihr seid so sicher. Ich bitte um einen Tag! Ich bin bereit zu gestehen, wenn ihr mir einen Tag gewährt.

KAPSELAN: Das Gesetz erlaubt keinen Aufschub. Aber es ist besser für dich, du gestehst.

FÜNFZIG: Ich gestehe, daß ich heute fünfzig Jahre alt bin. Es ist wahr, daß ich mich nie darum gekümmert habe. Ich habe es nicht zugegeben, weil es mir gleichgültig war. Ich habe nie an meinen Augenblick geglaubt.

KAPSELAN: Er lästert! Er erhebt sich wider das Gesetz!

VOLK: Führe uns nicht in Versuchung! Führe uns nicht in Versuchung!

FÜNFZIG: Ich habe gestanden. Schenkt mir den *einen* Tag! Ich bin bereit, mich dem Kapselan so zur Verfügung zu stellen, als wäre ich tot. Ihr könnt mich fesseln, ihr könnt mich anschmieden. Ihr könnt mir die Nahrung entziehen. Ihr könnt mich am Schlafe hindern. Tut alles, was ihr wollt mit mir, aber laßt mich einen Tag länger leben! Seid ihr denn nicht sicher? Zittert ihr vielleicht um euer Gesetz? Wenn dieses Gesetz das wahre ist, so laßt es uns erproben.

KAPSELAN: Das Gesetz wird nicht erprobt. Das Gesetz ist heilig.

FÜNFZIG: Es ist eure große, es ist eure letzte Gelegenheit. Hier ist einer, der nie an seinen *Augenblick* geglaubt hat. Wann werdet ihr wieder so ein rares Geschöpf in eurer Mitte haben? Ich bilde mir nichts darauf ein. Ich bin nichts Besonderes. Es ist eine Leidenschaft, so wie ihr eure Leidenschaften habt. Es ist meine Leidenschaft, dem *Augenblick* zu mißtrauen. Meine Leidenschaft ist zufällig anders als die euren. Aber sie kann euch nützlich sein. Es ist eine Gelegenheit zu erproben, ob einer in seinem *Augenblick* sterben muß, *auch wenn er nicht daran glaubt*. Ich glaube nicht daran! Versteht ihr das? Ich glaube nicht daran.

KAPSELAN: Er frevelt! Er ist nicht irrsinnig. Er frevelt, wie er beim Begräbnis gefrevelt hat. Er ist bei klarem Verstand. Er hat schon früher so zu mir gesprochen. Ich habe ihn gewarnt. *Ich* wußte, wie es enden wird.

FÜNFZIG: Kapselan, wenn du so sicher bist, schenke mir einen Tag! Es liegt in deiner Macht. Erwirke mir beim Volk einen Tag.

KAPSELAN: Kein Tag liegt in meiner Macht. In meiner Macht liegt nichts.

FÜNFZIG: Das sagst du. Doch du weißt es besser.

KAPSELAN: Bereue, bevor du stirbst! Noch hast du Zeit zu bereuen. Bereue!

FÜNFZIG: Ich habe nichts zu bereuen. Aber ich flehe um eure Gnade! Schenkt mir einen Tag!

KAPSELAN: Feigling! Es gibt einen einzigen Weg zur Gnade für dich: widerrufe und anerkenne den *Augenblick*!

FÜNFZIG: O wenn ich es könnte! Wenn ich es könnte! Ich täte es euch zuliebe, denn ihr tut mir leid.

KAPSELAN: Du bist auf dem besten Wege dazu. Dies war der erste Satz, den ich gern von dir gehört habe. Dies war der erste *menschliche* Satz.

FÜNFZIG: Ich werde mich bemühen, noch mehr solche Sätze für dich zu finden. Wirst du mir Gnade erwirken, wenn ich ganz in mich gehe?

KAPSELAN: Ich will es versuchen. Aber es liegt nicht in meiner Macht.

FÜNFZIG: Du wirst es versuchen. Sage mir, was geschieht mit mir, wenn ich widerrufe?

KAPSELAN: Wenn du widerrufst, wirst du von selber in deinem Augenblick sterben.

FÜNFZIG: Und du wirst mich dann ruhig sterben lassen?

KAPSELAN: Ich werde es versuchen. Aber du hast wenig Zeit.

FÜNFZIG: Was muß ich tun?

KAPSELAN: Du mußt vor allem Volke widerrufen.

FÜNFZIG: In welchen Worten?

KAPSELAN: Du mußt laut die Worte sagen, die ich dir jetzt vorspreche: Sprich: Ich glaube an das Heilige Gesetz. Sprich laut, beginn!

FÜNFZIG: Ich glaube an das Heilige Gesetz.

KAPSELAN: Ich glaube an den Augenblick.

FÜNFZIG: Ich glaube an den Augenblick.

KAPSELAN: Ich werde sterben, wie es mir vorbestimmt ist . . .

FÜNFZIG: Ich werde sterben, wie es mir vorbestimmt ist . . .

KAPSELAN: Und wie jeder stirbt.

FÜNFZIG: Und wie jeder stirbt.

KAPSELAN: Jeder hat seinen Augenblick . . .

FÜNFZIG: Jeder hat seinen Augenblick . . .

KAPSELAN: Und jeder kennt ihn.

FÜNFZIG: Und jeder kennt ihn.

KAPSELAN: Es hat noch nie einer länger gelebt, als sein Augenblick lautet.

FÜNFZIG: Es hat noch nie einer länger gelebt, als sein Augenblick lautet.

KAPSELAN: Ich danke euch für eure Nachsicht. Ich war verblendet.

FÜNFZIG: Ich danke euch für eure Nachsicht. Ich war verblendet.

KAPSELAN: Nun bist du entlassen.

FÜNFZIG: Kann ich jetzt frei meiner Wege gehen?

KAPSELAN: Du kannst es. Aber du bist nicht mehr derselbe.

FÜNFZIG: O Stunde, süße Stunde, die ich gewonnen habe!

KAPSELAN: Vergiß nicht, daß ich dich bald wiedersehen werde.

FÜNFZIG: Ich werde dich bald wiedersehen?

KAPSELAN: Du wirst mich nicht sehen. Aber ich sehe dich.

FÜNFZIG: Wenn du nach meiner Kapsel suchst.

KAPSELAN: Schweige!

*Die nächste Szene zwischen dem* CHOR DER UNGLEICHEN *und dem* KAPSELAN *schließt hier unmittelbar an*

CHOR DER UNGLEICHEN: Wir sind dankbar.

KAPSELAN *(es klingt, wie wenn ein Priester singen würde):* Wofür seid ihr dankbar?

CHOR DER UNGLEICHEN: Wir sind dankbar. Denn wir haben keine Angst.

KAPSELAN: Warum habt ihr keine Angst?

CHOR DER UNGLEICHEN: Wir haben keine Angst, denn wir wissen, was uns bevorsteht.

KAPSELAN: Ist es so herrlich, was euch bevorsteht?

CHOR DER UNGLEICHEN: Es ist nicht herrlich. Aber wir haben keine Angst.

KAPSELAN: Warum habt ihr keine Angst, wenn es nicht herrlich ist, was euch bevorsteht? Warum habt ihr keine Angst?

CHOR DER UNGLEICHEN: Wir wissen, wann. Wir wissen, wann.

KAPSELAN: Seit wann wißt ihr, wann?

CHOR DER UNGLEICHEN: Seit wir denken können.

KAPSELAN: Ist es so herrlich zu wissen, wann?

CHOR DER UNGLEICHEN: Es ist herrlich zu wissen, wann!

KAPSELAN: Seid ihr gern beisammen?

CHOR DER UNGLEICHEN: Nein, wir sind nicht gern beisammen.

KAPSELAN: Warum seid ihr beisammen, wenn ihr nicht gern beisammen seid?

CHOR DER UNGLEICHEN: Wir sind es nur zum Schein, wir werden uns trennen.

KAPSELAN: Worauf wartet ihr?

CHOR DER UNGLEICHEN: Wir warten auf den Augenblick, da wir uns trennen werden.

KAPSELAN: Kennt ihr den Augenblick?

CHOR DER UNGLEICHEN: Jeder kennt ihn. Jeder kennt den Augenblick, da er sich von jedem trennen wird.

KAPSELAN: Ihr vertraut auf eure Kenntnis?

CHOR DER UNGLEICHEN: Wir vertrauen.

KAPSELAN: Seid ihr glücklich? Was wollt ihr noch?

CHOR DER UNGLEICHEN: Wir wollen nichts. Wir sind glücklich.

KAPSELAN: Ihr seid glücklich, weil ihr den Augenblick kennt.

CHOR DER UNGLEICHEN: Wir kennen ihn. Seit wir den Augenblick kennen, fürchten wir nichts.

KAPSELAN: Zufrieden! Zufrieden!

CHOR DER UNGLEICHEN: Zufrieden! Zufrieden! Zufrieden!

# ZWEITER TEIL

FÜNFZIG. DER FREUND

FREUND: Da bist du. Ich bin froh, du bist es.

FÜNFZIG: Kannst du mir erklären, wieso ich noch am Leben bin?

FREUND: War das alles nicht Warnung genug? Was für Erklärungen erwartest du jetzt?

FÜNFZIG: Weißt du denn, was sich abgespielt hat?

FREUND: Ja. Das weiß jeder. Es wird über nichts anderes gesprochen, in der ganzen Stadt.

FÜNFZIG: Ich wollte, du wärest dabei gewesen.

FREUND: Ich hätte dir doch nicht helfen können.

FÜNFZIG: Nein. Aber du hättest es mit angesehen, von unten.

FREUND: Bist du nicht dein eigener Zeuge.

FÜNFZIG: Ich bildete mir ein, daß ich kühl und ruhig blieb. Ich dachte an das, was ich wissen will, an die Antwort auf *meine* Frage. Ich wollte, daß man mich hört. Mein einziger Gedanke war: wie ziehe ich die Szene hinaus.

FREUND: Und die Menschen selbst hast du nicht gesehen? Du hast nicht gefühlt, wie sie alle auf dich starren? Daß sie dich auf ein Wort des Kapselans in Stücke reißen werden?

FÜNFZIG: Gewiß. Ich habe mich bedroht gefühlt. Ich hatte vielleicht mehr Angst, als ich mir zugab. Aber ich war auch sehr neugierig. Wenn sie jetzt auf mich losgehen, wenn sie mich wirklich, wie du sagst, auf ein Wort des Kapselans zerreißen, wird es dann auch der richtige Zeitpunkt sein, in dem ich umkomme? Oder wird es drei Stunden vor dem gewissen Augenblick sein? Oder zwei? Oder eine? Kann man *vor* seinem Augenblick umkommen?

FREUND: Du hast aber rechtzeitig eingelenkt. Ich bin froh darüber.

FÜNFZIG: Warum bist du froh?

FREUND: Weil ich dich gern habe. Du sprichst zu mir. Du bist da.

FÜNFZIG: Hängst du denn sehr an mir?

FREUND: Ich dachte, du weißt das.

FÜNFZIG: Weiß man das je?

FREUND: Nun, dann laß es dir sagen.

FÜNFZIG: Du hängst sehr an Menschen.

FREUND: An manchen.

FÜNFZIG: Sind es viele?

FREUND: Nein, nur ganz wenige. Vielleicht hänge ich darum so sehr an ihnen.

FÜNFZIG: Wieviel Menschen liebst du wirklich?

FREUND: Ich schäme mich, dir die Wahrheit zu sagen.

FÜNFZIG: Nun?

FREUND: Weißt du es nicht selbst?

FÜNFZIG: Ich glaube, daß du am meisten von allen Menschen an deiner kleinen Schwester hängst, an ihrem Bild, mein ich. Verzeih, daß ich sie erwähne.

FREUND: Ich liebe sie noch. Ich habe es nie verwunden.

FÜNFZIG: Du hast früher nie von ihr gesprochen.

FREUND: Ich konnte es nie. Du bist der einzige. Aber ich habe alle diese Jahre immer an sie gedacht. Ich habe es nie einem Menschen gesagt.

FÜNFZIG: Gibt es denn niemand sonst für dich? Du lebst noch immer in Trauer um sie.

FREUND: Ja. Solange ich zu niemand davon sprach, waren mir alle anderen gleichgültig.

FÜNFZIG: Du hast dich nie damit abgefunden. Vielleicht habe ich mich darum so zu dir hingezogen gefühlt.

FREUND: Ich habe mich nie damit abgefunden. Nein.

FÜNFZIG: Ich ehre dich dafür.

FREUND: O sag das nicht! Weißt du, was das heißt: Jahre und Jahre der Qual, und nichts kann sie stillen. Nichts. Nichts.

FÜNFZIG: Aber hat sich denn das geändert?

FREUND: Seit kurzem ist das ein wenig anders geworden.

FÜNFZIG: Du meinst, du hängst jetzt an jemand, der am Leben ist.

FREUND: Ja.

FÜNFZIG: Ist das plötzlich gekommen?

FREUND: Ja.

FÜNFZIG: Da ist ein ganz neuer Mensch in dein Leben getreten, und ich, dein bester Freund, habe nichts davon gemerkt.

FREUND: Es ist niemand neuer. Es ist jemand, den ich schon lange kenne.

FÜNFZIG: Aber wie ist das passiert?

FREUND: Deine Neugier ist wie ein hungriger Wolf. Ich kann dir aber keine Antwort verweigern.

FÜNFZIG: Wie ist es passiert?

FREUND: Ich habe zu jemand über sie gesprochen.

FÜNFZIG: Über deine Schwester.

FREUND: Ja.

FÜNFZIG: Seither hast du den Menschen gern, zu dem du über sie gesprochen hast.

FREUND: Ja, beinahe so sehr wie sie.

FÜNFZIG: Aber dann müßtest du mich ja auch so gern haben.

FREUND: Du bist das doch. Du bist es, zu dem ich gesprochen habe. Es weiß niemand anderer davon.

FÜNFZIG: Ich bin es! Wie sonderbar!

FREUND: Du hast mich gezwungen, dir die Wahrheit zu sagen.

FÜNFZIG: Ich hoffe, du bereust es nicht. Aber wundert es dich? Habe ich dir nicht anvertraut, was mich peinigt und hetzt? Du hast dasselbe getan. Du hast mir deine Qual gegeben. Und ist es nicht im Grunde dasselbe, was uns peinigt?

FREUND: Nein. Mir geht es um diesen einen Menschen. Es ist mir gleichgültig, was mit den andern geschieht.

FÜNFZIG: Aber jetzt geht es dir auch um mich. Und mir ist nicht gleichgültig, was mit irgendeinem von euch geschieht.

FREUND: Das ist es, was mich mit solcher Angst erfüllt. Ich habe das Gefühl, daß dir etwas Furchtbares geschehen könnte. Ich habe gezittert, als du vor der Menge ausgestellt warst.

FÜNFZIG: Du warst also doch dort.

FREUND: Ja.

FÜNFZIG: Und du wolltest es mir nicht sagen.

FREUND: Nein.

FÜNFZIG: Aber warum nicht?

FREUND: Ich fürchte, daß ich dich in deinen halsbrecherischen Unternehmungen bestärke –, ganz einfach indem ich dabei bin.

FÜNFZIG: Das ist wahr. Du gibst mir Mut. Ich kann mit dir sprechen. Wenn ich nicht zu dir gesprochen hätte, hätte ich nie beginnen können.

FREUND: Aber es ist doch alles zu Ende jetzt?

FÜNFZIG: Glaubst du? Wenn du mir erklären kannst, was geschehen ist, ist es zu Ende. Ich weiß nicht, ob du es kannst.

Aber ich bin froh, daß du dabei warst, denn jetzt kannst du mir *genau* antworten. Ich mißtraue den Dingen, die ich allein erlebe, seit sie nicht mehr mich allein betreffen. Willst du mir helfen?

FREUND: Ich werde dir immer helfen. Ich kann nicht anders. Frage mich, was du willst. Ich werde nie mehr lügen. Ich kann gar nicht lügen, wenn du es bist.

FÜNFZIG: Ich könnte es auch nicht, wenn wir beide miteinander sprechen. Aber sag mir jetzt: wie kommt es, daß ich noch am Leben bin?

FREUND: Ich verstehe dich nicht. Es war noch nicht dein Augenblick.

FÜNFZIG: Aber der Kapselan hat vor allen Menschen erklärt, daß mein Augenblick gekommen sei. Du warst da. Du hast es gehört.

FREUND: Er kann sich doch einmal irren.

FÜNFZIG: Er hat erklärt, daß er es sicher weiß, und ich habe es abgestritten. Er hat behauptet, daß er es besser wisse, meine Mutter hätte mich irregeführt. Wie will er das wissen? Wie kann er das wissen?

FREUND: Er hat einen Blick für Menschen. Vergiß nicht, seine Erfahrung ist ungeheuer. Er war überzeugt von dem, was er sagte. Wenn er nicht überzeugt gewesen wäre, hätte er dich nicht vor dem halben Volk ausgestellt.

FÜNFZIG: Aber wozu?

FREUND: Er wollte ihnen allen beweisen, wie unsinnig deine Zweifel sind. Du standest da und mit einem Eigensinn ohnegleichen erklärtest du immer wieder, daß du nicht daran glaubst. Du werdest deinen Augenblick überleben. Man solle dich nur gewähren lassen und du werdest es ihnen allen vormachen. Man möge dich als ein Experiment betrachten. Du glaubest nicht daran, und darum werde es dich nicht treffen.

FÜNFZIG: Das stimmt. Das habe ich gesagt.

FREUND: Er aber wußte, daß das nicht möglich ist. Er wußte, daß du im *Augenblick* selbst umfallen würdest und wollte, daß es so öffentlich geschieht wie deine Herausforderung. Du selber solltest dich widerlegen. Das mag dir nicht sehr freundlich vorkommen, und gewiß hat es einen Anschein von Übelwollen, daß man aus der Hinfälligkeit des Menschen ein öffentliches Schauspiel macht. Aber vergiß nicht, was du vorher getan hast. Du hast eine Beerdigung gestört und eine arme Mutter, die ihr Kind verloren hatte, in den furchtbarsten Schrecken versetzt. Die Empörung gegen dich war allgemein, und der Kapselan hat das Amt, für die Sicherheit der Menschen zu sorgen. Er hat darauf zu achten, daß der alte Schrecken nicht einreißt: alles hängt am Gesetz des Augenblicks. Wenn er jemand erlaubt, dieses Gesetz zu bezweifeln, gerät alles ins Wanken, die Folgen wären unabsehbar. Einer würde den andern anfallen und wir wären wieder in der alten Mördergrube. Bist du nicht selbst damit zufrieden, wie es ausgegangen ist? Er hat dich zum Widerruf gebracht und du lebst. Was willst du mehr?

FÜNFZIG: Ich verstehe es nur nicht. Du antwortest nicht auf meine Frage.

FREUND: Ich glaube, es ist besser, ich frage *dich* einiges. Es war *deine* Haltung, die niemand verstand, nicht die des Kapselans.

FÜNFZIG: Frage nur, frage!

FREUND: Als du hinaufgeführt wurdest und die Leute sich um dich zu sammeln begannen, hast du erst lange geschwiegen. Es kamen immer mehr Leute, der Platz war bald von Menschen ganz schwarz. Du hast indessen den ganzen Prozeß ruhig über dich ergehen lassen, ohne den Mund ein einziges Mal aufzutun. Auf die Anklagen des Kapselans hast du gleichgültig mit dem Kopf genickt. Plötzlich, als das Urteil bereits ausgesprochen war, hast du laut gerufen: ›Es ist nicht mein Augenblick!‹ Es klang ungeheuer sicher und ich kann dir sagen, daß die Menschen von diesem ersten Satz auf das tiefste beeindruckt waren. Der Kapselan schien es aber besser zu wissen und setzte dir hart zu. Du hast dich auf dein Gedächtnis berufen und auf deine Mutter. Du warst ganz sicher, daß es nicht dein Augenblick war. Der Kapselan sprach nochmals das Urteil aus. Ich bewunderte dich sehr, und trotz meiner unsagbaren Angst um dich betete ich darum, daß du hart bleibest. Da begannst du plötzlich um einen Tag Aufschub zu bitten und botest für diesen Tag ein *Geständnis* an. Das Geständnis war – ich kann es noch jetzt nicht begeifen –, daß *es doch dein Augenblick sei,* genau das Gegenteil deiner ersten starken und lauteren Sätze. Die Wirkung dieses Widerspruchs war ungeheuer. Die Stimmung schlug sofort gegen dich um. Du mußt wissen, daß alle ausnahmslos dich seither für einen Scharlatan halten. Kannst du diesen Widerspruch erklären?

FÜNFZIG: Nichts ist leichter als das. Es ist gar kein Widerspruch. Ich *weiß* es einfach nicht. Ich weiß nicht, wie alt ich bin. Ich habe mich nie darum gekümmert. Ich habe bis vor kurzem nicht gewußt, daß man so etwas wissen soll. Ich kenne meinen Geburtstag gar nicht wirklich. Alle waren immer so geheimnisvoll mit ihrem. Ich bin ein Opfer dieser allgemeinen Geheimniskrämerei, so sehr, daß ich nicht einmal merke, wie da immer etwas geheimgehalten wird. Man muß es mir gewiß als Kind oft gesagt haben: Ich habe schon damals bald weggehört. Selbst wenn ich's je gewußt haben sollte, ich habe es später vergessen. Ich habe meine Jahre weder verschwendet noch mit ihnen gespart. Ich habe sie nie als Kapital betrachtet. Ich habe einfach an Jahre nie gedacht. Ich habe zu gern gelebt, um an Jahre zu denken.

FREUND: Du weißt wirklich nicht, wie alt du bist?

FÜNFZIG: Nein. Was ich sagte, war beide Male falsch. Ich habe beide Male gelogen.

FREUND: Aber welchen Sinn sollte das haben?

FÜNFZIG: Ich wollte den Kapselan in Verwirrung bringen. Wenn *ich leugne*, daß es mein Augenblick ist, wie *kann* es der Kapselan beweisen? Das sagte ich mir. Ich wollte ihn vor der ganzen, riesigen Menschenmenge in Verwirrung bringen. Ich wollte ihren falschen Glauben erschüttern. Einer muß es doch tun. Ich bin der Richtige dazu, denn ich kenne mein Alter nicht.

FREUND: Ein verzweifeltes Unternehmen. Ihr Glaube ist nicht falsch.

FÜNFZIG: Aber es ist mir gelungen. Siehst du nicht, daß es mir gelungen ist?

FREUND: Du sollst nicht so sprechen. Vergiß nicht, daß du widerrufen hast.

FÜNFZIG: Erst zwang ich ihn, sich darauf festzulegen, daß mein Augenblick gekommen sei. Er war ganz sicher und alle haben es gehört. Dann widerrief ich und erwirkte dadurch Gnade. Ich lebe jetzt. Entweder hat er sich geirrt und weiß über meinen Augenblick nicht mehr als ich oder es ist möglich, *den Augenblick selber zu überleben*. Eines von beiden muß jeder jetzt glauben.

FREUND: Wie du dich irrst! Alle haben sich deinen Widerruf gemerkt, der sie ungeheuer beeindruckt hat. An den Vorgängen selbst ist ihnen nur aufgefallen, daß *du* dir widersprochen hast.

FÜNFZIG: Mag sein. Das ist mir gleichgültig. Ich, für mich, bin jetzt weiter, als ich je war. Ich weiß jetzt, daß der Kapselan, manchmal zumindest, *lügt*. Seine Schätzungen sind unsicher. Er selbst ist unsicher. Er verteidigt etwas Unsicheres. Er widerspricht sich und er verzeiht, wenn man widerruft. Er *braucht* den Widerruf, er täte alles für einen Widerruf. Er ist darauf so angewiesen wie unsereins auf eine Kapsel.

FREUND: Den Eindruck hatte ich selbst. Ich will es dir nicht verhehlen.

FÜNFZIG: Du gibst es zu? Du gibst es zu? Das war dein eigener Eindruck? Und du warst unten, und nicht in Gefahr, und die Aufregung konnte dich nicht täuschen.

FREUND: Glaube nicht, daß ich weniger aufgeregt war als du. Aber ich hatte gehofft, daß dein Widerruf *gilt*, daß er endgültig ist, daß du es satt hast, gegen Naturgesetze anzurennen.

FÜNFZIG: Naturgesetze? Was ist das? Du meinst die Amtsvorschriften des Kapselan? Vorläufig weiß ich noch nicht einmal, wie eine Kapsel innen aussieht. Wenn ich die Jahre, die einem in der Kapsel schriftlich zugeteilt sind, um zehn erhöhen könnte, wenn ich die Kapsel öffnen und die Zahl eigenmächtig um zehn erhöhen würde, – was glaubst du, geschähe dann?

FREUND: Du wirst dich nicht versündigen. Du wirst an niemand zum Mörder werden. Ich kenne dich zu gut. Du bist kein Mörder. So fühlt kein Mörder. So spricht kein Mörder. Du wirst dich beruhigen. Du hast keine kleine Aufregung hinter dir. Du wirst dich beruhigen und das alles vergessen und es beim Widerruf bewenden lassen. Versprich es mir!

FÜNFZIG: Ich verspreche nichts.


FÜNFZIG *und* ZWEI GANZ ALTE FRAUEN


FÜNFZIG: He, hört mich doch! He! Ich will mit euch sprechen! Was rennt ihr davon? Ich tue euch nichts! He, lauft nicht so! Ich muß mit euch sprechen!

ERSTE ALTE *(außer Atem):* Wir haben nichts.

ZWEITE ALTE *(außer Atem):* Rein nichts.

FÜNFZIG: Aber ich will nichts von euch. Ich will euch nichts wegnehmen. Ich will euch nur was fragen.

ERSTE ALTE: Ich bin fremd.

ZWEITE ALTE: Ich komm von weit weg.

FÜNFZIG: Ich will nicht den Weg von euch wissen. Den Weg kenn ich selbst.

ERSTE ALTE: Ja was denn? Was?

ZWEITE ALTE: Wir haben nichts. Und fremd sind wir auch.

FÜNFZIG: Ihr braucht euch vor mir nicht zu fürchten. Versteht ihr das nicht? Ich tue euch nichts. Ich verspreche es euch heilig. Ich will euch nur was fragen. Aus der alten Zeit.

ERSTE ALTE: Sehr alt. Aber die da ist älter.

ZWEITE ALTE: Die ist älter. Frag sie!

FÜNFZIG: Ich will euch beide fragen.

ERSTE ALTE: Es ist schon spät.

ZWEITE ALTE: Ich muß laufen.

FÜNFZIG: Ihr könnt gar nicht laufen. Ich bringe euch dann nach Hause, so rasch ihr wollt. Jetzt bleibt einmal ruhig stehen, und hört, auf was ich euch frage!

ERSTE ALTE: Ich hör schon. Aber ich weiß nichts.

ZWEITE ALTE: Ich höre ganz gut. So alt bin ich nicht. Aber ich weiß nicht, was ich sagen soll.

FÜNFZIG: Hört mich gut an! Ich will jetzt von jeder von euch etwas wissen. *(zur ersten Alten)* Wie alt bist du?

ERSTE ALTE: Ich bin gar nicht alt.

FÜNFZIG: Ich weiß, aber *wie* alt bist du?

ERSTE ALTE: Das weiß ich nicht mehr. Frag sie!

FÜNFZIG: Überleg's dir, während ich sie frage. *(zur Zweiten)* Wie alt bist du?

ZWEITE ALTE: Alt bin ich nicht.

FÜNFZIG: Ja, aber *wie* alt?

ZWEITE ALTE: Das hab ich vergessen. Frag sie!

FÜNFZIG *(zur Ersten):* Weißt du es jetzt? Kannst du dich erinnern?

ERSTE ALTE: Nein. Ich weiß nichts. Es ist viel zu lang her.

FÜNFZIG: Wenn ich dich schlage, wirst du mir's auch nicht sagen?

ERSTE ALTE *(schreit):* Hilfe! Hilfe! Er will mich schlagen!

FÜNFZIG: Sei still! Ich schlage dich nicht. Wie heißt du.

Erste Alte: Dreiundneunzig, aber schlag mich nicht, ich sag's ja. Dreiundneunzig.

Zweite Alte: Ich sag's auch. Du darfst mir nichts tun. Ich heiß Sechsundneunzig.

Fünfzig: Du sagst es schon, bevor ich dich frage. Ihr habt große Eile. Wie lange seid ihr befreundet?

Beide: Ewig lang.

Fünfzig: Ich will aber wissen, wie lang.

Erste Alte: Ich hab die schon gekannt, bevor ich geheiratet hab.

Zweite Alte: Ich sie auch.

Fünfzig: Du warst wohl sehr jung, wie du geheiratet hast.

Erste Alte: O viel zu jung. Das hat niemand gewußt, wie jung ich damals war. Jetzt sind alle tot. Jetzt lebt nur die.

Zweite Alte: Ich war immer älter wie die. Sie ist mir immer nachgerannt.

Fünfzig: Jetzt werde ich bald wissen, wir alt ihr seid.

Beide: O nein. Das weiß niemand.

Fünfzig: Ich brauche nur in euren Kapseln nachzuschauen.

Beide *(fangen an zu schreien)*: Das ist nicht wahr! Er ist ein Lügner! Er lügt! Er lügt!

Fünfzig: Hört mit dem Schreien auf! Sofort!

Beide *(kreischen immer lauter)*: Es ist nicht wahr. Das weiß niemand! Er lügt! Er lügt!

Fünfzig: Ich werde euch schlagen! Wenn ihr nicht sofort zu schreien aufhört, werde ich euch schlagen.

Erste Alte *(zitternd)*: Ich hör auf. Ich fürchte mich so.

Zweite Alte: Ich möchte ja aufhören, ich kann nicht, ich hab so Angst.

Fünfzig: Gebt eure Kapseln her! Sofort!

Erste Alte: Ich hab keine Kapsel.

Zweite Alte: Ich hab meine verloren. *(Sie sind jetzt beide ganz ruhig)*

Fünfzig: Ich werde sie finden. Ihr habt sie beide noch. Gebt sie her! Ich brauche sie.

Erste Alte: Ich hab meine gegessen.

Fünfzig *(packt sie)*: Dann spuck sie aus!

Erste Alte *(spuckt und spuckt)*: Es kommt nichts.

Fünfzig: Noch besser! Gib sie lieber her. Sonst bring ich dich um.

ZWEITE ALTE *(zitternd)*: Ich hab meine gefunden. Da ist sie. *(Sie reicht ihm die Kapsel hin)* Sie hat ihre auch. Schau nur nach.

ERSTE ALTE: Schäm dich, du willst nur, daß ich meine auch verliere!

FÜNFZIG: Gib sie im Guten. Du siehst, sie hat ihre hergegeben.

ERSTE ALTE *(überreicht ihm ihre Kapsel, weinend)*: Was mach ich ohne meine Kapsel?

ZWEITE ALTE: Was geschieht jetzt mit uns?

FÜNFZIG: Ich gebe euch dafür andere, schönere, aus Gold.

BEIDE: Aus Gold! Aus Gold!

FÜNFZIG *(hängt jeder von ihnen eine Kapsel um)*: So. Jetzt habt ihr viel schönere. Jetzt seid ihr aber zufrieden, was? Jetzt werdet ihr noch lange, lange leben. Das sind nämlich Glückskapseln. Ich mache sie selbst. Ihr dürft aber niemand etwas sagen. Wenn ihr niemand etwas sagt, werdet ihr jede länger leben.

ERSTE ALTE: O ja. Viel länger!

ZWEITE ALTE: Viel, viel länger!

FÜNFZIG: Bis ich euch nächstes Mal wiedersehe, kriegt ihr noch schönere. Ich werde euch schon finden. Ich weiß, wo ihr seid. Jetzt müßt ihr ganz still weggehen. Ihr müßt mir versprechen, daß ihr niemand etwas sagt. Sonst wollen alle die schönen Goldkapseln, und ich habe nur die zwei. Wenn das die Leute wissen, werden sie sie euch wegnehmen wollen. Werdet ihr den Mund halten?

ERSTE ALTE: O ja! O ja!

ZWEITE ALTE: Aber ich krieg eine bessere!

FÜNFZIG: Die wirst du bekommen. Ich muß sie erst suchen. Das ist nicht so leicht. Da muß ich erst wegfahren. Bis ich zurückkomme, treffe ich euch wieder, dann bekommt ihr die anderen Kapseln. Jetzt habt ihr ja Zeit. Jetzt geht aber rasch fort, bevor jemand etwas merkt. Die werden sie euch wegnehmen, wenn ihr nicht aufpaßt!

DIE BEIDEN ALTEN *(humpeln eiligst davon)*: Wir danken. Wir danken.


FÜNFZIG. DER FREUND

FÜNFZIG: Ich hab zwei Kapseln!

FREUND: Was hast du?

FÜNFZIG: Ich hab zwei Kapseln. Zwei echte Kapseln.

FREUND: Um Gottes willen, woher hast du das?

FÜNFZIG: Ich hab sie von zwei alten Weibern bekommen. Sie gehören jetzt mir. Ich kann damit machen, was ich will.

FREUND: Ich – ich will sie nicht sehn.

FÜNFZIG: Das ändert nichts daran, daß ich sie habe.

FREUND: Das ist furchtbar. Gib sie sofort zurück!

FÜNFZIG: Ich habe ihnen bessere gegeben.

FREUND: Bessere?

FÜNFZIG: Ja, bessere! Aus Gold.

FREUND: Aber es sind doch falsche.

FÜNFZIG: Nein. Sie sind besser, sie lauten auf länger.

FREUND: Woher hast du sie genommen?

FÜNFZIG: Das sag ich nicht. Ich hab sie gehabt und zwei alten Weiblein geschenkt, sie haben mir dafür ihre gegeben.

FREUND: Aber die müssen schwachsinnig gewesen sein. Das tut niemand freiwillig.

FÜNFZIG: Ich hab ein wenig nachgeholfen.

FREUND: Du meinst, du hast sie ihnen mit Gewalt abgenommen? Weißt du, was du bist?

FÜNFZIG: Das interessiert mich nicht, was ich bin. Jeder ist etwas. So bin ich auch was. Aber ich habe zwei Kapseln und kann mit ihnen machen, was ich will.

FREUND: O geh weg! Wozu sagst du mir das alles!

FÜNFZIG: Du kannst mich anzeigen. Wenn du dich fürchtest, erlaube ich dir, unsere Freundschaft zu lösen. Ich werde dir nicht böse sein. Du zitterst.

FREUND: Ach, was soll ich fürchten! Ich habe nichts getan. Ich habe Gewissensbisse. Hätte ich nur nie mit dir gesprochen. *Ich* habe dich auf diesen Weg gestoßen. Ich hätte deine Fragen nie beantworten dürfen. Ich bin an allem schuld. Der Verbrecher bin ich. Und da soll ich dich verraten!

FÜNFZIG: Mach dir nichts draus! Hilf mir lieber! Hilf mir lieber! Jetzt ist's geschehen.

FREUND: Wie soll ich dir helfen? Du weißt, was du jetzt bist.

FÜNFZIG: Ein Mörder. Ein Raubmörder. Oder wie das sonst heißt. Aber es ist so gleichgültig, wie man heißt. Hilf mir die Kapseln öffnen!

FREUND: Öffnen! Du willst sie öffnen!

FÜNFZIG: Ich will sehen, was drin ist. Du weißt, was drin sein soll.

FREUND: Aber welchen Sinn soll das haben? Du weißt doch, was du da finden wirst.

FÜNFZIG: Weiß ich es?

FREUND: Ja! Ja! Das weiß jedes Kind, das trägt doch jeder sein ganzes Leben bei sich. Das weiß jeder.

FÜNFZIG: Hast du eine von innen gesehen?

FREUND: Nein. Aber das braucht man nicht.

FÜNFZIG: Du hast noch nie eine gesehen!

FREUND: Aber ich war bei der Aufbahrung meines Vaters. Ich war vorher bei der Aufbahrung meiner . . . muß ich alles wieder sagen. Du weißt, wie ihr Tod mich noch heute schmerzt. Ich war dabei. Verstehst du, ich war dabei. Ich war dabei, als der Beschauer ihre Kapsel fand und öffnete. Ich war dabei, als er die Eintragung machte.

FÜNFZIG: Hast du selbst hineingesehen?

FREUND: Nein! Du verlangst zuviel. Ich war zu aufgeregt. Hätte ich noch Zahlen sehen sollen? Aber es waren viele andere Leute da. Glaubst du, es hat an Zeugen gefehlt?

FÜNFZIG: Die waren genauso aufgeregt wie du. *Niemand* hat das Innere ihrer Kapsel gesehen. Niemand! Der einzige, der nicht aufgeregt war, ist der Kapselan selbst. Der ist nie aufgeregt. Der macht das immer. Der sieht sie alle und der trägt alles ein.

FREUND: Und du glaubst ihm nicht, weil du ihn haßt. Ich hätte dich nie zu ihm schicken dürfen.

FÜNFZIG: Hör mal; ich hasse niemand! Aber ich glaube niemand. Es ist mir zu wichtig. Ich will die Kapseln selber öffnen und selber sehen. Ich werde sie öffnen. Verlaß dich darauf. Niemand wird mich daran hindern. Ich will, daß du mir hilfst.

FREUND: Ich will dir helfen. Aber wie kann ich es? Was kann ich helfen? Jetzt ist es halb geschehen.

FÜNFZIG: Ich brauche deine Augen. Ich will, daß du *mit mir* die Kapseln von innen siehst. Ich traue meinen Augen nicht. Ich bin voreingenommen. Wenn ich dir sage, was ich gefunden habe, wirst du mir nicht glauben.

FREUND: Jetzt verstehe ich dich. Du willst, daß ich dabei bin, wenn du sie öffnest.

FÜNFZIG: Genau das. Laß mich jetzt nicht im Stich! Begreife doch, worum es geht.

FREUND: Ich begreife nicht, worum es geht. Vielleicht will ich es nicht begreifen.

FÜNFZIG: Aber du läßt mich nicht im Stich.

FREUND: Nein. Ich lasse dich nicht im Stich.

FÜNFZIG: Hier sind sie. Wie könnten wir sie öffnen?

FREUND: Das soll sehr schwer sein. Der Kapselan hat einen Schlüssel.

FÜNFZIG: Wir werden sie aufbrechen müssen.

FREUND: Ja, das fürchte ich schon. Es wird nicht anders gehen.

FÜNFZIG: Hast du einen Hammer?

FREUND: Hier.

FÜNFZIG: Danke. Ich schlage zu.

FREUND: Aber vorsichtig. Vorsichtig. Du darfst den Inhalt nicht zertrümmern.

FÜNFZIG *(schlägt zu):* So!

FREUND: Zeig her! Ist sie offen?

FÜNFZIG: Nein. Nur verbogen. Die sind sonderbar gebaut.

FREUND: Was geschieht jetzt?

FÜNFZIG: Ich schlage wieder. *(schlägt zu)* Gib mir jetzt eine Feile.

FREUND: Hier.

FÜNFZIG: Ich glaube, so wird es gehen. Warte. Vielleicht kannst du sie hier halten.

FREUND: So. Ich halte die Kette ganz fest.

FÜNFZIG: Offen! Offen! Sie ist offen! Schau hinein. Schau du zuerst! Was siehst du?

FREUND: Nichts.

FÜNFZIG: Nichts. Sie ist leer.

FREUND: Leer. Das ist ein Irrtum. Wo hast du die zweite.

FÜNFZIG: Da ist sie. Gib mir den Hammer. *(Er schlägt zu)* Die Feile! Halt sie fest! So. *(Er feilt)* Sie ist offen. Jetzt will ich zuerst schauen.

FREUND: Nein. Zusammen.

FÜNFZIG: Es ist besser einzeln. Laß mich zuerst!

FREUND: Wie du glaubst. Was siehst du?

FÜNFZIG: Nichts. Nichts. Sie ist leer.

FREUND: Was? Diese auch? – Ja. Sie ist leer. Was heißt das?

FÜNFZIG: Das frage ich dich.

FREUND: Die alten Weiber haben dich zum Narren gehalten. Sie haben dir nicht die wahren Kapseln gegeben.

FÜNFZIG: Glaubst du? Ich glaub's nicht. Du warst nicht dabei. Du hättest dabeisein müssen.

FREUND: Du siehst doch, daß sie leer sind!

FÜNFZIG: Die Kapseln *sind* eben leer. Begreifst du das nicht?

FREUND: Dummes Zeug! Du bist verrückt!

FÜNFZIG: Da ist meine! Gib deine her! Wir öffnen sie beide!

FREUND: Ich – ich kann nicht. Verzeih mir. Ich gebe meine nicht her. Ich möchte auch nicht, daß du deine öffnest.

FÜNFZIG: Du kannst mich nicht daran hindern. Ich brauche deine nicht. Hier ist meine Kapsel. Schlag drauf!

FREUND: Nein.

FÜNFZIG: Feigling! Gib den Hammer her!

FREUND: Ich – ich kann ihn nicht geben.

FÜNFZIG: Dann werde ich ihn mir nehmen. Ich fürchte mich nicht.

FREUND: Was tust du! Was tust du!

FÜNFZIG: Du bist wie die alten Weiber. *(Er schlägt zu)* Jetzt hab ich sie zertrümmert. Hilf mir mit der Feile!

FREUND: Ich halte schon.

FÜNFZIG: Offen! Offen! Meine eigene Kapsel ist offen! Schau hinein! Ich ernenne dich zum Kapselan! Was siehst du?

FREUND *(zitternd):* Nichts. Sie ist leer.

FÜNFZIG: Nichts. Auch leer. *Alle Kapseln sind leer.*

FREUND: Das ist nicht möglich! Geh! Geh! Du hast mir einen schlechten Streich gespielt. Du bist nicht mehr mein Freund! Was willst du mit dieser Maskerade? Mit falschen Kapseln, die du angeblich raubst, mit falschen, die du dir umhängst. Du findest das sehr lustig, es ist nur bitter für mich. Ich will dich nie wieder sehen. Glaubst du, du gibst mir meine Schwester wieder, mit diesen häßlichen Späßen. Geh, ich hasse dich! Ich hasse dich!

FÜNFZIG: Du glaubst mir nicht. So gib doch deine eigene Kapsel her, bevor du mich beschuldigst. Kann ich sie dir umgehängt haben? Kennst du sie nicht? Du beschuldigst mich. Du bist nicht nur mein bester, du bist mein einziger Freund. Du traust mir so viel Niedertracht zu. Gib mir doch die Möglichkeit, mich zu verteidigen. Opfere mir deine Kapsel! Du stehst hier. Du hast sie bei dir. Sie war immer bei dir. Du hast sie nicht *einmal,* seit du lebst, heruntergenommen, nicht einmal. Ich trete in die entfernteste Ecke des Zimmers. Ich bleibe dort. Ich rühre mich nicht. Öffne deine eigene Kapsel! Du bist es mir schuldig! Tu es! Tu es!

FREUND: Ich kann nicht. Ich fürchte mich vor dir. Was willst du von mir? Laß mich in Frieden!

FÜNFZIG: Du willst nichts mehr von mir wissen.

FREUND: Ich will, daß du mich in Frieden läßt.

FÜNFZIG: Ich gehe! Leb wohl!

FREUND: Du gehst. Aber wie soll ich jetzt leben?

FÜNFZIG: Ich habe dir nichts getan.

FREUND: Nichts. Nichts. Geh endlich! Geh! Geh!

FÜNFZIG: Ich grolle dir nicht. Leb wohl.

FREUND: Nein. Du grollst mir nicht. Aber ich grolle dir. Ich hasse dich. Geh!

FÜNFZIG: Was soll ich tun?

FREUND: Nichts. Du sollst gehen.

FÜNFZIG: Gut. Leb wohl.


FÜNFZIG. DER KAPSELAN


FÜNFZIG: Und alle, die zu früh gegangen sind?

KAPSELAN: Es ist niemand zu früh gegangen.

FÜNFZIG: Mein Freund hatte eine Schwester, die mit zwölf ging.

KAPSELAN: Das war ihr gesetzlicher Name.

FÜNFZIG: Gesetzlich! Ein Gesetz, das auf Unwissenheit gebaut ist!

KAPSELAN: Es gibt keine anderen Gesetze. Bei Gesetzen kommt es nur auf eines an, daß sie eingehalten werden.

FÜNFZIG: Von allen?

KAPSELAN: Von allen, die in ihrem Bereich leben.

FÜNFZIG: Und wer früher gelebt hat?

KAPSELAN: Der konnte sich nicht danach richten. Haben Sie noch eine kluge und dringliche Frage?

FÜNFZIG: Was würde geschehen, wenn die Menschen plötzlich erfahren, daß alle Kapseln leer sind.

KAPSELAN: Sie können das nicht erfahren. Wer sollte ihnen etwas so Unsinniges, wer könnte ihnen etwas so Furchtbares sagen?

FÜNFZIG: Nehmen wir an, jemand hätte den *Wahn*, daß die Kapseln alle leer sind, und ginge wie ein Ausrufer durch die Straßen oder wie ein neuer Mohammed. Statt ›Gott ist groß und Mohammed ist sein Prophet!‹ riefe er aus: ›Die Kapseln sind leer! Und niemand weiß es! Die Kapseln sind leer! Die Kapseln sind leer und niemand weiß es!‹

KAPSELAN: Niemand würde ihm Glauben schenken. Er würde bald verstummen.

FÜNFZIG: Und wenn er eine Kapsel entleeren würde und mit der leeren Hülse durch die Straßen liefe?

KAPSELAN: Es ist kein Geheimnis, wie mit Mördern verfahren wird.

FÜNFZIG: Aber ich bin besorgt. Ich bin furchtbar besorgt. Einmal *ausgerufen* könnte der Gedanke sich herumsprechen und Wurzeln schlagen.

KAPSELAN: Ihre Sorge ehrt Sie, und sie soll Ihnen günstig vermerkt werden. Aber Generationen von Kapselanen haben daran gedacht und vorgebaut. Nicht umsonst ist das Stigma des Mordes auf Kapselräuber gelegt worden. Sie sehen, daß es bis jetzt gewirkt hat.

FÜNFZIG: Ich denke aber an die Zukunft.

KAPSELAN: Sie denken zuviel an die Zukunft. Ein Überbleibsel aus Ihrer rebellischen Zeit.

FÜNFZIG: Erscheint Ihnen dieser Rest beunruhigend? Halten Sie meinen Übereifer für schädlich?

KAPSELAN: Das will ich nicht sagen. Sie können nicht mehr gefährlich werden. Sie haben öffentlich abgeschworen. Sie gelten als Feigling und als Narr. Selbst wenn Sie zu Ihren lauten Zweifeln zurückkehren sollten, könnten Sie niemand mehr damit Eindruck machen. Nur Unschuldige finden wahrhaftigen Glauben. Ein Apostat kommt ganz seinem neuen Glauben zugute, und der alte ist noch mehr für ihn verloren, als er es selber je absehen kann.

FÜNFZIG: Warum glauben Sie, daß ich wieder abtrünnig werden könnte?

KAPSELAN: Ich glaube es nicht. Ich habe Ihnen nur erklärt, warum Sie nicht mehr gefährlich werden können. Was immer Sie täten, es wäre vergeblich.

FÜNFZIG: Aber mißbilligen Sie meine Ängste?

KAPSELAN: Es gibt harmloses Wissen und es gibt gefährliches Wissen. Aber es gibt noch viel gefährlichere Zweifel. Von diesen sind Sie auf alle Fälle geheilt.

FÜNFZIG: Was meinen Sie damit?

KAPSELAN: Nichts Bestimmtes. Es gibt Zweifel, die den Menschen rasend und elend machen, und die nie zu etwas nütze sein könnten. Da ist sogar ein gefährliches Wissen noch besser. Das kann man für sich behalten.

FÜNFZIG: Ich habe Sie erschreckt. Ich hätte nicht sagen sollen, daß die Kapseln leer sein könnten.

KAPSELAN: Sie haben mich nicht im geringsten erschreckt. Sie haben Ihre Kapsel geöffnet und nichts darin gefunden. Das habe ich schon Tausende von Malen getan. Sehe ich erschreckt aus?

FÜNFZIG: Sie glauben wirklich, daß ich so etwas getan haben könnte?

KAPSELAN: Da ist nicht viel zu glauben. Es ist noch nie jemand auf diese Vermutung gekommen, der es nicht getan hat. Sie sind ein Mörder. Aber für Mörder, die rechtzeitig abgeschworen haben, interessieren wir uns nicht.

FÜNFZIG: Sie beschuldigen mich ohne jeden Beweis des Mordes.

KAPSELAN: Ich erlasse Ihnen den Beweis. Er wäre zu leicht. Sie haben Ihre Freiheit. Sie wissen nun auch, daß Sie so lange leben werden, nun – als Sie eben leben. Um diese Art von Freiheit war es Ihnen zu tun. Sie haben sie sich geraubt. Genießen Sie sie nach Herzenslust! Seien Sie versichert, daß es noch einige Narren Ihrer Art gibt, die diese tödliche Unruhe der Ruhe, die wir eingeführt haben und die wir aufrechterhalten, vorziehen.

FÜNFZIG: Gibt es wirklich andere?

KAPSELAN: Seien Sie versichert, daß Sie nicht einzigartig sind. Daß Sie nichts Besonderes sind, haben Sie erlebt, als Sie bereit waren, für einen Tag Leben zu widerrufen. Sie sind so feige, daß Sie Ihre Feigheit nicht einmal zugeben können. Aber jetzt werden Sie Ihre Feigheit ganz genießen können. Sie werden nämlich statt *eines Augenblicks* nichts anderes als solche Augenblicke vor sich haben. Ich denke nicht daran, Sie als Mörder ergreifen zu lassen. Freuen Sie sich Ihres Raubes! Ich überlasse Sie Ihrer *Angst*.


FÜNFZIG *auf der Straße, wie ein Ausrufer, aber auch wie ein Besessener*

FÜNFZIG: Ich will nichts von euch wissen. Ihr seid mir alle gleichgültig. Ihr seid mir gleichgültig, denn ihr seid gar nicht da. Ihr seid nicht am Leben. Ihr seid alle tot. Ich bin der einzige. Ich bin am Leben. Ich weiß nicht, wann ich sterben werde, darum bin ich der einzige.

Ihr kriecht daher, mit der kostbaren, kleinen Last um den

Hals. Euch hängen eure Jahre vom Hals herunter. Sind sie schwer zu tragen? Nein! Sie sind nicht schwer. Es sind nicht viele! Aber das macht euch nichts. Denn ihr seid schon tot! Ich sehe euch gar nicht. Ihr seid nicht einmal Schatten. Ihr seid nichts. Ich gehe nur unter euch, damit ihr es spürt, wie ich euch verachte. Hört, ihr Leute, ihr braven Toten, auch die Jahre, die ihr am Halse tragt, sind falsch. Ihr glaubt, ihr habt sie. Ihr seid so sicher. Aber nichts ist sicher. Es ist alles falsch. Ihr habt leere Kapseln am Halse hängen. Die Kapseln sind leer. Ihr habt nicht einmal die Jahre, die ihr zu haben glaubt! Ihr habt nichts! Nichts ist sicher! Die Kapseln sind leer! Es ist alles so ungewiß, wie es immer war. Wer Lust zu sterben hat, kann es heute schon tun. Wer keine Lust hat, nun, der stirbt doch. Die Kapseln sind leer! Die Kapseln sind leer!

Die jungen Herren

Erster junger Herr: Da kommt der Retter!

Zweiter junger Herr: Retter! Retter!

Erster junger Herr: Was hat er denn eigentlich getan?

Zweiter junger Herr: Er hat in die Kapsel hineingeschaut!

Erster junger Herr: Das hätte ich auch können.

Zweiter junger Herr: Warum hast du's nicht versucht?

Erster junger Herr: Ich habe nicht daran gedacht.

Zweiter junger Herr: Das ist es eben. Es ist gar nicht so leicht, wie du denkst.

Erster junger Herr: Hast du's versucht?

Zweiter junger Herr: Offen gesagt, ja. Man bringt das Zeug nicht auf.

Erster junger Herr: Was hast du dann damit gemacht?

Zweiter junger Herr: Ich habe meine einfach weggeschmissen.

Erster junger Herr: Ich nicht. Nein, das nicht.

Zweiter junger Herr: Glaubst du, deine ist etwas Besonderes?

Erster junger Herr: Es kann sich noch alles ändern.

Zweiter junger Herr: Was soll sich ändern?

Erster junger Herr: Ich warte, bis der Kapselan sich geäußert hat.

Zweiter junger Herr: Der Kapselan persönlich! Der Schwindler!

Erster junger Herr: Du bist etwas voreilig!

ZWEITER JUNGER HERR: Dummkopf! Ohne irgendeinen Schwindel kannst du nicht leben.

ERSTER JUNGER HERR: Mir paßt diese ganze Änderung nicht, wenn ich ehrlich sein soll.

ZWEITER JUNGER HERR: Und warum nicht? Warum nicht?

ERSTER JUNGER HERR: Hast du darüber nachgedacht?

ZWEITER JUNGER HERR: Was gibt es da viel nachzudenken? Die Kapseln sind leer.

ERSTER JUNGER HERR: Hast du alle Kapseln untersucht?

ZWEITER JUNGER HERR: Was willst du damit sagen?

ERSTER JUNGER HERR: Vielleicht sind manche leer und vielleicht ist in manchen was drin.

ZWEITER JUNGER HERR: Du bist hoffnungslos. Das wäre ja ein noch größerer Schwindel!

ERSTER JUNGER HERR: Du sagst das alles so leicht. Aber wie soll es jetzt mit uns allen werden?

ZWEITER JUNGER HERR: Wie es werden soll! Wie es werden soll? *Frei* sind wir jetzt!

ERSTER JUNGER HERR: Wieso?

ZWEITER JUNGER HERR: Ich habe keine Angst mehr, daß ich mit achtundzwanzig sterben muß.

ERSTER JUNGER HERR: Und ich fürchte mich, daß ich *vor* achtundachtzig umkomme.

ZWEITER JUNGER HERR: Du warst eben bevorzugt bis jetzt. Mit Leuten wie du wird jetzt aufgeräumt.

ERSTER JUNGER HERR: Aber warum? Warum? Was hab ich dir getan?

ZWEITER JUNGER HERR: Was du mir getan hast? Du warst ein Gott! Bloß wegen des verdammten Namens. Warum sollst du Achtundachtzig heißen und ich Achtundzwanzig? Bist du besser als ich, bist du klüger und fleißiger? Im Gegenteil; du bist dümmer, schlechter und fauler. Aber immer hieß es: Achtundachtzig dies und Achtundachtzig das!

ERSTER JUNGER HERR: Ich habe nie etwas davon gemerkt.

ZWEITER JUNGER HERR: Du hast also nie gemerkt, daß dir alle Mädchen nachrennen. Wo immer du aufgetaucht bist, war ein Geriß. Du hättest jede heiraten können. Aber du hättest keine heiraten müssen. Die Luft deines feinen Namens atmen, war schon eine Ehre.

ERSTER JUNGER HERR: Aber das war mir doch alles sehr lästig.

Wenn du eine Ahnung davon hättest, wie lästig mir das alles war!

ZWEITER JUNGER HERR: Das hat man nie gemerkt. Du hast es ruhig hingenommen.

ERSTER JUNGER HERR: Was hätte ich tun sollen?

ZWEITER JUNGER HERR: Du hast aus diesem Schwindel die größten Vorteile gezogen. Ist es dir *einmal* eingefallen, in deine Kapsel zu schauen?

ERSTER JUNGER HERR: Nein. Das ist mir nie eingefallen. Und du? Warum hast du nie nachgeschaut?

ZWEITER JUNGER HERR: Weil ich Angst davor hatte. Man gilt nicht gern als Mörder.

ERSTER JUNGER HERR: Es war ein gutes Gesetz. Es war alles ruhig.

ZWEITER JUNGER HERR: Und jetzt bist du unruhig.

ERSTER JUNGER HERR: Alle! Alle! Nicht nur ich! Weißt du denn, ob du nicht in der nächsten Stunde tot umfällst?

ZWEITER JUNGER HERR: Nein, ich weiß es nicht. Aber es ist besser, es ist *gerechter*, als es war, denn ich weiß, daß auch du im nächsten Augenblick tot umsinken kannst.

ERSTER JUNGER HERR: Da hast du was davon!

ZWEITER JUNGER HERR: Davon hab ich alles.

ERSTER JUNGER HERR: Du bist von Neid zerfressen. Ich kenne keinen Neid.

ZWEITER JUNGER HERR: Du wirst dich bald daran gewöhnen, Neid zu kennen. Gedulde dich nur ein wenig.

ERSTER JUNGER HERR: Was wird aus unserem Kapselan werden?

ZWEITER JUNGER HERR: Man wird ihm den Prozeß machen.

ERSTER JUNGER HERR: Das kann man nicht. Man kann ihn doch nicht dafür verurteilen, daß er sich an seinen Amtseid gehalten hat. Er wird freigesprochen werden.

ZWEITER JUNGER HERR: Das wird er bestimmt nicht. Da wirst du noch deine Wunder erleben! Wenn der Kapselan freigesprochen wird, gibt es eine Revolution.

ERSTER JUNGER HERR: Da irrst du dich, der Retter selbst will, daß alles ohne Blutvergießen abgeht.

ZWEITER JUNGER HERR: Retter. Wie das klingt in deinem Mund! Du haßt ihn in Wirklichkeit. Paß lieber auf, was du über ihn redest!

ERSTER JUNGER HERR: Ich habe nichts gegen ihn gesagt.

ZWEITER JUNGER HERR: Aber ich spür es zwischen deinen Worten. Der Haß ist unverkennbar.

ERSTER JUNGER HERR: Oh, du weißt eben alles besser.

ZWEITER JUNGER HERR: Nein, aber ich habe es satt, daß du in allem den Ton angibst. Ich habe es satt! satt! satt!

ERSTER JUNGER HERR: Wer würde denken, daß du mein leiblicher Bruder bist.

ZWEITER JUNGER HERR: Ja, wer hätte es gedacht, als du Achtundachtzig genannt wurdest und ich Achtundzwanzig!

DIE ZWEI KOLLEGEN

ERSTER: Es scheint, daß alle gar nicht so zufrieden waren.

ZWEITER: Viel Haß hat sich angesammelt.

ERSTER: Wer hätte das gedacht! Die Leute toben! Ich habe soeben eine Szene miterlebt, die ich nie vergessen werde.

ZWEITER: Was war das?

ERSTER: Eine Unmenge von Menschen, die Straßen schwarz von Menschen, plötzlich wird einer auf die Schultern gehoben und schreit gellend: ›Weg mit den Kapseln! Wir brauchen das Zeug nicht! Weg mit den Kapseln!‹ Er reißt sich das Hemd auf und schleudert die Kapsel heraus und wirft sie unter die Menschen. Die Leute jubeln. Einige machen es ihm nach, erst Männer, dann auch Frauen, sie reißen sich die Brust auf und schleudern ihre Kapseln heraus. ›Weg mit den Kapseln!‹ Ein anderer springt hoch und brüllt: ›Jetzt wird nicht mehr gestorben! Jetzt lebt jeder, so lange er will! Freiheit! Freiheit!‹ – ›So lange ich will! Freiheit! Freiheit!‹ brüllen die Menschen zurück. Es hat mich selbst gepackt. Ich habe es den andern nachgemacht. Ich hatte das Gefühl, daß mir jemand meinen Arm an die Brust führt. Ich hab das Zeug herausgerissen und hochgeschleudert. ›Kapseln auf Nimmerwiedersehen! Niemand stirbt!‹ Und die tobende Menge nimmt meinen Ruf auf, und alles schreit: Niemand stirbt! Niemand stirbt!

ZWEITER: Aber was soll das heißen? Das heißt doch nichts!

ERSTER: Es heißt, was es heißt. Sie haben alle das Sterben satt. Hast du's nicht satt?

ZWEITER: Ja.

ERSTER: Was willst du dann? Was meckerst du? Was hast du

einzuwenden? Die Menschen haben sich auf ihr Lebensrecht besonnen.

ZWEITER: Und jetzt wird jeder allein bestimmen, wie lange er leben will?

ERSTER: Es wird nicht mehr viel zu bestimmen geben. Jeder wird immer leben.

ZWEITER: Jeder wird immer leben! Das klingt herrlich!

ERSTER: Das klingt nicht herrlich, das *ist* herrlich!

ZWEITER: Aber ist es auch wahr?

ERSTER: Du bist der ewige Zweifler. Ich wette, du hast sie noch, deine Kapsel. Du bist gern vorsichtig, was! Du *hast* lieber, was du hast? Du riskierst nichts gern? Du bist ein Held! Hast du sie oder hast du sie nicht?

ZWEITER: Was geht es dich an?

ERSTER: Das geht mich sehr viel an.

ZWEITER: Ich kann mit meiner Kapsel machen, was ich will.

ERSTER: Glaubst du? Das glaubst du nur! Gib sie her! Sofort! Sie muß vernichtet werden.

ZWEITER: Nein! Ich gebe nichts her! Ich behalte meine Kapsel.

ERSTER: Du wirst sie nicht behalten! Her damit! Sofort! *(Er beginnt ihn zu würgen)*

ZWEITER: Hilfe! Er mordet mich! Er nimmt mir meine Kapsel! Mord! Mord!

ERSTER: Das ist kein Mord mehr, du Idiot! Gib deine Kapsel her oder es wird ein Mord!

ZWEITER *(zitternd):* Nimm sie dir! Ich halt still! Du wirst es noch bereuen!

ERSTER: Bereuen? Schwachkopf! Wann? Wozu? Da ist das leere Schwindelding! Tritt darauf!

ZWEITER: Ich kann nicht.

ERSTER: Zertritt sie! Oder ich bringe dich um!

ZWEITER *tritt, am ganzen Leibe zitternd, und fällt dann tot zusammen.*


KAPSELAN UND FÜNFZIG

FÜNFZIG: Wo aber soll es enden?

KAPSELAN: Es gibt kein Ende mehr. Alles ist erschüttert.

FÜNFZIG: Ich hätte nichts beginnen dürfen.

KAPSELAN: Jetzt ist es zu spät.

Fünfzig: Das Unheil ist geschehen. Kann ich nichts mehr retten?

Kapselan: Das hat noch jeder Mörder gefragt, aber immer erst, wenn es alles unwiderruflich war.

Fünfzig: Und wenn ich ein gutes Beispiel geben würde? Wenn ich mich wieder vor alle hinstellte und mein Verbrechen kühn und ehrlich bekenne, diesmal wirklich ehrlich? Wenn ich sie warne und dann als Zeugnis für den Ernst meiner Warnung vor allen tot umfalle? Gibt es nichts, wodurch ich noch einen Eindruck machen kann? Nichts, was mich für alle nützlich macht? Es möchte mancher später dasselbe unternehmen und Schiffbruch leiden und Verwirrung in die Welt bringen. Ich schäme mich so sehr. Am meisten schäme ich mich meiner Blindheit.

Kapselan: Es ist zu spät. Es ist zu spät. Ich fürchte, Ihre Absicht ist Ihnen gelungen.

Fünfzig: Meinen Sie, daß alle es nun wissen?

Kapselan: Sie haben sich Ihr Nachtwächterlied zu gut ausge-sucht. Man hat Sie gehört. Ich hätte es nicht geglaubt, daß man Sie so rasch und so gut hören wird.

Fünfzig: Sie haben mich unterschätzt. Sie sind schuld!

Kapselan: Glauben Sie das wirklich? Glauben Sie das?

Fünfzig: Sie waren zum Wächter eingesetzt. Sie hatten ein ho-hes und edles Amt. Sie wußten auch, *was* Sie bewachten. Sie sind mir mit Hochmut und Überlegenheit begegnet. Sie hät-ten mich gleich vernichten müssen. Wie konnten Sie mich so unterschätzen? Wo war Ihre Erfahrung?

Kapselan: Meine Erfahrung gewann ich an Toten.

Fünfzig: Sie waren auf Ihre Leichen eingestellt, auf den Pomp und die Eitelkeit Ihres Amtes. Hatten Sie nicht Gelegenheit genug, Menschen zu beobachten, die noch am *Leben* waren? Die Angehörigen Ihrer Toten? Ging es bei Ihren Festlichkei-ten immer gemessen und getragen und endgültig zu? Geschah nie etwas? Geschah nie etwas Unerwartetes?

Kapselan: Nein, es geschah nie etwas.

Fünfzig: Unter was für Menschen haben Sie gelebt?

Kapselan: Unter Zufriedenen. Unter Leuten, die keine Angst mehr hatten.

Fünfzig: Da gab es gewiß nicht mehr viel zu lernen.

FREUND: Bist du es?

FÜNFZIG: Ja. Erkennst du mich nicht?

FREUND: Ich erkenne nichts mehr sicher.

FÜNFZIG: Was hast du? Was ist dir geschehen?

FREUND: Ich suche meine Schwester.

FÜNFZIG: Aber du kannst sie doch nicht suchen.

FREUND: Sie hat sich versteckt.

FÜNFZIG: Versteckt? Versteckt?

FREUND: Sie hat sich versteckt und ich weiß nicht wo. Ich suche
überall.

FÜNFZIG: Aber bist du denn so sicher?

FREUND: Ich weiß es. Ich weiß es.

FÜNFZIG: Aber warum sollte sie sich vor dir versteckt haben?

FREUND: Sie hatte Angst.

FÜNFZIG: Wovor?

FREUND: Sie hatte Angst vor ihrem Namen. Man hat ihr einge-
redet, daß sie mit zwölf sterben muß. Die Verbrecher waren
hinter ihr her und haben sie erschreckt. Sie hat jahrelang in
Angst gelebt, sie wurde immer stiller. Wir wußten nicht, warum sie so wenig spricht, wir hatten keine Ahnung. Aber dann,
an ihrem Geburtstag, packte sie die Angst und sie ver-
schwand. Sie ist unter Leute gegangen, die ihren Namen nicht
kennen. Sie hatte Angst vor ihrem Namen. Sie hat sich seither
versteckt gehalten. Niemand von uns hat sie wieder gesehen.
Sie hat uns gemieden wie die Pest. Wir aber suchen sie überall,
eigentlich bin ich es, der sie wirklich sucht. Ich tue gar nichts
anderes mehr, ich weiß, daß ich sie finden werde.

FÜNFZIG: Aber warum willst du sie beunruhigen? Laß sie doch
ihr neues Leben führen. Sie wird sich besser fühlen, wenn du
sie nicht aufstörst. Ihre Angst muß sehr groß gewesen sein,
sonst hätte sie sich nicht so lange versteckt gehalten. Wenn ich
nicht irre, ist das schon über dreißig Jahre her.

FREUND: Das ist es eben. Darum ist es so schwierig, sie zu
finden. Manchmal glaube ich, ich würde sie gar nicht mehr
erkennen. Aber das denke ich nur, wenn ich vom Suchen matt
und müde bin und die Mutlosigkeit mich übermannt. Ich
pflege mich dann einfach auszuschlafen, und sobald ich frisch
und ausgeruht bin, zweifle ich nicht daran, daß ich sie erken-

nen würde, sofort, auf jede Entfernung, und wenn es sein muß, in noch einmal dreißig Jahren. Sie soll mir nur entgegenkommen, und ich werde ihr ganz leicht über den Arm fahen, sehr zart, so als ob ich sie streicheln möchte, aber nicht wie ein fremder Mann, so, siehst du, – und ihr dann sagen, daß ich es bin.

FÜNFZIG: Sie wird glauben, daß du sie verhaften willst.

FREUND *(zornig):* Ich sie verhaften! Meine kleine Schwester! Wie kannst du das sagen! Du hast den Verstand verloren.

FÜNFZIG: Versteh mich doch! Du willst sie natürlich nicht verhaften, du willst ihr das Beste und Liebste tun. Aber wenn sie damals in Schrecken vor ihrem Namen davongegangen ist, glaubt sie, sie hat ein Unrecht begangen. Sie meidet euch, um für dieses Unrecht nicht bestraft zu werden.

FREUND: Sie hat kein Unrecht begangen. Sie hat sich gefürchtet und mit Recht. Sie war ein Kind, und das dumme Geschwätz der Leute hat sie erschreckt.

FÜNFZIG: Das meine ich doch. Sie hat sich ein neues Leben aufgebaut. Sie hält sich von euch ferne, weil ihr sie in das alte Leben zurückzerren würdet. Nur unter neuen Gesichtern fühlt sie sich sicher und unerkannt.

FREUND: Ich will ihr die Wahrheit sagen. Ich will ihr sagen, daß ihr Name nichts zu bedeuten hat. Ich will ihr die Angst benehmen. Dann kehrt sie uns zurück.

FÜNFZIG: Aber siehst du denn nicht, daß sie jetzt einen neuen Namen hat? Sie muß einen neuen Namen angenommen haben. Ihre Flucht hätte ja sonst gar keinen Sinn gehabt.

FREUND: Das wird sie mir alles erzählen. Sie wird mir erzählen, wie sie jetzt heißt.

FÜNFZIG: Und wie wirst du sie nennen?

FREUND: Für mich ist sie meine kleine Schwester. Sie hat sich nicht verändert. Sie ist, was sie immer war. Meine liebste kleine Schwester. Der liebste Mensch auf der Welt.

FÜNFZIG: Aber um dreißig Jahre älter.

FREUND: Dummes Zeug! Das glaubst du nur. Sie ist überhaupt nicht gealtert.

FÜNFZIG: Ich sage nicht, daß sie gealtert ist. Aber sie ist um dreißig Jahre älter und muß sich verändert haben.

FREUND: Das glaub ich nicht.

FÜNFZIG: Aber sei doch nicht so eigensinnig. Sie ist jetzt zweiundvierzig Jahre alt. Sie kann doch nicht wie ein Kind von zwölf aussehen.

FREUND: Für mich ist sie zwölf.

FÜNFZIG: Du wirst sie wieder bei ihrem Namen nennen?

FREUND: Natürlich. Was glaubst du? Zwölf, Zwölf, werde ich sagen und sie in meine Arme nehmen und sie bei den Haaren ziehen, wie ich es immer getan habe, und sie schütteln und schaukeln und sie zum Fenster hinaushalten, bis sie um Gnade schreit! Zwölf, Zwölf werde ich sagen, siehst du nicht, daß es alles ein Unsinn ist, alle Namen sind ein Unsinn, es ist gleichgültig, wie man heißt, Zwölf oder Achtundachtzig oder der Teufel weiß wie! Wenn man nur da ist und sich sieht und zueinander spricht. Zwölf, du hörst mich, Zwölf, du siehst mich, Zwölf, ich bin es, Zwölf, ich werde es immer sein.

FÜNFZIG: Aber sie! Aber sie! Woher weißt du, daß sie sich so darüber freuen wird wie du? Vielleicht ist sie jetzt viel glücklicher. Vielleicht war sie nicht gern unter euch.

FREUND: Vielleicht! Vielleicht! Vielleicht! Ich *weiß*, wovon ich rede. Für mich gibt es kein Vielleicht.

FÜNFZIG: Warum läßt du sie nicht so leben, *wie sie es will*. Du willst sie zwingen, zu euch zurückzukehren. Das ist nicht richtig. Das ist nicht gerecht. Du liebst sie nicht wirklich, sonst müßtest du alles tun, wie *sie* es will. Wenn du kein Schwätzer bist, mußt du auf sie verzichten.

FREUND: Ich bin kein Schwätzer. Darum suche ich sie. Darum werde ich sie finden.

ENDE

# Inhaltsverzeichnis

# Elias Canetti
# Werke
Dreizehn Bände und ein Begleitband
Band 13050

*Die Kassette wird nur geschlossen abgegeben.*
*Sie enthält das kostenlose Beiheft ›Wortmasken. Texte zu*
*Leben und Werk von Elias Canetti‹.*

## Fischer Taschenbuch Verlag

# Elias Canetti

### Die Provinz des Menschen
Aufzeichnungen 1942-1972. Band 1677
»Den Erfolg dieses überaus komplizierten Textes,
der trotz des Trends zum sozio-politischen Handbuch nicht
mit einem ideologischen Katechismus liebäugelt, erklärt
Canetti denkbar einfach: ›Mir geht es hier nicht um
Formulierfreude als Selbstzweck, das wäre ja eine simple
literarische Eitelkeit, ich will vielmehr mit einfachen
Worten, aber glasklaren Gedanken die Leute überzeugen,
daß ich nicht nur schreibe, sondern den
Dingen wirklich nachspüre.‹«
*Der Abend*

### Das Geheimherz der Uhr
Aufzeichnungen 1973-1985. Band 9577
»›Das Geheimherz der Uhr‹ ist ein nicht
auszuschöpfendes Buch, das die Qualität, die Leichtigkeit
und die Tiefe von alten Weisheitslehren hat, ohne deren
billige Tröstungen. Canettis Sätze sind wie ›Enterhaken,
die nach den Schiffen des Denkens ausgreifen.‹«
*Literatur aktuell*

### Die Fliegenpein
Aufzeichnungen. Band 13015
Canettis scharfe und überraschende Formulierungen
treffen manchmal wie Blitze, die schon vergessene Gedanken
oder schlummernde Zusammenhänge erkennen lassen.
Man kann dieses Buch als Summe des lebenslangen
Denkprozesses von Elias Canetti lesen –
und immer wieder lesen.

## Fischer Taschenbuch Verlag

fi 2051 / 1

# Elias Canetti

### Die gerettete Zunge
Geschichte einer Jugend. Band 2083
»Elias Canettis Kindheitsbuch,
das uns mit Spannung die Schilderung seiner eigenen
Lehrjahre erwarten läßt, ist ein Rückblick ohne Zorn und
ohne Hätschelei einer besonnten Vergangenheit.
Es ist ein grundehrliches Buch.«
*Der Spiegel*

### Die Fackel im Ohr
Lebensgeschichte 1921-1931. Band 5404
»Man neidet Canetti die intensive Erlebnisfähigkeit,
die aus der Lebensgeschichte nicht bloß Vergangenes macht,
sondern auch ein System, das sich in den luzidesten
Betrachtungen versteckt, schließlich Erkenntnisse, die für
jede Gegenwart gelten: Man ist wacher nach der Lektüre.«
*Der Spiegel*

### Das Augenspiel
Lebensgeschichte 1931-1937. Band 9140
Mit diesem dritten Teil seiner Autobiographie schließt
Elias Canetti seine großangelegte Entwicklungsgeschichte
eines Schriftstellers ab. *Das Augenspiel* besteht in vielen
Passagen aus Beobachtungen und Berichten vom Leben
in den Ateliers, Cafés und intellektuellen Zirkeln.
Canettis Erinnerungsbuch beschreibt Wien als den
bedeutendsten geistigen Kristallisierungspunkt Europas
zwischen den beiden Weltkriegen.

## Fischer Taschenbuch Verlag

# Elias Canetti
## *Das Gewissen der Worte*
### Essays

Band 5058

Canetti mußte über siebzig werden, bis er – wie es seiner Bedeutung schon immer gebührt hätte – auch von einer breiteren Leser-Öffentlichkeit akzeptiert wurde. Die beiden Erinnerungs-Bücher ›Die gerettete Zunge‹ und ›Die Fackel im Ohr‹ brachten es zu Bestsellerauflagen. Zu entdecken bleibt nach wie vor der Essayist Canetti. Abhilfe mag der vorliegende Essay-Band schaffen, worin Arbeiten aus den Jahren 1962- 1974 versammelt sind (zuzüglich der Rede auf den 50. Geburtstag von Hermann Broch aus dem November 1936). Canetti setzt sich darin mit Kafka auseinander, zeichnet das Porträt eines äußerst verwundbaren Karl Kraus, läßt sich auf Büchner ein (»er hat mein Leben verändert wie kein anderer Dichter«). In der Vorrede dieses Bandes, der Auskunft gibt über einen der wichtigsten deutschsprachigen Autoren unserer Zeit, heißt es »Die Feinde der Menschheit haben rapid an Macht gewonnen, sie sind dem Endziel der Zerstörung der Erde sehr nahe gekommen, es ist unmöglich, von ihnen abzusehen und sich auf die Betrachtung geistiger Vorbilder allein zurückzuziehen, die uns noch etwas zu bedeuten haben. [...] Um so wichtiger ist es, von solchen zu sprechen, die auch unserem monströsen Jahrhundert standgehalten haben.«

## Fischer Taschenbuch Verlag

fi 2057 / 1

# Elias Canetti
## *Masse und Macht*
### Band 6544

*Masse und Macht* sind Schlüsselbegriffe zum Verständnis unseres Zeitalters. Schon der junge Canetti war fasziniert und beunruhigt von den Phänomenen, die sich mit diesen Begriffen benennen lassen. Das Leben der Menschen folgt eigenartigen Gesetzen. Bereits als Kinder gehorchen wir den Befehlen unserer Erzieher. Früh sind wir angehalten, »freudig« unsere Pflicht zu tun. Aber auch die Gesellschaft im ganzen ist dem zwanghaften Mechanismus von Befehl und Gehorsam ausgesetzt. Um miteinander auszukommen, folgt die Masse bestehenden Gesetzen, doch kennt die Geschichte auch genügend Beispiele wo die Massen blind dem Diktat eines Tyrannen oder einer Weltanschauung folgen. Aber Vorsicht! Massen entwickeln gelegentlich eine Eigendynamik – sie können aufhetzen und Minderheiten verfolgen, Könige oder Regierungen stürzen und selber die Macht für sich beanspruchen. Aus geknechteten einzelnen bildet sich plötzlich eine revolutionäre Masse: Sklaven erheben sich gegen ihre Kolonialherren, Farbige gegen Weiße, Arbeiter gegen Unternehmer. In seinem philosophischen Hauptwerk beschäftigt sich Canetti mit diesen Problemen. Kühn im Denken und von einer einzigartigen stilistischen Brillanz zieht der Autor uns von der ersten Seite an in seinen Bann.

Fischer Taschenbuch Verlag

fi 2056 / 1

# Elias Canetti

## *Der Ohrenzeuge*

### Fünfzig Charaktere

Band 5420

Eine Welle spontaner Zustimmung löste im Herbst 1981 die Nachricht von der Entscheidung der Stockholmer Akademie aus: Endlich hatte jemand den Literatur-Nobelpreis bekommen, gegen den es keinerlei Vorbehalte gab. Canetti hat in seinem Werk vor allem die gedanklichen und tatsächlichen Perversionen und die Welt geschildert, in der sie spielen und die sich damit abzufinden scheint. Den Prosaisten, Dramatiker, Essayisten hat der Ruhm erst spät erreicht. In diesem Band nimmt Canetti eine Methode der Beschreibung wieder auf, die in der Antike der Philosoph Theophrast begründet hat. Als hätte er kein Wort von Psychologie oder Soziologie gehört, schildert Canetti Charaktere – etwa den »Größenforscher«, den Leidverweser«, die »Tischtuchrolle« –, die in ihrer knappen Sprache und ihren zuweilen surrealistischen Bildern unmittelbar einleuchten und unvergeßlich werden. Einsichten und Erfahrungen beim Verfassen seiner großen Werke haben Canetti zu einer außergewöhnlichen dichterischen Kleinform geführt.

## Fischer Taschenbuch Verlag

# Elias Canetti

## *Die Stimmen von Marrakesch*

### Aufzeichnungen nach einer Reise

Band 2103

Der Zufall führte Canetti 1954 als Begleiter eines Filmteams in ein bestürzend fremdartiges Land – nach Marrakesch. Erst aus der Distanz, nach seiner Rückkehr nach London, skizzierte er die Eindrücke dieser Reise. Die Aufzeichnungen sind kein Reisebericht im klassischen Sinn. Es sind Miniaturen von atmosphärischen Erscheinungen einer orientalischen Großstadt. Canetti streift durch die arabischen und jüdischen Viertel der Stadt, atmet die seltsamen Gerüche, beobachtet die feilschenden Händler in den Suks und die Verkäuferinnen duftenden Brotes, vernimmt die Stimmen der Blinden, Bettler und zungenlosen Krüppel in den Slums, spürt die hilflose Kreatürlichkeit und Nähe des Todes vor den Kamelen mit ihren Schlächtern, staunt über die vielen Gesichter armer Juden in der Mellah, wird Zeuge intimster menschlicher Verhältnisse, sieht Bosheit, Armut und Prostitution und spürt nur die Sehnsucht, die Sehnsucht nach einem besseren Leben. In diesen Prosastücken von verhaltener Subjektivität lauscht der präzise Beobachter auf Stimmen, die hinter der Realität die letzten Dinge offenbaren.

## Fischer Taschenbuch Verlag

fi 2055 / 1

(0) 5124 1987 3655

Die »Pferdedunkle«, der »Demutsahne«, der »Leidverweser« und die »Habundgut« sind nur einige der fünfzig Charaktere, die Canetti in seinen Dramen erfunden hat. Charaktere, geschaffen mit phantasievollem Witz, hellsichtigem Sarkasmus, aber auch mitfühlender Menschenkenntnis, deren Komik zugleich erheitert und nachdenklich macht.

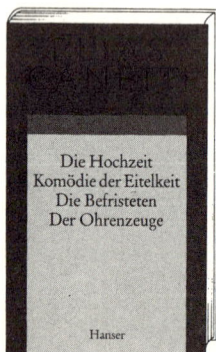

Foto: Isolde Ohlbaum

Die Hochzeit
Komödie der Eitelkeit
Die Befristeten
Der Ohrenzeuge

Hanser

# Elias
# CANETTI
## GESAMMELTE WERKE

Elias Canetti, 1905 in Bulgarien geboren, gilt seit Jahrzehnten als einer der größten Schriftsteller unseres Jahrhunderts. 1981 erhielt er den Nobelpreis für Literatur. Die Werkausgabe ist einheitlich gestaltet, fadengeheftet und in Leinen gebunden.

Band 1: Die Blendung
Roman. 412 Seiten

Band 2: Hochzeit – Komödie der Eitelkeit – Die Befristeten – Der Ohrenzeuge. Dramen. 344 Seiten

Band 3: Masse und Macht
584 Seiten

Band 4: Aufzeichnungen
1942 – 1985. 536 Seiten

Band 6: Die gerettete Zunges Geschichte einer Jugend. 336 Seiten

Band 7: Die Fackel im Ohr. Lebensgeschichte 1921 – 1931. 352 Seiten

Band 8: Das Augenspiel. Lebensgeschichte 1931 – 1937. 312 Seiten

## bei Hanser